21世纪经济管理新形态教材·营销学系列

品牌策划与管理
面向创造性、全球化的未来

奚秀岩　李　爽 ◎ 主编

清华大学出版社
北京

内 容 简 介

本书专为品牌建设者量身定制，融合理论与实践，旨在引导品牌管理者把握全球化与创新趋势，开创品牌新时代。

全书共分为四部分。第一部分聚焦于品牌战略的基础理论，从定义、历史演进到全球化背景下的定位与传播，为学习后续内容奠定坚实的理论基石；第二部分深入探讨了品牌传播与推广，包括如何通过品牌广告与媒体策略、品牌公关与事件营销、数字营销与社交媒体以及品牌体验与客户关系管理等手段提升品牌策划的影响力；第三部分着重于品牌延伸与发展，强调新产品的开发与品牌扩展、品牌的全球化管理以及品牌的可持续发展与承担的社会责任；第四部分着重于品牌管理的实务操作，涵盖品牌资产测量、品牌危机预警与品牌恢复等多个维度，助力读者驾驭复杂市场环境，实现品牌长远发展。

无论是正处于创业初期的梦想家，还是寻求品牌突破的传统企业的管理者，抑或是渴望国际舞台的品牌经理人，都能在这本书中找到灵感与指引。

图书在版编目（CIP）数据

品牌策划与管理：面向创造性、全球化的未来 / 奚秀岩，李爽主编. -- 北京 ：清华大学出版社，2025. 6. -- (21 世纪经济管理新形态教材). -- ISBN 978-7-302-69178-5

Ⅰ. F273.2

中国国家版本馆 CIP 数据核字第 2025AU9823 号

责任编辑：付潭蛟
封面设计：汉风唐韵
责任校对：王荣静
责任印制：刘 菲
出版发行：清华大学出版社
　　　　网　　　址：https://www.tup.com.cn，https://www.wqxuetang.com
　　　　地　　　址：北京清华大学学研大厦 A 座　　　　邮　　编：100084
　　　　社 总 机：010-83470000　　　　邮　　购：010-62786544
　　　　投稿与读者服务：010-62776969，c-service@tup.tsinghua.edu.cn
　　　　质 量 反 馈：010-62772015，zhiliang@tup.tsinghua.edu.cn
　　　　课 件 下 载：https://www.tup.com.cn，010-83470332
印 装 者：北京同文印刷有限责任公司
经　　销：全国新华书店
开　　本：185mm×260mm　　　　印　张：15　　　　字　数：339 千字
版　　次：2025 年 6 月第 1 版　　　　印　次：2025 年 6 月第 1 次印刷
定　　价：49.00 元

产品编号：111883-01

本书编委会

主　　编：奚秀岩　李　爽

编　　委：（按姓氏笔画排序）

白天依　朱思怡　宋一帆

钟莘莘　祝素春　常湘淋

　　在当今这个瞬息万变的全球市场环境中，品牌不再仅仅是企业身份的象征，还是连接消费者情感与企业文化的核心纽带。随着互联网的普及和数字媒体的崛起，品牌塑造与传播正经历一场深刻的革命。如何在纷繁复杂的市场中脱颖而出，创建并维护一个具有国际影响力的品牌，成为每一家志存高远的企业，是每个企业管理者都必须面对的重大挑战。

　　本书旨在为企业领导者、市场营销专业人士及对未来品牌世界充满好奇的学习者提供一份全面且实用的指南。我们精心汇编了一系列前沿的理论洞见、经典案例研究与实践策略，旨在帮助读者深入理解品牌建设的本质，掌握其内在规律，并学会如何在全球化背景下进行有效的品牌管理和创新。

　　本书特别关注品牌在国际舞台上的角色与定位，探索如何应对文化差异，实现品牌本地化与全球化的平衡。我们深入探讨品牌创新的重要性，展示如何在产品设计、营销策略及服务体验上通过独特的创意来吸引和留住顾客。同时，随着大数据、人工智能、社交媒体的发展，本书详解这些工具如何被应用于品牌策划与管理之中，推动品牌精准触达受众，实现个性化沟通。最后，考虑到现代社会对企业社会责任的要求不断提高，本书亦强调了绿色、公平、道德的品牌理念，阐述了如何提升品牌形象，赢得消费者的信任和支持。

　　我们期望每一个读者都能通过本书得到启发，在品牌管理的道路上不断前行，朝着更广阔的国际市场迈进。愿本书成为读者在追求品牌梦想旅途中的一盏明灯，照亮前方的道路，助读者成就非凡。

目录

第四部分　品牌监控与评估

第一部分　品牌基础理论

第一章

引　言

1. 理解和掌握品牌的历史与基础概念。
2. 理解如何建立和维护良好的品牌口碑。
3. 掌握品牌资产与价值的概念，熟悉不同的品牌价值评估方法。
4. 明确品牌战略的意义，掌握品牌定位的原理，学会构建差异化优势。
5. 理解品牌创新的重要性和创新途径，学会品牌升级策略与方法。

第一节　品牌的起源与基础概念

一、品牌的起源与历史发展

品牌（brand）一词的起源可以追溯到公元前 3000 年至公元前 1000 年间的古挪威语，当时的拼写为"brandr"，意为烙印。这一词汇最初被埃及牧牛场主用来标记自己的牲畜，以便在牛群穿越平原前往屠宰场时，能够轻易辨认出每头牛所属的牧牛场。同样地，金字塔的造砖工人也会在砖块上刻上标志，以证明自己的劳作，确保能收到相应的工钱。这种早期的标记方式，成为品牌概念的雏形。

随着时间的推移，品牌逐渐从简单的烙印标记演变为更复杂和多样的形式。19 世纪初至 20 世纪 50 年代期间，随着工厂规模化生产的兴起，产品开始进行单个包装。为了帮助消费者识别不同生产商的产品，感冒药、面粉、糖、啤酒等生产商开始在产品包装上标注自己的标记，以此告知消费者产品的来源、品质，以建立品牌信任感。这一时期的标志性事件是 1875 年英国通过了《商标注册法案》，首次允许生产商在英国专利局正式注册商标，从而确立了品牌所有权的法律基础。

随着工业化和商业化的繁荣发展，品牌的重要性日益凸显。特别是在第二次世界大战之后，产品琳琅满目，品牌成为消费者选择产品的重要依据。此时，品牌的重点从推广品牌名称转向塑造品牌形象，品牌形象成为传达产品品牌个性的媒介。随着收音机和电视的普及，品牌信息的呈现方式也日益丰富和多样化。

从最初简单的烙印标记，到如今多样化、立体化的品牌形象，品牌的发展经历了漫长的演变过程。在这一过程中，品牌不仅成为企业和消费者之间的沟通桥梁，更成为企业核心竞争力的重要组成部分。通过品牌，企业能够提升企业形象、增强消费者信任感、增加市场份额，并创造更高的附加值和溢价能力。因此，深入研究品牌的起源与发展历史，对我们理解品牌的重要性和作用具有重要意义。

二、品牌定义及其构成要素

在探讨品牌的起源与基础概念时，品牌定义及其构成要素是不可或缺的一环。品牌作为现代商业社会的核心概念之一，不仅承载着企业的形象与信誉，更是连接消费者与产品、服务的情感纽带。

从广义上讲，品牌是指一个名称、符号、标志、设计或其组合，用以识别一家企业及其产品或服务，并使之与竞争对手相区分。它不仅包括可见的视觉元素，如商标、标志、包装等，还拥有品牌理念、价值观、文化等深层次的内涵。品牌的定义因此超越了简单的标识范畴，成为一种综合性的资产和战略资源。

品牌构成要素主要包括以下几个方面。

1. 品牌名称

这是品牌最直接的识别符号。通过简洁、易记的名称，消费者能够迅速将品牌与产品或服务联系起来。

2. 品牌标志

通常以图形、图案或符号的形式出现，是品牌视觉识别系统的重要组成部分，具有较高的辨识度和记忆点。

3. 品牌理念与价值观

这是品牌的灵魂所在，体现了企业的使命、愿景和核心价值观，是构建品牌忠诚度的关键。

4. 品牌文化

它包括品牌的历史、传统、故事以及与之相关的社会文化背景，是品牌与消费者建立情感联系的重要途径。

5. 品牌体验

它指消费者在使用产品或服务过程中所形成的整体感受，包括产品质量、服务体验、售后服务等多个方面，是品牌口碑传播的重要基础。

综上所述，品牌定义及其构成要素共同构成了品牌识别与传播的基石，为企业在激烈的市场竞争中脱颖而出提供了有力支持（见图 1-1）。

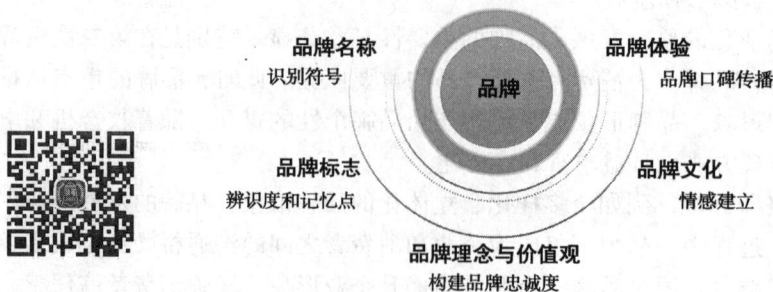

世界品牌 500 强 1-1

图 1-1　品牌构成要素

三、品牌与商标的区别与联系

在品牌的起源与基础概念中，品牌与商标是两个紧密相关但又有所区别的概念。

品牌是一种市场概念，它代表了消费者对企业及其产品、服务、文化价值的评价和认知。品牌是消费者对企业的信任，是商品综合品质的体现和代表。品牌的价值、文化和个性是其最持久的含义和实质。品牌的建设具有长期性，是企业长期努力经营的结果，具有企业文化、产品质量、服务水平等广泛内涵。品牌的使用范围无国界限制，不受地域性限制。

商标则是一个专门的法律术语，指的是生产经营者在其生产、制造、加工、拣选或经销的商品或服务上采用的，为了区别商品或服务来源、具有显著特征的标志。商标一般由文字、图形或其组合构成，经商标局核准注册后，商标注册人享有商标专用权，受法律保护。商标的主要功能是标识商品或服务的来源，帮助消费者在众多品牌中做出选择。商标具有地域性，在一国注册的商标仅在该国范围内使用才受法律的保护，且有一定的有效期限，超过期限需办理续展手续。

品牌与商标存在密切联系，商标是品牌的一部分，是品牌中易于识别和记忆的部分，也是品牌的法律表现形式。然而，二者并不等同，品牌有更广泛的内涵，而商标则更注重法律层面的保护。品牌作为市场概念，其受保护程度相对较低，主要依赖于企业的市场运营和消费者的认知；而商标作为法律概念，其注册、使用、转让等均受到相关法律法规的严格保护。

综上所述，品牌与商标在定义、范畴、功能、法律保护等方面存在显著差异，但在实际运用中又相互依存、相互促进。品牌是企业与消费者之间的信任纽带，而商标则是这种信任的法律保障。正确理解品牌与商标的区别与联系，有助于企业在市场竞争中更好地塑造品牌形象，提升品牌价值。

四、品牌类型与分类标准

品牌作为公众对某种产品或服务的认知总和，其类型多样，分类标准亦各不相同（见表1-1）。

第一，根据品牌知名度和辐射区域，品牌可分为地区品牌、国内品牌和国际品牌。地区品牌如烟台啤酒，在特定地区内享有高知名度和美誉度，但产品辐射范围有限；国内品牌如青岛啤酒，在全国范围内享有较高声誉；国际品牌如联想电脑、海尔冰箱等，其产品辐射全球，享有国际知名度和美誉度。

第二，根据产品生产经营所属环节，品牌可分为制造商品牌和经营商品牌。制造商品牌如海尔、联想等，由制造商自己为生产制造的产品进行设计。经营商品牌如阿迪达斯等，则由产品销售商根据目标市场的特点和产品的功能、特点进行设计。此外，还有销售商根据自己独特的经营管理、销售、服务而创立的品牌，如沃尔玛、大润发等。

第三，根据品牌的来源，品牌可分为自主品牌、外来品牌和嫁接品牌。自主品牌如海尔、诺基亚等，是企业根据自身需要创立的。外来品牌如联合利华收购的北京"京华"，是企业通过特许经营、并购或其他形式获得的。嫁接品牌如琴岛-利勃海尔冰箱，则是通过合作、合资方式形成的带有双方品牌的新产品。

第四，根据品牌产品所属行业，品牌还可分为家电业品牌、食用饮料业品牌、日用化工业品牌、汽车机械业品牌、商业品牌、服务业品牌和网络信息业品牌等几大类。

第五，根据品牌与消费者的关系，品牌可分为功能型品牌、个性型品牌、开拓型品牌、社区品牌和标志型品牌。功能型品牌主要突出产品自身的功效；个性型品牌赋予品牌人的特征；开拓型品牌以动力推动品牌发展；社区品牌主要突出人类的归属需求；标志型品牌则是当人们想起某种东西时自然而然想起的品牌。

表 1-1　品牌分类标准

品牌分类标准	品牌类型
品牌知名度和辐射区域	地区品牌、国内品牌、国际品牌
产品生产经营所属环节	制造商品牌、经营商品牌
品牌的来源	自主品牌、外来品牌、嫁接品牌
品牌产品所属行业	家电业品牌、食用饮料业品牌 日用化工业品牌、汽车机械业品牌 商业品牌、服务业品牌、网络信息业品牌 ……
品牌与消费者的关系	功能型品牌、个性型品牌、开拓型品牌 社区品牌、标志型品牌

第二节　品牌的塑造与传播

一、品牌形象的设计与塑造

在品牌塑造与传播的过程中，品牌形象的设计与塑造占据着举足轻重的地位。品牌形象是消费者对品牌所有认知的总和，是品牌与消费者之间连接情感的桥梁。一个鲜明、独特且富有吸引力的品牌形象，能够深刻地印刻在消费者心中，成为驱动其购买决策的关键因素。

品牌形象的设计始于对品牌核心价值的精准把握。品牌核心价值是品牌的灵魂，它体现了品牌存在的意义和为消费者带来的独特价值。在此基础上，设计师通过视觉元素如标志、色彩、字体、图形等，构建出品牌的视觉形象系统，也称视觉识别系统，即 VI（visual identity system）。这些视觉元素不仅需要具备较高的辨识度，还要能够准确传达品牌的核心价值和个性特征，从而在消费者心中形成独特的品牌印象。

除了视觉形象的设计，品牌形象的塑造还要注重品牌故事的讲述和品牌个性的塑造。一个引人入胜的品牌故事能够赋予品牌情感色彩，让消费者在情感上与品牌产生共鸣。而品牌个性的塑造则通过品牌的传播风格等细节展现，使品牌成为一个有血有肉、有情有感的"人"。

在品牌形象的设计与塑造过程中，还需注重与消费者的互动与沟通。通过市场调研、消费者反馈收集等手段，了解消费者的需求与期望，不断调整和优化品牌形象，以确保其始终与消费者的心理预期保持高度一致。

综上所述，如图 1-2 所示，品牌形象的设计与塑造是一个系统工程，它涉及品牌核心价值的提炼、视觉形象的构建、品牌故事的讲述及品牌个性的塑造等多个方面。一个成功的品牌形象不仅能够提升品牌的知名度和美誉度，还能够为品牌带来持久的竞争优势。

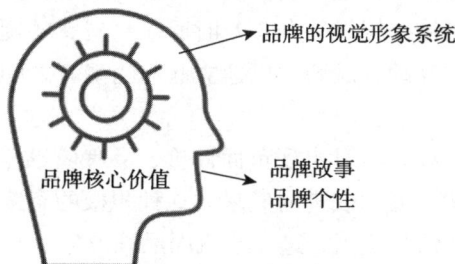

品牌的视觉形象系统

品牌核心价值

品牌故事
品牌个性

图 1-2　品牌形象

二、品牌传播策略与手段

品牌传播是品牌建设中的关键环节，它决定了品牌信息如何被目标受众接收和理解。有效的品牌传播策略与手段能够显著提升品牌的知名度和美誉度。

在品牌传播策略上，企业需要明确品牌定位，即品牌在市场中的独特价值和位置。基于品牌定位，企业可以制定差异化的传播内容，确保信息的一致性和连贯性。同时，选择合适的传播渠道也至关重要。传统媒体如电视、广播、报纸等具有广泛的覆盖力，而新媒体如社交媒体、短视频平台等则更加注重互动性和个性化。企业应根据目标受众的媒体使用习惯，灵活组合多种传播渠道，实现全方位、多层次的品牌传播。

在品牌传播手段上，故事化营销是一种有效的策略。通过讲述品牌背后的故事，企业能够赋予品牌以情感价值，增强与消费者的情感共鸣。此外，利用明星代言、KOL（关键意见领袖）合作等方式，可以借助名人的影响力，快速提升品牌知名度和可信度。而事件营销、跨界合作等手段，则能够制造话题热点，引发消费者的广泛关注和讨论。

值得注意的是，品牌传播并非一蹴而就，而是需要持续投入和优化。企业应根据市场反馈和数据分析，不断调整传播策略与手段，确保品牌信息的精准传达。同时，保持品牌传播的一致性和创新性，也是提升品牌竞争力的重要途径。

综上所述，品牌传播策略与手段的选择和实施，需要企业综合考虑品牌定位、目标受众、媒体环境等多方面因素。通过制订科学合理的传播计划，企业能够更有效地传递品牌价值，塑造独特的品牌形象，从而在激烈的市场竞争中脱颖而出。

三、品牌口碑的建立与维护

在品牌塑造与传播的过程中，品牌口碑的建立与维护是至关重要的一环。口碑，作为消费者之间口口相传的评价与反馈，其影响力不容小觑。良好的品牌口碑能够迅速提升品牌形象，提升消费者信任度，而口碑欠佳则可能迅速摧毁品牌多年积累的市场基础。

品牌口碑的建立，首先依赖于产品或服务的高质量。只有满足甚至超越消费者期望的产品，才能赢得消费者的好评与推荐。因此，品牌方应始终将产品质量放在首位，不断优化升级，确保每一个细节都达到甚至超过行业标准。

除了产品质量，品牌方还需注重与消费者的沟通与互动。在社交媒体和数字化营销盛行的今天，品牌应充分利用社交媒体平台，及时回应消费者的疑问与反馈，展现品牌的亲和力与责任感。通过积极的互动，品牌可以建立起与消费者之间的情感连接，从而增强口碑的传播力。

品牌口碑的维护同样重要。一旦出现负面评价，品牌应迅速响应，查明原因，采取有效措施解决问题，并向消费者展示改进的成果。这种积极的态度不仅能够挽回部分流失的消费者，还能展现品牌的诚信与担当，进一步巩固品牌形象。

此外，品牌还可以通过激励机制鼓励消费者分享正面口碑。例如，设置好评奖励、邀请好友优惠等活动，可以有效激发消费者的分享意愿，扩大品牌口碑的传播范围。

总之，品牌口碑的建立与维护是一个长期且持续的过程。品牌方需要不断提升产品质量，加强与消费者的沟通与互动，积极应对负面评价，并通过激励机制促进正面口碑的传播。只有这样，才能在激烈的市场竞争中赢得消费者的信任与支持，建立起良好的品牌口碑。

四、品牌危机管理与公关应对

在品牌塑造与传播的过程中，品牌危机随时可能将品牌卷入舆论的旋涡之中。因此，品牌危机管理与公关应对成为维护品牌形象、保障品牌可持续发展的关键环节。

品牌危机可能源于产品质量问题、服务失误、不实传闻、竞争对手的恶意攻击等多种因素。一旦危机爆发，品牌往往会面临公众信任度下降、市场份额缩减、品牌形象受损等严重后果。因此，建立一套完善的品牌危机管理机制至关重要。

在危机管理中，首先要做到的是预警与监测。通过定期的市场调研、消费者反馈收集及社交媒体监测，可以及时发现品牌潜在的危机信号，从而采取预防措施，避免危机的发生。同时，要制定详细的危机应对预案，明确各部门的职责与行动步骤，确保在危机来临时能够迅速、有序地应对。

当危机爆发时，公关应对的速度与质量同样关键。公关部门应迅速启动应急预案，及时发布官方声明，澄清事实真相，表达歉意与改进措施。在沟通过程中，公关部门应保持信息的透明度与真实性，积极回应公众关切，以赢得公众的信任与理解。

此外，品牌还应注重危机后的修复与重建工作。通过加强与消费者的互动沟通，展示品牌的改进成果与积极态度，逐步恢复公众对品牌的信心。同时，总结经验教训，完善危机管理机制，为品牌

课程思政互动 1-1

发展奠定坚实基础。

总之，品牌危机管理与公关应对是品牌塑造与传播过程中不可或缺的一环。如图 1-3 所示，只有建立完善的危机管理机制，才能在危机来临时从容应对，保护品牌形象，实现品牌的可持续发展。

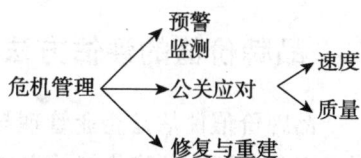

图 1-3　品牌危机管理

第三节　品牌的价值评估与管理

一、品牌资产与品牌价值

品牌资产是企业的重要财富，它代表品牌在市场上的影响力和市场地位。品牌资产由一系列复杂的元素构成，包括品牌知名度、品牌认知度、品牌联想度、品牌忠诚度及其他品牌专有资产，如商标、专利、客户资源等。

品牌知名度是消费者对品牌的记忆程度，是品牌资产的基础。当消费者在购买决策中能够迅速想起某个品牌，这通常意味着该品牌具有较高的知名度。品牌认知度则是指消费者对品牌在品质上的整体印象，它基于消费者对产品或服务的使用体验和口碑传播。品牌联想度是消费者与品牌相关的所有联想，这些联想可能涉及产品特征、消费者利益、使用场合等，是构建品牌形象的重要部分。

品牌忠诚度是品牌价值的核心体现，它表现为消费者在购买决策中多次选择某个品牌的行为。忠诚度高的品牌能够培养消费者的长期信任，增强品牌的竞争力，提高品牌的市场份额。而品牌的其他专有资产，如商标和专利，则为品牌提供了法律上的保护，防止竞争对手模仿和侵权。

品牌价值是指品牌在消费者心目中的价值程度，它是品牌资产的综合体现。品牌价值不仅体现在消费者对品牌的信任和忠诚度上，还体现在品牌对销售额、市场份额和利润的贡献上。具有高品牌价值的企业往往能够在市场竞争中占据有利地位，推动品牌销售，提高市场占有率，进而增加企业收益。

因此，评估与管理品牌资产与品牌价值对企业的发展至关重要，如图 1-4 所示。通过量化分析品牌的关键指标，如品牌知名度、品牌忠诚度等，企业可以了解品牌的贡献和潜力，并据此制定品牌管理策略。同时，企业还需要通过品牌定位、品牌传播、品牌保护和创新等手段，不断提升品牌资产和品牌价值，以适应市场变化和消费者需求的变化，实现可持续发展。

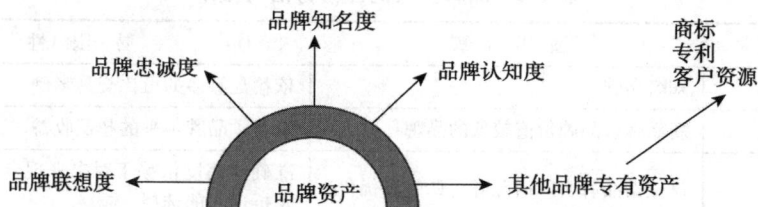

图 1-4　品牌资产

二、品牌价值的评估方法与技术

品牌价值评估是企业管理与市场营销中的重要环节，它直接关系着企业的战略规划与财务表现。评估品牌价值的方法与技术多种多样，主要分为以下几类。

1. 市场法

市场法通过比较同行业内相似品牌的交易价格来评估品牌价值。这种方法直观且易于理解，但其准确性需要市场上有足够多的可比交易案例来衡量。对于知名品牌，市场法能够较好地反映其市场地位和品牌价值。

2. 成本法

成本法基于重建一个相同品牌所需的成本来评估品牌价值。这种方法适用于新品牌或品牌价值较低的情况。然而，成本法忽略了品牌带来的超额收益，因此在实际应用中受到一定限制。它未能全面体现品牌在市场上的独特性和竞争优势。

3. 收益法

收益法是目前最常用的品牌价值评估方法之一。它预测品牌未来能够带来的现金流，并将其折现来评估品牌价值。这种方法能够较为准确地反映品牌的真实价值，但其准确性高度依赖于对未来现金流的准确预测及折现率的选择。收益法中的具体模型包括资本化超额收益模型、现金流量折现模型等。这些模型在实际运用中需要根据品牌的实际情况进行调整和优化。

4. 品牌评估模型

除了上述方法外，还有多种品牌评估模型被广泛应用于品牌价值评估中。例如，Interbrand 的品牌价值评估模型通过评估品牌的财务数据、市场地位和品牌力量等因素来计算品牌价值；Millward Brown 的品牌 Z 评估模型则通过评估品牌的认知、情感和行为等指标来评估品牌价值。这些模型结合财务、市场和消费者等多个维度的数据，为品牌价值评估提供了更为全面和准确的视角。

综上所述，品牌价值的评估方法与技术多种多样，如表 1-2 所示，每种方法都有其适用场景和局限性。在实际应用中，需要根据品牌的特点和评估目的选择最合适的方法和技术，以获得准确、全面的品牌价值评估结果。

表 1-2　品牌价值的评估方法与技术

评估方法与技术	适 用 品 牌	局 限 性
市场法	知名品牌	依赖足够多的可比交易案例
成本法	新品牌、品牌价值较低的品牌	忽略了品牌带来的超额收益
收益法	需根据品牌实际情况进行调整和优化	准确性高度依赖于对未来现金流的准确预测及折现率的选择
品牌评估模型	评价全面、精准	数据维度多，建模复杂

三、品牌管理体系的构建与实施

品牌管理体系是确保品牌价值得以持续增长和有效管理的关键架构。一个完善的品牌管理体系不仅能够帮助企业明确品牌定位，还能提升品牌形象，增强市场竞争力。

在构建品牌管理体系时，企业需要首先明确品牌的核心价值、愿景和使命。这些要素是品牌战略的基石，为品牌管理提供方向。随后，应制定一套详细的品牌策略，包括品牌定位、传播渠道选择、市场细分等内容，以确保品牌信息的准确传达和被有效接收。

实施品牌管理体系的过程中，组织架构的优化至关重要。企业应设立专门的品牌管理部门或团队，负责品牌的战略规划、执行与监控。同时，跨部门协作机制也是必不可少的，以确保品牌理念贯穿于产品设计、生产、营销及客户服务等各个环节。

此外，品牌管理体系还应包括一套科学的评估机制。通过定期的品牌审计、市场调研和消费者反馈收集，企业可以及时了解品牌的市场表现和消费者认知，为品牌策略的调整提供依据。同时，设定明确的 KPI（关键绩效指标）来衡量品牌管理的成效，有助于确保品牌管理目标的实现。

在数字化时代，品牌管理体系的构建还应注重数字化工具的应用。利用大数据、人工智能等技术，企业可以更加精准地分析消费者行为，优化品牌传播策略，提升品牌体验。

总之，品牌管理体系的构建与实施是一个系统工程，需要企业从战略高度出发，明确品牌定位，优化组织架构，建立科学的评估机制，并充分利用数字化工具。只有这样，企业才能在激烈的市场竞争中脱颖而出，实现品牌的持续增值。

四、品牌延伸与品牌授权

在品牌价值评估与管理的过程中，品牌延伸与品牌授权是两大重要策略，它们对扩大品牌影响力、提升品牌价值具有不可忽视的作用。

品牌延伸，指的是企业将现有知名品牌或成功品牌使用到新产品或服务上的策略。这种策略能够借助原有品牌的知名度和美誉度，迅速吸引消费者关注，降低新产品进入市场的风险。同时，品牌延伸还有助于丰富品牌内涵，使品牌形象更加立体和多元。然而，品牌延伸也需谨慎操作，避免过度延伸导致品牌稀释和消费者认知混乱。企业应确保新产品或服务在品质、定位上与原有品牌一致，以维护品牌形象。

品牌授权，则是企业将品牌的使用权授予其他企业或个体，以获取一定的经济利益。这种策略能够为企业带来稳定的收入，同时，借助被授权方的资源和渠道，扩大品牌的市场覆盖和影响力。品牌授权还能够激发被授权方的创新活力，推动品牌在不同领域的拓展和升级。但企业在实施品牌授权时，应严格筛选被授权方，确保其具备良好的信誉和运营能力，以避免对品牌形象造成负面影响。

在品牌延伸与品牌授权的过程中，企业应注重对品牌价值的保护和提升。一方面，要建立健全的品牌管理制度，明确品牌使用的

课程思政互动 1-2

规范和标准，确保品牌形象的统一和稳定；另一方面，要加强品牌传播和推广，提升品牌的知名度和美誉度，为品牌延伸和品牌授权创造更加有利的条件。

综上所述，品牌延伸与品牌授权是品牌价值评估与管理的重要手段。企业应根据自身实际情况，灵活运用这两种策略，以实现品牌价值的最大化。

第四节　品牌战略与市场定位

一、品牌战略的内涵与意义

品牌战略，作为企业整体战略的核心组成部分，其内涵丰富且意义重大。简而言之，品牌战略是指企业为塑造、维护和提升品牌形象，以及增强品牌市场竞争力而制定的一系列长期性、全局性的规划与实施策略。它不仅仅关乎品牌的命名、标志设计、广告宣传等外在表现，更深入品牌理念、价值观、文化内涵等内在构建之中（见表1-3）。

表1-3　品牌战略

项　　目	内　　容
外在表现	品牌的命名、标志设计、广告宣传等
内在构建	品牌理念、价值观、文化内涵等

品牌战略的制定，要求企业对自身有清晰而深刻的认知，明确自身的市场定位、目标客户群、核心竞争力及差异化优势。在此基础上，通过精准的品牌定位和独特的品牌个性，构建与目标消费者之间的情感纽带，形成强烈的品牌认同感。

品牌战略的意义在于，它能够帮助企业在激烈的市场竞争中脱颖而出，实现可持续发展。一方面，强大的品牌效应能够提升产品的附加值，使企业在定价、渠道拓展等方面拥有更多的话语权；另一方面，良好的品牌形象有助于企业树立良好的社会形象，增强消费者的信任感和归属感，为企业的长远发展奠定坚实的基础。

此外，品牌战略还是企业应对市场变化、实现转型升级的重要抓手。通过不断调整和优化品牌战略，企业能够更好地适应市场需求的变化，保持品牌的活力和竞争力，从而在激烈的市场竞争中立于不败之地。

二、品牌定位的原理与实践

品牌定位是品牌战略的核心环节，其原理与实践在市场竞争中发挥着至关重要的作用。品牌定位的本质在于差异化，即通过在消费者心中构建一个独特且与众不同的品牌形象，从而在众多竞争者中脱颖而出。

品牌定位的原理主要基于消费者的认知与需求。品牌定位需要清晰地传达品牌的核心价值和差异化优势，确保消费者能够一目了然地了解品牌的独特之处。这种差异化可以源自产品的功能、品质、创新、文化或价值等多个方面，只要能够满足消费者的需求，就能成为品牌的竞争优势。

在实践中，品牌定位的方法多种多样。功能性定位强调产品或服务的独特功能和效果，适用于那些功能特征是消费者购买的主要动机的品牌；情感性定位侧重于引发消费者的情感共鸣，通过品牌故事和价值观与消费者建立情感联系；符号性定位是将品牌与消费者的社会地位和个人形象相结合，适用于奢侈品等高端市场；竞争性定位通过与竞争对手的对比，突出品牌的独特优势和竞争力；用户性定位则根据目标用户的特征和需求，制定个性化的品牌定位策略。

品牌定位的成功实践离不开对目标市场的深入研究和精准识别。企业需要通过市场调研，了解消费者的需求、偏好和消费习惯，从而制定符合市场需求和消费者期望的品牌定位策略。同时，品牌定位还需要具备持久性和灵活性，既要保持品牌的一致性和稳定性，又要能够适应市场和消费者的变化，及时调整品牌定位策略。

在实践中，品牌定位的成功案例不胜枚举。从王老吉的"下火饮料"到奔驰的"声望"象征，这些品牌都通过精准的品牌定位，在消费者心中占据了独特的位置，赢得了广泛的认可。

综上所述，如表 1-4 所示，品牌定位的原理与实践是品牌战略的关键组成部分。通过差异化的品牌定位，企业能够在激烈的市场竞争中脱颖而出，赢得消费者的青睐和忠诚。

表 1-4　品牌定位的原理与实践

原　　理	实　　践
品牌定位的本质	差异化，通过在消费者心中构建一个独特且与众不同的品牌形象，从而在众多竞争者中脱颖而出
品牌定位的原理	主要基于消费者的认知与需求
品牌定位的方法	功能性定位
	情感性定位
	符号性定位
	竞争性定位
	用户性定位
品牌定位的成功实践	对目标市场的深入研究和精准识别
	持久性和灵活性
品牌定位的成功案例	王老吉的"下火饮料"
	奔驰的"声望"象征

三、品牌差异化与竞争优势构建

在品牌战略与市场定位的核心框架中，品牌差异化是构筑企业竞争优势的关键一环。品牌差异化旨在通过独特的品牌识别元素、价值主张及市场策略，使品牌在众多竞争者中脱颖而出，满足并超越目标消费者的期望。

实现品牌差异化，需要首先深入了解目标市场的细分需求与消费者偏好。通过精准的市场调研与分析，企业能够发掘目标消费者未被充分满足的需求点，进而围绕这些需求点设计差异化的产品特性、服务体验或品牌形象。例如，强调环保理念的品牌可能在材料选择、生产工艺上采取独特措施，以此区别于其他追求性价比或技术创新的同行。

除了产品层面的差异化，品牌故事、文化及价值观的塑造同样重要。一个富有感染力的品牌故事能够激发消费者的情感共鸣，提升品牌忠诚度。而独特的品牌文化和价值观则能吸引志同道合的消费者，形成稳固的市场基础。

构建竞争优势的关键在于持续创新与差异化战略的深化执行。企业应不断审视市场变化，灵活调整策略，确保差异化优势不被竞争对手轻易复制。同时，利用数字营销、社交媒体等新兴渠道，加强品牌与消费者的互动，提升品牌知名度和美誉度。

综上所述，品牌差异化不仅关乎产品或服务的独特性，更是品牌核心价值与市场定位的综合体现。通过实施有效的差异化战略，企业能够在激烈的市场竞争中稳固市场地位，构建难以复制的竞争优势，最终实现可持续发展。这一过程要求企业具备敏锐的市场洞察力、持续的创新能力及对品牌精神的深刻理解，从而在消费者心中树立起鲜明而深刻的品牌形象。

四、品牌战略与企业整体战略的协同

在品牌战略的构建与实施过程中，其与企业整体战略的协同至关重要。品牌战略不仅是企业市场定位的体现，更是企业核心价值观和长远目标的载体。因此，将品牌战略与企业整体战略紧密结合，是实现企业持续发展和保持市场竞争优势的关键（见图 1-5）。

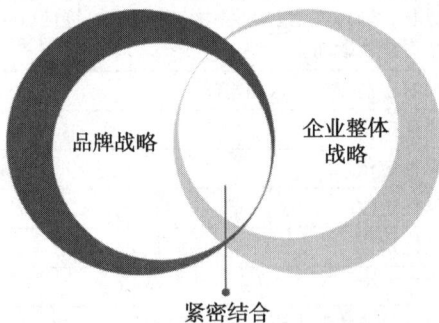

图 1-5　品牌战略与企业整体战略紧密结合

企业战略通常涵盖市场定位、产品研发、生产运营、市场营销、财务规划等多个方面，而品牌战略则是其中的核心组成部分。通过明确品牌愿景、品牌使命和品牌价值观，品牌战略能够为企业整体战略提供方向性指导。同时，品牌战略的实施也有助于塑造企业独特的品牌形象，提高品牌识别度和市场影响力。

课程思政互动 1-3

在协同过程中，企业需要确保品牌战略与企业整体战略在目标、资源和行动上的高度一致。这要求企业在制定战略时，将品牌因素纳入考量，确保各项举措都能为品牌建设贡献力量。例如，在产品研发阶段，企业应注重产品的品质和创新，以符合品牌形象和市场需求；在市场营销阶段，则应通过精准的市场定位和有效的传播策略，提升品牌知名度和美誉度。

此外，企业战略与品牌战略的协同还需要注重动态调整和优化。市场环境的变化和消费者需求的升级，都可能要求企业调整战略方向。在此过程中，企业应保持品牌战略与企业整体战略的灵活性，确保两者能够相互适应、相互促进。

世界品牌 500 强 1-2

第五节　品牌的创新与升级

一、品牌创新的重要性与途径

在瞬息万变的商业环境中，品牌创新不仅是企业持续发展的动力源泉，更是保持市场竞争优势的关键所在。品牌创新的重要性不言而喻，它不仅能够帮助企业应对市场挑战，抓住新机遇，还能深化消费者认知，提升品牌忠诚度。

品牌创新的核心在于不断满足消费者日益增长的多元化、个性化需求。随着科技的进步和社会的发展，消费者的价值观、生活方式及消费习惯均在不断变化。企业唯有通过创新，才能精准捕捉这些变化，及时调整品牌策略，确保品牌与消费者保持紧密连接。这不仅关乎产品的迭代升级，更涉及品牌理念、传播方式及用户体验的全面革新。

实现品牌创新的途径多种多样。首先，企业应注重技术创新，利用新科技如人工智能、大数据等优化产品设计，提高生产效率，创造差异化竞争优势；其次，内容创新同样重要，通过讲述富有感染力的品牌故事，传递独特的品牌价值观，丰富品牌的文化内涵；最后，营销创新也不可忽视，运用社交媒体、直播带货等新兴渠道，以更加具有互动性、趣味性的方式触达目标受众，拓宽品牌影响力。

此外，组织文化的创新也是品牌创新不可或缺的一环。鼓励内部创新思维，打造开放、包容的工作环境，能够激发员工的积极性和创造力，为品牌创新提供源源不断的灵感和支持。品牌创新渠道如表 1-5 所示。

表 1-5　品牌创新渠道

渠　道	特　点
技术创新	利用新科技如人工智能、大数据等优化产品设计，提高生产效率，创造差异化竞争优势
内容创新	通过讲述富有感染力的品牌故事，传递独特的品牌价值观，丰富品牌的文化内涵
营销创新	运用社交媒体、直播带货等新兴渠道，以更加具有互动性、趣味性的方式触达目标受众，拓宽品牌影响力
组织文化创新	鼓励内部创新思维，打造开放、包容的工作环境，能够激发员工的积极性和创造力，为品牌创新提供源源不断的灵感和支持

总之，品牌创新是企业适应市场变化、实现可持续发展的必由之路。通过技术创新、

内容创新、营销创新及组织文化创新等多维度途径，企业不仅能够提升品牌的市场竞争力，还能在消费者心中树立更加鲜明、独特的品牌形象，为企业的长远发展奠定坚实基础。

二、品牌升级的策略与方法

品牌升级是企业在市场竞争中保持活力和竞争力的重要手段。随着市场环境的变化和消费者需求的升级，品牌必须不断调整和优化，以适应新的市场格局。以下是几种有效的品牌升级策略与方法。

1. 定位重塑

定位重塑是品牌升级的核心策略之一。企业需要重新审视自身的品牌定位，明确品牌在市场中的独特价值和差异化优势。通过市场调研和洞察消费者需求，发现新的市场机会和潜在需求，进而调整品牌定位，使其更加符合目标消费者的期望和偏好。

2. 产品与服务创新

产品和服务是品牌与消费者直接接触的载体。通过不断研发新产品和改进现有产品，提升产品的品质和性能，可以显著提高品牌的竞争力。同时，优化服务流程，提升服务质量，提升消费者的满意度和忠诚度，也是品牌升级的重要方面。

3. 品牌形象重塑

品牌形象是消费者对品牌的整体认知和感受。随着品牌的发展和市场环境的变化，品牌形象也需要不断更新和升级。企业可以通过重新设计品牌标识、调整品牌传播渠道和方式等手段，塑造更加符合时代潮流和消费者审美的品牌形象。

世界品牌 500 强 1-3

4. 数字化转型

在数字化时代，数字化转型已成为品牌升级的重要趋势。企业可以利用大数据、人工智能等先进技术，提升品牌运营的效率和精准度。通过构建数字化营销体系，实现与消费者的精准连接和互动，提升品牌的影响力和传播力。

综上所述，品牌升级需要企业在多个方面进行综合施策。通过定位重塑、产品与服务创新、品牌形象重塑及数字化转型等策略和方法，企业可以不断提升品牌的竞争力和市场地位，实现可持续发展。

三、品牌与科技融合的案例分析

在当今数字化时代，品牌与科技融合的趋势愈发明显，为品牌的创新与升级开辟了新路径。以下案例展示了品牌如何利用科技手段提升用户体验、提升品牌影响力。

1. 耐克：虚拟世界的运动体验

耐克通过进军元宇宙，创建了虚拟世界 Nikeland（见图 1-6）。在 Roblox 平台上，玩家可以在 Nikeland 中尽情购物，并装扮自己的虚拟形象，还可以体验各种体育小游戏。这一举措不仅将运动与游戏相结合，还使耐克能够直接与年轻消费者互动，了解他们的喜好和需求。此外，玩家可以通过移动设备将线下运动转换为在线游戏，增强了品牌的互动性和用户黏性。耐克利用元宇宙平台，不仅提升了品牌数字化价值，还为其实现全球销售提供了有力支持。

图 1-6　虚拟世界

2. Lee Jeans：3D 虚拟商店的购物体验

Lee Jeans 开设了第一家 3D 虚拟商店（见图 1-7），消费者可以在家中通过网站和社交渠道访问并购买其产品。虚拟商店不仅提供了交互式 3D 零售空间，还展示了品牌的可持续发展平台。消费者可以在虚拟商店中浏览商品、将商品添加到购物车，并通过绿屏视频和弹出窗口等互动惊喜了解品牌历史。这种购物体验不仅节省了消费者的时间，还通过科技手段提升了品牌的认知度和用户满意度。

图 1-7　3D 虚拟商店

3. 智能试衣间的个性化体验

某时尚零售品牌推出了"智能试衣间"应用程序，利用 AI 算法和机器学习技术为客户提供个性化购物体验，如图 1-8 所示。客户只需上传自己的照片，系统便会生成虚拟模型，展示穿上不同服装的效果。该程序不仅能推荐适合的服装款式和尺寸，还能通过分析客户的购物历史和浏览行为，推送个性化的商品推荐。这种定制化的购物体验不仅提升了客户的品牌忠诚度，还提升了品牌的竞争力和市场地位。

图 1-8　智能试衣间的个性化体验

这些案例表明，品牌与科技融合不仅能够优化用户体验，还能提升品牌影响力，为品牌的创新与升级提供有力支持。随着科技的不断进步，品牌应持续探索新的科技应用，以科技为笔，描绘更具温度的品牌故事。

四、未来品牌发展的趋势预测

在未来品牌的发展与创新中，可以预见以下几个主要趋势。

首先，品牌竞争将更加激烈，但竞争格局可能会迎来新的变革。随着市场上品牌数量的不断增加，品牌内卷现象在短期内不会得到根本性改变。竞争力较弱的品牌会在激烈的市场竞争中逐渐被淘汰，而留下的品牌将更加注重品质与差异化，从而有可能迎来新的市场格局。这一趋势在快速消费品市场尤为明显，如 2024 年前三季度中国快速消费品市场温和增长 0.8%，销量增长而平均售价下降，显示出消费信心有待提振，品牌必须寻找新的增长点。

其次，数字化转型仍然是品牌创新的重要方向，但数据驱动的策略将更加注重洞察消费者需求。过去，品牌依赖电商平台和数字媒体带来的数据增长，但"数据丰富，洞察贫乏"的现象日益凸显。品牌需要超越数据表面，深挖消费者背后的真实需求和动机，才能在竞争中脱颖而出。这种趋势在美妆、日化等领域尤为明显。品牌不仅要关注产品的成分和功效，更要寻求情感层面的消费者认同。

再次，品牌国际化与本土化将并行发展。随着全球化进程的加速，越来越多的本土品牌开始走向国际舞台，通过跨界、联名等方式融入国际元素，提升品牌价值。同时，"国潮"

的兴起也表明，本土品牌可以通过挖掘和弘扬传统文化，在年轻消费群体中建立更强的品牌自信力。例如，家电市场本土品牌已占据主导地位，美妆产品也对日韩品牌构成挑战。

最后，可持续发展和社会责任将成为品牌的重要考量。随着消费者对环保和社会责任意识的增强，品牌必须注重绿色生产和公益活动，以赢得消费者的信任和支持。这不仅有助于提升品牌形象，还能为品牌带来长期的竞争优势。

由此我们看到，未来品牌的发展将更加注重品质、差异化、消费者洞察、国际化与本土化并行及可持续发展和社会责任（见表 1-6）。这些趋势将共同推动品牌在新的市场环境中不断创新与升级。

表 1-6　未来品牌发展的趋势预测

趋 势 预 测	应 对 策 略
品牌竞争将更加激烈，但竞争格局可能会迎来新的变革	注重品质与差异化，从而有可能迎来新的市场格局
数字化转型仍然是品牌创新的重要方向，但数据驱动的策略将更加注重消费者洞察	"数据丰富，洞察贫乏"的现象日益凸显。深挖消费者背后的真实需求和动机，才能在竞争中脱颖而出
品牌国际化与本土化将并行发展	通过跨界、联名等方式融入国际元素
	本土品牌可以挖掘和弘扬传统文化
可持续发展和社会责任将成为品牌的重要考量	品牌必须注重绿色生产和公益活动

简答题

1. 与制造商品牌相比，经营商品牌有哪些有利条件？
2. 客户对品牌的五种态度是什么？
3. 强化品牌的方法有哪些？
4. 简述品牌资产的核心组成部分。
5. 简述品牌创新的四个渠道。

案例分析

即测即练

自学自测　　扫描此码

第二章

品牌战略规划

学习目标

1. 把握市场趋势，理解消费者，定位品牌。
2. 掌握细分市场的方法，选择目标，明确品牌价值。
3. 理解品牌构想愿景，规划架构，制定传播策略。
4. 能够制订执行计划，设计 VI 系统，评估品牌表现。
5. 了解品牌延伸与优化，注重品牌持续创新，加强品牌资产管理。

第一节　市场分析与竞争态势

一、行业市场现状概述

在当今的商业环境中，品牌战略规划已成为企业持续发展和市场竞争中的关键要素。为了构建一个有效的品牌战略，需要对行业市场现状进行深入的分析。这不仅有助于理解市场的整体格局，还能为企业制定竞争策略提供重要的决策依据。

当前，品牌市场呈现出多元化和竞争激烈的特点。随着经济全球化进程的加快，越来越多的企业开始注重品牌建设，希望通过提升品牌形象来增强市场竞争力。不论是国际知名品牌还是本土新兴品牌，都在积极推进品牌建设，以吸引更多的消费者。

行业市场的多元化不仅体现在参与者的多样性上，还表现在市场需求的多样性上。消费者对品牌的需求不再仅仅停留在产品质量和功能上，而是更加注重品牌所代表的文化、价值观和情感连接。因此，品牌的市场定位、品牌故事及与消费者的互动方式成为品牌战略规划的重要内容。

然而，品牌市场的竞争也日益激烈。由于品牌建设的重要性日益凸显，越来越多的市场参与者进入这一领域，导致市场竞争空前激烈。企业不仅要面对来自同行业的竞争，还要应对跨行业的挑战。在这种背景下，如何突出品牌特色，实现差异化竞争，成为企业品牌建设中的一大难题。

此外，行业市场的专业化程度也在不断提高。随着品牌建设的不断发展，相关行业的专业化程度不断提升，包括广告公司、媒体机构、市场研究机构等。这些专业机构在品牌建设过程中发挥着重要作用，为企业提供品牌定位、市场调研、品牌传播等全方位的服务。这种专业化的趋势不仅提高了品牌建设的效率，也推动了品牌市场的进一步细分和专业化发展。

尽管品牌市场充满机遇，但也面临诸多挑战。一方面，一些品牌在品牌建设过程中没有充分挖掘和展现本地的特色和文化，导致其品牌形象缺乏独特性和竞争力；另一方面，品牌建设的长期性和复杂性使一些企业在短期内难以看到明显的产出，这增加了品牌建设的难度和风险。此外，资金投入不足也是制约品牌建设的重要因素之一。一些企业由于财力有限，难以投入足够的资源用于品牌建设，从而影响其品牌形象的提升。

在当前的市场环境中，品牌战略规划还需要关注新兴技术和市场趋势的变化。数字化、智能化等新技术的发展为品牌建设提供了新的机遇。企业可以通过数字化手段提升品牌传播的效率和精准度，也可以通过智能化技术深入了解消费者需求，实现个性化的品牌体验。此外，随着消费者需求的不断变化和升级，企业还需要不断调整品牌策略，以适应市场的变化。

综上所述，行业市场现状呈现出多元化、竞争激烈和专业化等特点。企业在制定品牌战略规划时，需要综合考虑市场需求、竞争格局、品牌特色以及新兴技术等因素，以制定符合市场趋势和消费者需求的品牌战略。通过科学的市场分析和竞争态势评估，企业可以更好地把握市场机遇，应对市场挑战，实现品牌的持续发展和市场竞争力的提升。

二、竞争对手分析

在市场分析与竞争态势的框架下，竞争对手分析是品牌战略规划中的关键步骤。通过对竞争对手的全面了解和分析，企业可以制定更加精准的市场进入和竞争策略，确保自身品牌在市场中占据有利地位。

1. 明确竞争对手

企业需要明确自身所在行业的主要竞争对手。这包括列出竞争对手的公司名称、规模、市场份额、地理位置等基本信息。通过市场调研和数据分析，企业可以了解到主要竞争对手的概况，为后续深入分析奠定基础。

2. 分析竞争对手的市场定位

分析竞争对手的市场定位是了解其竞争策略的重要手段。企业需要了解竞争对手是如何为客户提供价值的，包括其产品特点、品牌形象、目标客户群、价格策略等。这些信息有助于企业识别竞争对手的优势和劣势，从而为自身的品牌定位提供参考。

3. 收集与分析竞争对手数据

为了全面了解竞争对手，企业需要收集并分析其市场份额、增长率、客户反馈等数据。通过对比和分析，企业可以了解竞争对手在市场中的表现，预测其未来可能的战略动向，以及评估其对企业自身的影响。此外，企业还应关注竞争对手的历史行为和市场趋势，以便更准确地预测其未来的行动。

4. 竞争对手的优势与劣势

在竞争对手分析中，企业需要评估竞争对手的优势和劣势。这包括技术创新、品牌知名度、供应链优势、成本结构、人才和团队等方面。通过对比自身与竞争对手的优势和劣势，企业可以找到差异点，制定更具针对性的竞争策略。

5. 预测竞争对手的反应

根据竞争对手的历史行为和市场趋势，企业需要预测其可能针对自身策略和行动作出的反应。这有助于企业提前做好准备，应对可能的挑战。如果竞争对手在市场份额上增长迅速，企业可能需要调整自身的市场策略，以保持竞争优势。

6. 制定竞争策略

基于对竞争对手的分析，企业需要制定具有针对性的竞争策略。这包括品牌定位、产品差异化、市场细分、价格策略等方面。通过制定明确的竞争策略，企业可以更好地应对市场竞争，提升品牌知名度和扩大市场份额。

7. 持续监测与调整

竞争对手分析不是一次性的任务，而是需要持续进行。市场环境和竞争对手都在不断变化，企业需要定期更新竞争对手分析，以便及时调整竞争策略。通过持续监测竞争对手的动态，企业可以保持竞争优势，确保自身品牌在市场中立于不败之地。

综上所述，竞争对手分析是品牌战略规划中不可或缺的一环。通过对竞争对手的全面了解和分析，企业可以制定更加精准的市场进入和竞争策略，确保自身品牌在市场中占据有利地位。同时，企业也需要保持对竞争对手的动态监测，以便及时调整策略，应对市场变化（见图 2-1）。

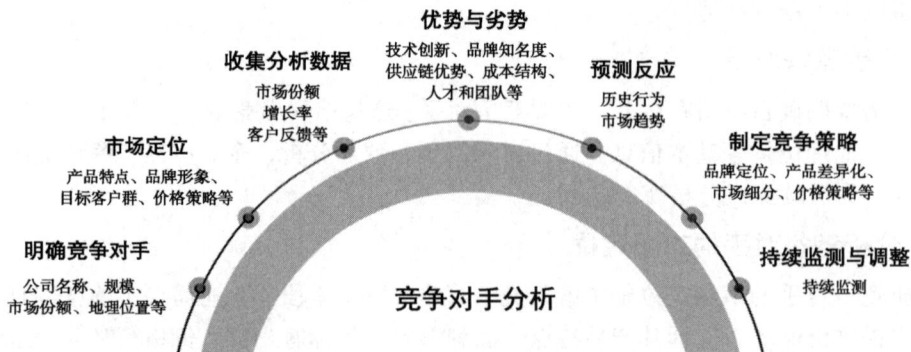

图 2-1　竞争对手分析

三、市场趋势与机遇

在当前复杂多变的商业环境中，品牌战略规划成功与否，很大程度上取决于对市场趋势的把握和对机遇的捕捉。对市场趋势与机遇的分析，不仅能够帮助企业明确未来的发展方向，还能为品牌在市场中的竞争提供有力支持。

1. 宏观经济与市场趋势

宏观经济环境的变化对品牌战略规划具有深远影响。当前，全球经济依然面临诸多不确定性，如经济增速放缓、贸易保护主义加剧等。然而，在这种背景下，也孕育着新的市场机遇。例如，随着全球对环保和可持续发展的重视，绿色能源、环保材料等相关行业正迎来前所未有的发展机遇。企业若能紧跟这一趋势，积极研发和推广环保产品，不仅能满足市场需求，还能提升品牌形象。

在国内市场，经济结构调整和产业升级正在加速推进。虽然这在一定程度上带来了就业市场的阵痛，但也为新兴行业的发展提供了广阔空间。例如，新能源、人工智能、大数据等高科技领域正成为新的经济增长点。企业应密切关注这些行业的发展动态，及时调整战略方向，以抓住市场机遇。

2. 技术创新与数字化转型

技术创新与数字化转型是当前市场中的重要机遇。随着人工智能、大数据、云计算等技术的快速发展，许多传统行业正在经历深刻的变革。企业若能有效地整合这些新技术，不仅能够提升运营效率，还能开辟新的市场和发展新的业务模式。

例如，在零售行业，智能推荐系统、无人商店等技术的应用，不仅提升了客户体验，还显著提高了销售业绩。同样，在制造业中，智能制造、工业互联网等技术的引入，正在推动行业的转型升级。品牌应紧跟技术创新的步伐，将新技术应用于产品研发、生产、销售等各个环节，以提升品牌竞争力。

3. 消费者需求与个性化趋势

消费者需求的变化也是市场趋势与机遇的重要来源。当前，消费者对个性化、定制化产品的需求日益增加。以羽绒服功能偏好分析为例，品牌应利用大数据和人工智能技术，深入了解消费者的需求和偏好，提供更加个性化的产品和服务，这不仅能满足消费者的需求，还能提升品牌忠诚度（见图2-2）。

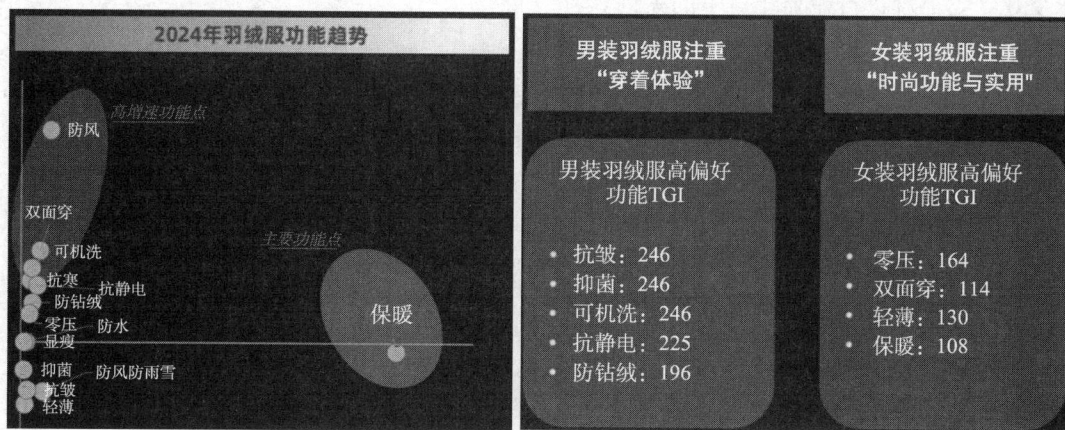

图 2-2　2024 年羽绒服功能偏好分析

同时，随着消费者对品质和健康的关注度不断提高，品牌也应注重提升产品的品质和健康属性。通过研发高品质、健康环保的产品，品牌可以在市场中脱颖而出，赢得消费者的青睐。

4. 政策环境与市场机遇

政策环境的变化也为品牌提供了新的发展机遇。政府出台的产业政策、环保政策等，都会对市场产生深远影响。品牌应密切关注政策动态，及时调整战略方向，以抓住政策带来的市场机遇。

例如，随着政府对新能源产业的支持力度不断加大，相关品牌可以积极拓展新能源市场，提升品牌的市场占有率。同时，政府对环保产业的支持也为品牌提供了新的发展机遇。品牌可以积极研发环保产品，提升品牌的环保形象，以满足消费者对环保产品的需求。

综上所述，市场趋势与机遇的分析是品牌战略规划中的重要环节。品牌应密切关注宏观经济、技术创新、消费者需求及政策环境等方面的变化，及时调整战略方向，以抓住市场机遇，实现可持续发展。

四、消费者行为分析

在品牌战略规划中，消费者行为分析是市场分析与竞争态势框架中不可或缺的一环。它不仅揭示了消费者在选择、购买及使用产品或服务过程中的心理与行为特征，还为品牌定位、产品开发及营销策略的制定提供了坚实的数据支撑。下面将从消费者需求、购买动机、决策过程及消费习惯四个方面深入探讨。

1. 消费者需求分析

消费者需求是驱动市场活动的核心动力。随着社会经济的发展和生活水平的提高，消费者的需求日益多元化和个性化。企业需通过市场调研，识别并理解目标市场内消费者的基本需求、潜在需求及未被满足需求。例如，健康意识的增强促使消费者偏好低糖、低脂、有机等健康食品；而青年一代则更看重产品的创新性、外观及社交属性。准确捕捉这些需求变化，是品牌进行差异化竞争的关键。

2. 购买动机解析

购买动机是消费者产生购买行为的内在驱动力，通常包括生理性动机（如饥饿、口渴）和社会性动机（如地位象征、社交需求）。在现代社会，消费者的购买动机往往交织着理性与感性因素。理性动机强调产品的功能性、性价比，而感性动机则更多地关联情感共鸣、品牌认同。企业应深入分析目标消费者的主要购买动机，通过故事讲述、情感营销等手段，激发消费者的购买欲望。

3. 决策过程剖析

消费者的购买决策过程通常经历问题识别、信息收集、方案评估、购买决策及购后评价五个阶段。在这一过程中，信息来源的多样性（如朋友推荐、网络评价、广告等）对消费者决策产生重要影响。企业应优化信息传播渠道，确保品牌信息能在关键时刻触达目标消费者，并通过高质量的产品体验和服务，提升消费者的购后满意度，促进口碑传播。

4. 消费习惯演变

随着科技的进步和数字化生活的普及，消费者的购物习惯正发生深刻变化。线上购物、直播带货、社交媒体购物等新兴消费模式兴起，使消费更加便捷、高效。同时，消费者对环保、可持续性的关注也在提升，促使企业更加注重绿色生产和环保包装。理解并适应这些消费习惯的变迁，对于品牌保持市场竞争力至关重要。企业应积极拥抱数字化转型，利用大数据、人工智能等技术，提升用户体验，实现精准营销。

综上所述，消费者行为分析是品牌战略规划中市场分析与竞争态势的重要组成部分。通过深入分析消费者需求、购买动机、决策过程及消费习惯，企业能够更精准地定位目标市场，制定有效的品牌策略，从而在激烈的市场竞争中脱颖而出，赢得消费者的忠诚与信赖（见表2-1）。

表 2-1　消费者行为分析

分析要素	特点及应对策略
消费者需求	多元化、个性化
购买动机	生理性动机、社会性动机
决策过程	问题识别、信息收集、方案评估、购买决策及购后评价
消费习惯	利用人工智能等技术，实现精准营销

第二节　目标市场与品牌定位

一、目标市场细分

在品牌战略规划中，目标市场细分是至关重要的第一步。它不仅帮助企业更好地理解消费者需求，还能指导品牌定位及后续营销策略的制定。目标市场细分是指将整个市场根据消费者需求的差异性划分为若干个子市场或细分市场，每个细分市场都具有相似需求和偏好的消费者群体。

（一）市场细分的依据

市场细分主要依据以下四个方面。

1. 地理细分

根据地理位置将市场划分为不同的地区、国家或城市。地理细分尤其适用于产品或服务在不同地区存在需求差异的情况。例如，寒冷地区的消费者对保暖产品的需求较高，而热带地区的消费者则可能更关注防晒和清凉产品。

2. 人口统计学细分

根据年龄、性别、收入、职业等人口统计学特征划分市场。这种细分方法有助于企业理解不同群体的需求和购买行为。例如，青年消费者可能更关注时尚和个性化产品，而中老年消费者可能更注重产品的实用性和性价比。

3. 行为细分

根据消费者的购买行为、使用习惯、消费频率等特征进行细分。行为细分可以帮助企业了解消费者的购买决策过程，从而制定更具针对性的营销策略。例如，频繁购买某一类产品的消费者可能更关注产品的便利性和价格优惠。

4. 心理细分

根据消费者的价值观、兴趣爱好、个性特点等心理因素划分市场。心理细分有助于企业塑造符合消费者心理需求的品牌形象。例如，追求时尚和潮流的消费者可能更倾向于选择具有创新设计和新颖功能的品牌。

（二）市场细分的方法

市场细分的方法主要包括平行细分法、交叉细分法、立体细分法和主导因素排列细分法。平行细分法是按照单一标准对市场进行划分；交叉细分法是在多个细分标准之间进行交叉组合，形成更细致的细分市场；立体细分法是在多个维度上进行细分，形成一个立体的市场细分结构；主导因素排列细分法则是根据各细分标准的重要性进行排序，然后选择最重要的几个标准进行细分。

（三）选择目标市场

在细分市场后，企业需要对每个细分市场的规模和成长性、结构吸引力及企业目标和资源进行评估，以选择最优的目标市场。评估细分市场时，企业需要考虑市场规模是否足够大，市场增长潜力如何，市场竞争是否激烈，以及企业自身是否具备进入该市场的资源和能力。

选择目标市场时，企业可以采用市场集中化、选择专业化、产品专业化、市场专业化或市场全面化等策略。这些策略的选择取决于企业的资源、产品特性、市场竞争状况以及企业的长期发展目标。

综上所述，目标市场细分是品牌战略规划中的重要环节。通过科学合理的市场细分，企业可以更好地了解消费者需求，制定更具针对性的品牌定位和市场营销策略，从而在激烈的市场竞争中获得竞争优势（见表 2-2）。

表 2-2　目标市场细分

分析要素	细分方法
依据	地理细分、人口统计学细分、行为细分、心理细分
方法	平行细分法、交叉细分法、立体细分法、主导因素排列细分法
选择策略	市场集中化、选择专业化、产品专业化、市场专业化、市场全面化等

二、目标市场选择依据

在品牌战略规划中，目标市场的选择是一个至关重要的环节。它不仅决定了企业产品或服务的销售方向，还直接影响企业的营销策略、资源分配及长期发展。因此，企业在选择目标市场时，必须基于多方面的考量，以确保策略的精准性和有效性。以下是目标市场选择的主要依据。

1. 市场细分与定位

市场细分是选择目标市场的基础。通过深入分析消费者的需求、偏好、购买行为等因素，企业可以将整个市场划分为若干具有相似特征的细分市场。这一过程有助于企业更精准地识别目标消费群体，并制定相应的营销策略。例如，某护肤品品牌可能根据年龄、性别、肤质等维度对市场进行细分，进而选择对高质量有需求的高品牌忠诚度细分市场作为目标市场。

明确的市场定位是企业在目标市场中树立独特品牌形象的关键。通过确定品牌在市场中的位置，企业可以构建与竞争对手相区别的品牌认知，从而提高消费者的品牌忠诚度和购买意愿。

2. 目标市场潜力与规模

评估目标市场的规模与潜力是企业选择市场策略时的重要考量因素。企业需要通过市场调研和数据分析，了解目标市场的消费者数量、购买频率、消费趋势等关键信息，以确定市场的吸引力和可行性。选择具有较大规模和良好增长潜力的目标市场，有助于企业实现市场拓展和持续盈利。

3. 竞争环境与对手分析

深入分析竞争环境与竞争对手是制定有效市场策略的前提。企业需要了解同业竞争对手在目标市场中的市场份额、产品特点、营销策略等，以评估自身的竞争优势和劣势。通过 SWOT（优势、劣势、机会、威胁）分析，企业可以确定自身在竞争环境中的位置，并制定相应的竞争策略。如果竞争对手在某一细分市场占据主导地位，企业可以考虑选择其他细分市场或采用差异化策略来避免直接竞争。

4. 企业自身资源与优势

企业自身资源与优势是选择目标市场的重要依据。企业需要评估自身的资金、技术、人才、品牌等资源情况，以确保所选目标市场与企业的资源相匹配。同时，企业还应明确自身的核心竞争力和优势资源，以便在目标市场中发挥最大效用。如果企业在技术研发方面具有优势，可以选择对技术要求较高的目标市场；如果企业在品牌知名度方面表现突出，则可以选择注重品牌形象的细分市场。

5. 法律法规与政策环境

在选择目标市场时，企业还需要充分考虑目标市场的法律法规与政策环境。了解行业规定、贸易壁垒、税收政策等情况，对于确保所选市场的合规性和降低经营风险至关重要。例如，某些国家可能对外国企业设置贸易壁垒或限制某些产品的进口，企业在选择这些市场时需要谨慎评估并制定相应的应对策略。

综上所述，目标市场的选择是一个复杂而全面的过程，企业需要综合考虑市场细分与定位、目标市场潜力与规模、竞争环境与对手分析、企业自身资源与优势，以及法律法规与政策环境等多个方面。通过全面评估和分析这些因素，企业可以制定更符合自身条件和市场需求的策略，以实现市场不断拓展和企业可持续发展。

三、品牌核心价值提炼

在品牌战略规划中，品牌核心价值提炼是构建品牌灵魂的关键环节，它不仅定义了品牌存在的根本理由，还是连接消费者情感与品牌体验的桥梁。一个清晰、独特且富有吸引力的品牌核心价值，能够直击消费者内心，形成较高的品牌忠诚度，并实现鲜明的市场区分。以下是关于品牌核心价值提炼的深入探讨。

（一）理解品牌核心价值的意义

品牌核心价值是品牌所有价值中的核心部分，它超越了产品本身的功能属性，关乎品牌带给消费者的精神满足、情感寄托或社会认同。它如同品牌的 DNA，指导着品牌的一切传播活动和市场行为，确保品牌在各种情境下都能保持一致性和连贯性。有效的品牌核心价值提炼，能够帮助品牌在激烈的市场竞争中脱颖而出，成为消费者心中的首选。

（二）品牌核心价值的提炼步骤

1. 自我审视

企业要深入剖析自身品牌的历史、愿景、使命及所倡导的价值观。这包括对品牌创立初衷、品牌发展历程中的关键事件的回顾及未来发展方向的展望。通过这一过程，明确品牌的核心优势和独特卖点。

2. 市场调研

深入了解目标市场的消费者需求、偏好及未被满足的痛点。通过问卷调查、社交媒体互动、消费者访谈等方式，收集并分析消费者的直接反馈，洞察其对品牌的期望。

3. 竞品分析

研究竞争对手的品牌核心价值，识别其强项与弱项，寻找差异化的空间。避免与竞争对手在核心价值上产生直接冲突，而是寻找独特的品牌表达，以形成鲜明的市场定位。

4. 核心价值提炼

基于上述分析，提炼出能够触动目标消费者、体现品牌独特魅力且与品牌愿景相契合的核心价值。这些价值应简洁明了、易于传播，并能引起消费者的共鸣。

5. 测试与验证

将提炼出的品牌核心价值通过小范围的市场测试，收集反馈，评估其有效性和吸引力。根据测试结果进行必要的调整，确保核心价值能够精准对接市场需求。

品牌核心价值的提炼步骤如图 2-3 所示。

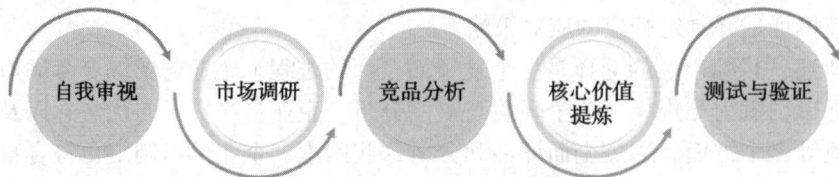

图 2-3　品牌核心价值的提炼步骤

（三）核心价值在品牌建设中的应用

提炼出的品牌核心价值应涵盖品牌传播的所有触点，包括但不限于广告创意、包装设计、客户服务、社交媒体互动等。通过持续、一致的品牌信息传达，加深消费者对品牌核心价值的认知与记忆，逐步构建起品牌的独特性和影响力。

总之，品牌核心价值提炼是品牌战略规划中不可或缺的一环，它要求企业既要深刻理解自己，又要精准把握市场动态，通过科学的方法和严谨的流程，提炼出既符合品牌本质又能触动消费者内心的核心价值，为品牌的长远发展奠定坚实的基础。

四、品牌定位策略

品牌定位策略是企业制定品牌战略规划中的关键环节，它不仅决定了品牌在消费者心目中的形象，还直接影响企业的市场竞争力和市场份额。在高度竞争的市场环境中，品牌定位需要精准且富有创意，以在消费者心智中占据独特的位置。以下是一些主要的品牌定位策略，这些策略可以为企业制定有效的品牌战略规划提供指导。

1. 属性定位策略

属性定位策略是根据产品的某项特色来定位品牌。这种策略强调产品的独特性，如功能、性能、材质等。例如，多芬香皂宣称其含有 1/4 的滋润乳液，通过这一独特卖点，其成功地在市场中脱颖而出。

2. 利益定位策略

利益定位策略关注产品带给消费者的某项特殊利益。企业需要明确品牌能够解决消费者的什么问题，或为其带来何种益处。例如，乐百氏纯净水强调其"27 层净化"，突出其纯净、健康的特性，满足消费者对饮用水安全的需求。

3. 用途定位策略

用途定位策略是根据产品的某项用途来定位品牌。这种策略强调产品在使用场景中的优势，使消费者能够将品牌与特定的使用场景联系起来。例如，脑白金在中老年礼品市场找到了独特的定位，成为这一市场中的领导品牌。

4. 用户定位策略

用户定位策略是将品牌与特定用户群联系起来，使消费者对产品产生一种量身定制的感觉。企业可以通过分析目标用户的特征，如年龄、性别、职业等，来制定针对性的品牌定位策略。例如，星巴克咖啡通过传递一种咖啡文化，吸引追求时尚和文化内涵的消费者。

5. 竞争者定位策略

竞争者定位策略是以某知名度较高的竞争品牌为参考点来定位自己的品牌。企业可以通过与竞争对手的比较，突出自身的优势，从而在消费者心目中占据一定的位置。例如，百事可乐通过与可口可乐的对比，强调其年轻、时尚的品牌形象，成为美国第二大饮料品牌。

6. 质量价格组合定位策略

质量价格组合定位策略是将产品的价格与质量结合起来进行定位。企业可以根据产品的品质和价格，制定不同的品牌定位策略，以满足不同消费者的需求。例如，一些高端品牌强调其高品质和高价格，而一些经济型品牌则强调其性价比。

7. 消费者个性定位策略

消费者个性定位策略是将品牌人格化，赋予其与目标消费群相似的个性。这种策略通过将品牌与消费者的个性特征相联系，建立情感连接，提高消费者对品牌的忠诚度和信任度。例如，罗永浩的锤子手机通过强调"工匠精神"和"情怀"，曾成功吸引了众多追求个性的青年消费者。

课程思政互动 2-2

综上所述，品牌定位策略是企业制定品牌战略规划的重要组成部分。企业需要根据目标市场的需求、竞争对手的情况以及自身产品的特点，选择合适的品牌定位策略，以在消费者心目中占据独特的位置（见图 2-4）。通过精准的品牌定位，企业可以塑造个性鲜明的品牌形象，提高消费者的忠诚度和信任度，最终实现企业的商业目标。

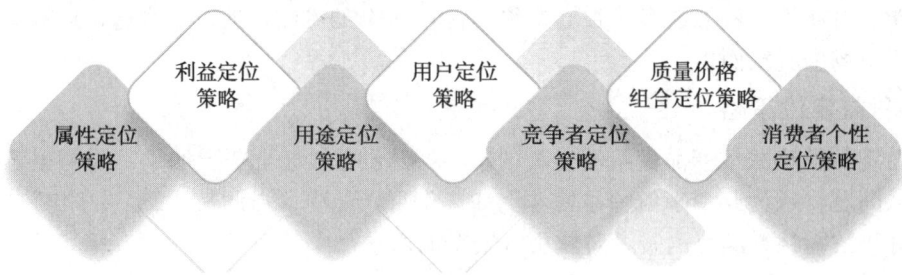

图 2-4　品牌定位策略

第三节　品牌战略规划制定

一、品牌愿景与使命

在品牌战略规划的制定过程中，品牌愿景与使命构成了整个战略的基石，它们不仅为品牌指明了前进的方向，还激励着团队成员共同努力，追求卓越。品牌愿景是品牌期望在未来实现的长远目标和理想状态，它超越了当前的现实，是对品牌终极追求的描绘；品牌使命则界定了品牌存在的根本原因和核心价值，它回答了"我们为何而存在"的问题，是品牌一切行动的出发点和归宿。

（一）品牌愿景：梦想照亮未来之路

品牌愿景是品牌对未来发展的宏伟蓝图，它基于对当前市场趋势的深刻理解和对未来可能性的前瞻预测。一个清晰而鼓舞人心的品牌愿景，能够激发内部员工的归属感和创造力，同时引起外部消费者和合作伙伴的共鸣。它通常包含以下几个要素。

1. 市场地位

明确品牌在未来市场中希望占据的位置，是成为行业领导者、创新引领者还是特定细分市场的专家。

2. 价值主张

阐述品牌将如何为社会、消费者或环境创造独特的价值，这种价值往往超越了产品本身，触及情感或精神层面。

3. 发展愿景

描绘品牌成长的方向和规模，包括技术创新、市场拓展、社会责任等方面的目标。

例如，一个致力于可持续发展的时尚品牌，其愿景可能是"成为全球领先的环保时尚品牌，通过创新设计和循环利用技术，引领时尚产业向零浪费转型"。

（二）品牌使命：核心价值的坚守

品牌使命是品牌存在的根本原因，它体现了品牌的核心价值观和对社会的承诺。一个明确的品牌使命能够指导品牌在日常运营中的所有决策，确保所有活动都围绕这一中心展开，提高品牌的识别度和一致性。品牌使命通常包含以下几个方面。

1. 客户需求

强调品牌如何满足或超越客户的期望，解决他们的痛点或提升他们的生活品质。

2. 社会责任

表明品牌在环境保护、社区发展、公平正义等方面的立场和贡献。

3. 员工价值

体现品牌对员工的关怀和发展，创造一个和谐、有包容性的工作环境。

以一家专注于健康食品的品牌为例，其使命可能是"通过提供安全、营养、美味的食品，促进全球消费者的健康福祉，同时致力于农业可持续发展，提升农民生活水平"。

综上所述，品牌愿景与使命是品牌战略规划的灵魂，它们不仅为品牌提供了清晰的方向和目标，也是构建品牌识别度、提高品牌认可度的关键。在制定品牌战略规划时，务必深入挖掘并明确这两大要素，确保它们能够引领品牌穿越市场的风云变幻，持续稳健地向前发展。

二、品牌架构与产品线规划

在品牌战略规划的制定过程中，品牌架构与产品线规划是两个至关重要的环节。它们不仅影响着企业的市场竞争力，还直接关系企业的长远发展。

（一）品牌架构

品牌架构是基于企业的业务组合，决定如何管理品牌的一种策略。如图 2-5 所示，常见的品牌架构有以下几种形式。

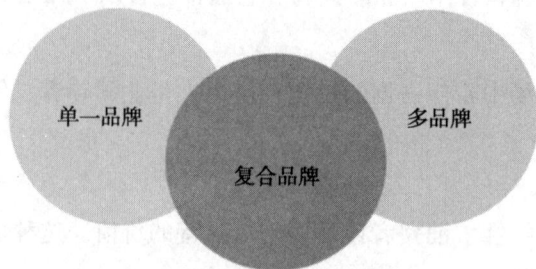

图 2-5   品牌架构分类

1. 单一品牌

在这种架构下，企业所有的业务单元都使用同一个品牌。这种策略的优势在于能够集中资源，统一品牌形象，提高品牌认知度。例如，通用电气（GE）在全球范围内都使用其主品牌。然而，这种策略也面临一定的挑战，尤其是当业务单元之间存在较大差异时，可能会影响品牌的定位和市场接受度。

2. 多品牌

企业根据业务单元的特点，推出多个品牌，每个品牌都有自己独立的定位和市场策略。联合利华就是一个典型的例子，其旗下拥有多个子品牌，每个品牌都针对不同的消费者群体和市场需求。这种策略能够更灵活地应对市场变化，满足不同消费者的需求，但需要更高的品牌管理成本。

3. 复合品牌

这种架构结合了单一品牌和多品牌的优点，根据不同的业务单元采用不同的品牌策略。例如，丰田在进入美国中高端市场时，推出了雷克萨斯这一独立品牌，以区别于其原有的中低端品牌形象。复合品牌架构能够兼顾品牌的一致性和灵活性，但需要更高的品牌协调和管理能力。

（二）产品线规划

产品线规划是企业对其产品线的规划和安排，包括产品的种类、数量、特性及在市场中的定位等方面。合理的产品线规划能够满足不同客户的需求，提高市场覆盖率，降低经营风险。

1. 市场导向原则

企业需要深入了解市场需求和趋势，根据消费者的偏好和行为来规划产品线。通过市场调研，明确目标客户群体，以及他们的需求特点和购买能力，从而设计出符合市场需求的产品。

2. 差异化原则

在竞争激烈的市场中，产品需要具有独特的卖点和优势，以区别于竞争对手。这可以体现在产品的功能、质量、设计、服务等方面。通过差异化策略，企业能够在市场中脱颖而出，吸引消费者的注意力。

3. 协同效应原则

不同的产品之间应该相互协同，形成互补和促进的关系。例如，企业可以推出配套产品或升级产品，以提升整体价值。这种协同效应能够增强企业的市场竞争力，提高客户满意度。

4. 产品线延伸与优化

企业可以根据市场变化和自身发展需要，对产品线进行延伸和优化。向上延伸可以将产品线定位在更高端的市场，向下延伸则是进入更低端的市场。同时，企业还可以通过优化现有产品组合，提高整体效益。

综上所述，品牌架构与产品线规划是品牌战略规划制定过程中不可或缺的两个环节。通过科学合理的品牌架构和产品线规划，企业能够更好地应对市场变化，满足消费者需求，提升市场竞争力，实现可持续发展。

三、品牌传播策略

在品牌战略规划的制定中，品牌传播策略是连接品牌内核与市场受众的桥梁，它决定了品牌信息如何被有效地传达给目标消费群体，并在激烈的市场竞争中脱颖而出。一个精准且富有创意的品牌传播策略，不仅能够提升品牌知名度，还能深化品牌形象，促进消费者忠诚度的形成。以下是制定品牌传播策略时应考虑的几个关键要素。

1. 明确传播目标与受众

明确品牌传播的具体目标是至关重要的，这些目标可能包括提高品牌认知度、塑造特定品牌形象、促进产品销售或提升客户忠诚度等。同时，要深入分析目标市场的细分群体，了解他们的需求、偏好、消费习惯及媒体接触习惯，确保传播内容能够精准触达并引起共鸣。

2. 整合传播渠道与媒介

随着数字媒体的蓬勃发展，品牌传播已不再局限于传统媒体，而是需要综合运用线上线下多种渠道，如社交媒体、搜索引擎、内容营销、KOL/网红合作、线下体验活动及传统媒体广告等。关键在于根据品牌特性和目标受众的特点，选择最适合的传播渠道，构建全方位的传播网络，实现信息的有效覆盖和深度互动。

3. 创造差异化内容

在信息爆炸的时代，差异化的内容是吸引注意力和建立品牌记忆点的关键。品牌故事、核心价值观、独特卖点等应被巧妙融入传播内容中，通过创意故事、视觉设计、情感共鸣等方式，让品牌信息变得生动有趣，易于记忆。同时，要保持内容的一致性和连贯性，确保所有传播活动都能强化品牌形象。

4. 强化互动与参与

有效的品牌传播不仅仅是单向的信息传递，更重要的是与目标受众建立双向沟通，鼓励其参与和反馈。通过社交媒体互动、用户生成内容（UGC）、在线问卷、线下体验活动等形式，收集消费者意见，增强品牌与消费者之间的情感连接，让品牌成为消费者生活的一部分。

5. 评估与优化

品牌传播策略的执行是一个持续迭代的过程。利用数据分析工具，定期评估传播效果，包括品牌曝光量、参与度、转化率等关键指标，及时发现问题并调整策略。同时，关注行业动态和竞争对手策略，灵活应对市场变化，保持品牌传播的新鲜度和竞争力。

总之，品牌传播策略的制定是一个系统性工程，企业需要深入理解品牌内核，精准定位目标市场，创新运用传播渠道，强化与消费者的互动，并在实践中不断优化。通过这些努力，品牌才能在激烈的市场竞争中稳健前行，实现可持续发展。

世界品牌 500 强 2-1

四、品牌延伸与授权管理

在品牌战略规划制定的过程中，品牌延伸与授权管理是两个重要的组成部分。它们不仅能够帮助企业扩大市场份额，提升品牌影响力，还能在一定程度上降低市场风险，增强品牌竞争力。

品牌延伸是指企业利用现有品牌的知名度和形象，将品牌从原有的产品类别扩展到新的产品或服务领域。通过品牌延伸，企业可以迅速将新产品推向市场，减少消费者对新产品的认知过程，降低市场进入成本。品牌延伸还能强化品牌效应，增加品牌这一无形资产的经济价值。例如，苹果公司最初以电脑产品闻名，随后通过品牌延伸推出了 iPod、iPhone和 iPad 等一系列电子产品，成功地将品牌扩展到其他领域，极大地提升了品牌价值。

然而，品牌延伸也伴随着一定的风险。如果新产品与原有品牌形象不符，或质量、性能等方面无法满足消费者的期望，可能会损害原有品牌的形象，产生"跷跷板"效应或株连效应。因此，企业在实施品牌延伸策略时，需要谨慎分析市场需求、消费者心理以及竞争对手的动向，确保新产品的质量和定位与原有品牌一致。此外，企业还应加强新产品的研发和质量控制，建立完善的品牌管理体系，确保品牌形象的一致性和稳定性。

与品牌延伸不同，品牌授权管理是指企业将品牌的使用权授权给其他企业或个人，让他们在授权范围内使用品牌，以获得授权费用和品牌形象的提升。品牌授权管理不仅可以帮助企业扩大市场份额，增加品牌曝光度，还能通过授权费用为企业带来直接的经济效益。同时，品牌授权还有助于企业规避品牌滥用和侵权风险，维护品牌的形象和权益。

在品牌授权管理中，企业需要明确授权范围，包括地域、时间、产品类别和使用方式等关键要素。通过制定详细的授权协议，明确双方的权利和义务，确保授权过程合法合规，维护品牌的形象和价值。企业还应定期对授权方进行品牌使用情况的监督和评估，及时发现并解决品牌使用中的问题，保持品牌形象的连续性和一致性。例如，迪士尼品牌通过授权给玩具、服装、文具等多个领域的生产商，成功地将品牌延伸到不同领域，提升了品牌的知名度和影响力，同时获得了可观的授权费用。

在实施品牌延伸与授权管理策略时，企业需要综合考虑自身的品牌形象、产品特点、市场需求以及竞争对手的动向。通过深入分析市场环境和竞争态势，企业可以制定出符合自身实际情况的品牌延伸和授权管理策略，实现品牌的可持续发展。

综上所述，如图 2-6 所示，品牌延伸与授权管理是品牌战略规划制定中的重要环节。它们不仅能够帮助企业扩大市场份额，提升品牌影响力，还能在一定程度上降低市场风险，增强品牌竞争力。企业在实施这些策略时，需要谨慎分析市场需求、消费者心理以及竞争对手的动向，确保策略的有效性和可行性。

世界品牌 500 强 2-2

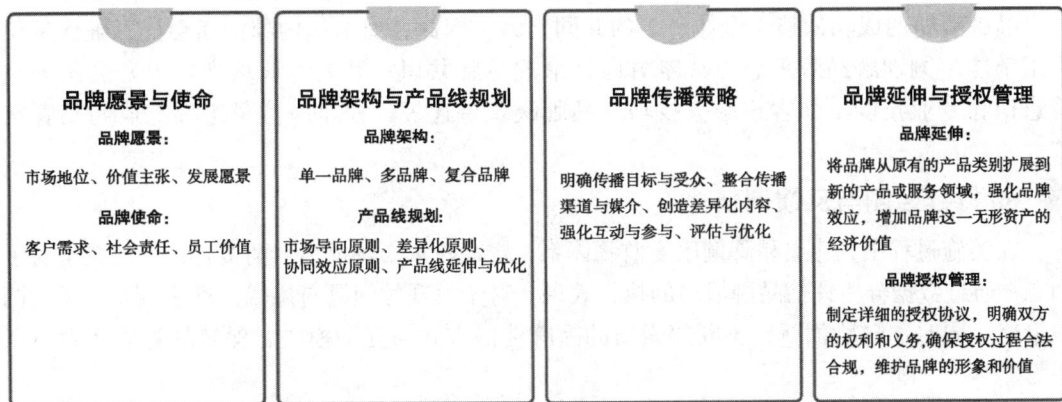

品牌愿景与使命	品牌架构与产品线规划	品牌传播策略	品牌延伸与授权管理
品牌愿景： 市场地位、价值主张、发展愿景 **品牌使命：** 客户需求、社会责任、员工价值	**品牌架构：** 单一品牌、多品牌、复合品牌 **产品线规划：** 市场导向原则、差异化原则、协同效应原则、产品线延伸与优化	明确传播目标与受众、整合传播渠道与媒介、创造差异化内容、强化互动与参与、评估与优化	**品牌延伸：** 将品牌从原有的产品类别扩展到新的产品或服务领域，强化品牌效应，增加品牌这一无形资产的经济价值 **品牌授权管理：** 制定详细的授权协议，明确双方的权利和义务，确保授权过程合法合规，维护品牌的形象和价值

图 2-6 品牌战略规划制定

第四节 品牌实施与执行监控

一、品牌战略实施计划

品牌战略的实施是将精心策划的理论框架转化为具体行动的过程，它直接关系品牌能否在市场上有效落地并持续增值。一个周密的品牌战略实施计划，不仅要求有清晰的步骤安排，还要确保资源的合理配置与高效的执行监控机制。以下是一个系统性的品牌战略实施计划框架，旨在指导企业有效地推进品牌建设。

1. 明确实施目标与阶段里程碑

基于品牌战略的整体规划，明确短期及长期的具体实施目标，如提高品牌知名度、增强客户忠诚度、拓展市场份额等。随后，设定清晰的阶段里程碑，这些里程碑既是衡量进度的标尺，也是团队激励的节点。每个阶段应设定可量化的指标，如社交媒体关注量增长、线下活动参与度提升等，确保实施过程有据可依。

2. 资源配置与团队组建

品牌战略的成功实施离不开充足的资源支持，包括财务预算、人力资源和技术平台等。

企业应根据战略重点合理分配资源，确保关键环节得到充足保障。同时，组建一支跨部门的品牌实施团队，成员应涵盖市场营销、产品设计、客户服务等多个领域，以形成协同效应。要明确团队成员的职责与权限，确保每个环节都有专人负责。

3. 营销渠道与活动策划

根据品牌定位与目标市场特征，选择最适合的营销渠道组合，如线上社交媒体、线下活动、KOL 合作等。制订详细的营销活动计划，注重活动的创意性、互动性和影响力，确保每次活动都能有效传递品牌价值，加深消费者对品牌的印象。同时，建立活动效果评估机制，及时调整策略，提高营销效率。

4. 内部沟通与培训

品牌战略的成功依赖于全体员工的共同努力。因此，要组织内部沟通会议，确保每位员工都能深刻理解品牌理念与战略方向，形成品牌共识；开展专业培训，提升员工的品牌意识和专业技能，如客户服务技巧、品牌故事讲述等，使每一位员工都能成为品牌宣传大使。

5. 持续监测与反馈调整

在实施过程中，建立品牌健康度监测体系，定期收集市场反馈、消费者评价及竞争对手动态，通过数据分析评估品牌战略的执行效果。对于发现的问题与挑战，迅速响应，灵活调整策略。同时，鼓励创新，不断探索新的品牌传播方式与互动模式，保持品牌的活力与竞争力。

总之，品牌战略实施计划是一个动态调整、持续优化的过程，它要求企业既要有长远的眼光，又要有脚踏实地的执行力。通过明确的目标设定、合理的资源配置、精准的营销策略、高效的内部沟通及持续的监测与调整，企业能够确保品牌战略的有效实施，最终实现品牌价值的最大化。

二、品牌形象与视觉识别系统

在品牌战略规划中，品牌形象与视觉识别系统（Visual Identity System，VI）扮演着至关重要的角色。它们不仅是品牌传播的核心，也是品牌与消费者之间建立情感联系的重要桥梁。品牌形象通过视觉识别系统的有效实施，能够在市场中形成独特的识别度，从而增强品牌的竞争力和影响力。

品牌形象是品牌在市场中的综合表现，包括品牌的名称、标志、色彩、字体及其他视觉元素。这些元素共同构成了品牌的视觉识别系统（VI），是品牌外在形象的具体体现。成功的品牌形象设计，不仅需要具备视觉上的吸引力，还需要准确传达品牌的价值观、定位及差异化优势。

视觉识别系统的建立，需要首先明确品牌的核心理念和定位。通过深入的市场分析和竞争态势研究，品牌能够明确自身的独特卖点和差异化优势，进而将这些元素融入视觉识别系统的设计。如果品牌定位于创新和科技前沿，那么在视觉识别系统中，可以采用简洁、现代的设计风格，以蓝色或银色等科技感十足的色彩为主色调，从而强化品牌的科技属性。

在视觉识别系统的具体设计中，品牌标志是核心元素。标志设计应简洁、易识别，并能够准确传达品牌的核心理念。如图 2-7 所示，李宁品牌的标志设计，通过拉丁字母"L"的变形，既体现了创始人李宁先生的"与品牌的紧密联系"，又具备强烈的视觉冲击力。此外，标准字体、色彩关系、辅助图形等也是视觉识别系统的重要组成部分。这些元素需要与品牌标志保持一致的视觉风格，从而确保品牌形象的统一性和连贯性。

图 2-7　李宁品牌 logo 设计

视觉识别系统不仅需要在品牌内部广泛应用，还需要在市场推广和消费者接触点中保持一致。从产品包装、广告媒体、店铺形象到员工制服，每一个细节都需要体现品牌的视觉识别元素。这种一致性的应用，能够增强品牌的识别度和记忆度，从而在消费者心中建立起独特的品牌形象。

在品牌形象的塑造过程中，创新是不可或缺的因素。随着市场环境的不断变化和消费者需求的日益多样化，品牌需要不断推陈出新，以新的视觉形象和创意元素吸引消费者的注意力。例如，墨尔本城市形象设计通过大胆运用色彩变化和微妙的造型设计，结合不同的形态，传达出统一的城市形象内涵，从而提升了城市的知名度和美誉度。

在实施品牌形象与视觉识别系统的过程中，品牌还需要建立有效的监控机制。通过对品牌形象在市场中的传播效果进行定期评估，品牌能够及时发现并纠正视觉识别系统中的不足之处，从而确保品牌形象的持续优化和提升。同时，品牌还需要密切关注市场动态和消费者反馈，及时调整品牌形象和视觉识别系统的策略，以适应市场的变化和消费者的需求。

世界品牌 500 强 2-3

综上所述，品牌形象与视觉识别系统是品牌战略规划中的重要组成部分。通过明确品牌的核心理念和定位，设计统一、连贯的视觉识别系统，并在市场推广和消费者接触点中保持一致的应用，品牌能够在市场中形成独特的识别度和竞争力。同时，通过不断的创新和有效的监控机制，品牌能够持续提升自身的品牌形象和市场影响力。

三、品牌营销活动与执行

在品牌战略规划的框架下，品牌营销活动与执行是确保品牌战略落地生根、开花结果的关键环节。这一步骤不仅要求精准策划，还需高效执行与灵活调整，以确保品牌信息准确传达至目标市场，引起消费者的共鸣。以下将从活动策划、渠道选择、执行细节及效果评估四个方面详细阐述。

1. 活动策划：创意与策略并重

品牌营销活动应以品牌核心价值为导向，结合市场趋势与消费者偏好，设计富有创意且符合品牌定位的活动方案。这包括但不限于新品发布会、主题营销活动、社交媒体互动、KOL/网红合作等。在进行活动策划时，应明确活动目标（如提升品牌知名度、促进销售、增强用户黏性等），并制订相应的策略执行计划，确保活动既具有吸引力，又能有效传达品牌价值。

2. 渠道选择：多元化与精准投放

随着数字媒体的兴起，品牌传播渠道日益多元化。选择正确的传播渠道对提高品牌曝光度至关重要。除了传统媒体如电视、广播、报纸外，还应充分利用社交媒体（如微博、微信、抖音）、内容营销（博客、视频）、行业论坛、线下活动等，形成线上线下相结合的全方位传播网络。重要的是，要根据目标市场的特征和行为习惯，进行精准投放，确保信息能够触达最有可能转化为品牌忠诚者的潜在客户。

3. 执行细节：精益求精，注重体验

活动的执行细节直接关系品牌形象的塑造与消费者体验的满意度。从活动现场的布置、对工作人员的培训、互动环节的设计到后续客户服务，每一个环节都应体现出品牌的专业性与人文关怀。特别是在数字化营销中，确保网站、App 等平台的用户体验流畅，内容质量高，响应速度快，是提升品牌形象的关键。此外，及时收集并分析用户反馈，不断优化服务流程，也是提升用户忠诚度的有效途径。

4. 效果评估：数据驱动，持续优化

品牌营销活动的效果评估不应仅停留在表面数据（如浏览量、点赞数、转发量）上，更应深入分析活动对品牌知名度、美誉度、市场份额及客户忠诚度等长期指标的影响。利用大数据分析工具，跟踪活动前后的关键指标变化，识别成功因素与待改进之处。基于评估结果，及时调整营销策略，持续优化活动内容与执行方式，形成闭环管理，确保品牌战略的持续有效实施。

总之，如表 2-3 所示，品牌营销活动与执行是品牌战略实施的核心环节，它要求品牌管理者既要具备前瞻性的市场洞察力，又要具备细致入微的执行能力。只有通过创意策划、精准投放、精细执行与科学评估，品牌才能在激烈的市场竞争中脱颖而出，实现可持续发展。

表 2-3　品牌营销活动与执行

环　节	内　容
活动策划	新品发布会、主题营销活动、社交媒体互动、KOL/网红合作等
渠道选择	传统媒体：电视、广播、报纸 社交媒体：如微博、微信、抖音 内容营销：博客、视频 行业论坛 线下活动等
执行细节	活动现场的布置与对工作人员的培训、互动环节的设计、后续客户服务、数字化营销平台体验、用户反馈收集与服务流程优化
效果评估	品牌知名度、美誉度、市场份额及客户忠诚度等长期指标

四、品牌绩效评估与调整

在品牌战略规划的宏大蓝图中，品牌实施与执行监控是确保战略落地的关键环节，而

品牌绩效评估与调整则是这一过程中不可或缺的反馈机制。它不仅能够衡量品牌战略实施的效果，还能根据市场变化和企业内部能力的动态调整策略，确保品牌保持竞争力和市场适应性。

（一）品牌绩效评估体系构建

如图 2-8 所示，品牌绩效评估的核心在于建立一套全面、科学、可量化的评估指标体系。这包括但不限于以下几个方面。

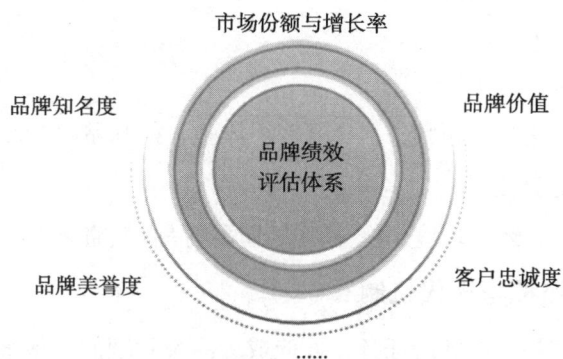

图 2-8　品牌绩效评估体系的构建

1. 品牌知名度

通过市场调研，分析社交媒体关注度、品牌搜索量等指标，衡量品牌在目标市场的认知程度。

2. 品牌美誉度

利用客户满意度调查、网络口碑分析、媒体正面报道数量等手段，评估品牌形象的正面影响。

3. 市场份额与增长率

市场份额直接反映品牌在目标市场的占有情况及成长趋势，是衡量品牌市场表现的重要指标。

4. 客户忠诚度

通过复购率、推荐率、会员活跃度等数据评估品牌与消费者之间关系的紧密度。

5. 品牌价值

结合财务数据和第三方品牌价值评估报告，量化品牌在市场上的经济价值。

（二）绩效评估方法与技术

采用多种评估方法和技术，如 KPI（关键绩效指标）考核、平衡计分卡、SWOT 分析（优势、劣势、机会、威胁）等，结合大数据分析、人工智能等现代信息技术，提高评估的准确性和时效性。特别是利用 AI 算法分析消费者行为模式，预测品牌未来趋势，为策略调整提供数据支持。

（三）基于绩效的策略调整

1. 持续优化品牌定位

根据绩效评估结果，适时调整品牌定位，确保其与市场需求变化保持一致，增强品牌吸引力。

2. 创新营销策略

针对绩效评估中发现的低效或无效营销手段，探索新的传播渠道和创意方式，提高营销投入产出比。

3. 强化品牌体验

针对客户反馈，优化产品和服务，提升客户体验，提升品牌忠诚度。

4. 灵活应对市场变化

面对竞争态势或宏观经济环境的变化，快速调整品牌战略方向，保持市场灵活性。

（四）建立持续监控与迭代机制

品牌绩效评估不应是一次性的任务，而应成为品牌管理的一项常规工作。要建立定期评估与即时反馈机制，确保管理层能迅速捕捉到品牌发展的细微变化，并据此进行微调或重大策略变革。同时，鼓励内部创新文化，促进品牌战略的持续迭代升级，以适应不断变化的市场环境。

总之，品牌绩效评估与调整是品牌战略规划中的关键一环，它不仅是对过去努力的总结，更是对未来方向的指引。通过科学评估与灵活调整，企业能够确保品牌战略的持续有效，推动品牌在激烈的市场竞争中稳步前行。

简答题

1. 简述品牌战略规划中对竞争对手分析的重要性。
2. 提炼品牌核心价值时，企业应如何确保核心价值的独特性和吸引力？
3. 阐述品牌形象与视觉识别系统在品牌战略规划中的作用。
4. 品牌传播策略的关键要素包括哪些？
5. 品牌延伸与授权管理在品牌战略规划中的重要性是什么？

案例分析　　　　　　　即测即练

自学自测

扫描此码

第三章

品牌形象构建

1. 掌握品牌形象的定义、重要性及其对企业的影响。
2. 了解视觉元素的选择与搭配规则，探讨其对品牌形象构建的作用。
3. 探究品牌故事的创作与传播方式，确立并表达品牌价值观。
4. 运用市场调研来准确定位品牌，发挥创意展现品牌形象。
5. 掌握评估品牌形象的工具与指标，了解优化方向与策略，学习预防与处理品牌形象危机。

第一节　品牌形象构建概述

一、品牌形象的定义与重要性

在当今竞争激烈的市场环境中，品牌形象构建对企业而言至关重要。品牌形象，简而言之，是消费者对品牌所有认知的总和，这些认知来自品牌的标识、视觉元素、产品特性、市场表现、消费者体验及品牌故事等多个方面。它是企业与消费者之间建立情感联系和信任的桥梁，是企业在市场中区别于竞争对手的重要标志。

品牌形象的定义涵盖品牌的视觉识别系统（如图形、色彩、字体等）、品牌的文化内涵、品牌的价值观及品牌的声誉等多个维度。一个成功的品牌形象能够清晰地传达企业的核心理念和独特价值，从而在消费者心中形成独特的印记。

品牌形象的重要性主要体现在以下几个方面。

首先，品牌形象是建立消费者信任和忠诚度的关键。消费者在选择产品或服务时，往往会倾向于选择那些具有良好品牌形象的企业。因为良好的品牌形象意味着可靠的产品质量、优质的服务和值得信赖的企业价值观。这种信任一旦建立，就会转化为消费者的忠诚度，促使他们重复购买并将其推荐给他人。

其次，品牌形象有助于提高市场竞争力。在同质化产品日益普遍的今天，品牌形象成为企业进行差异化竞争的重要手段。一个独特而正面的品牌形象可以使企业在激烈的市场竞争中脱颖而出，吸引消费者的注意力，并赢得他们的青睐。

最后，品牌形象是企业长期发展的重要支撑。一个稳定而积极的品牌形象能够为企业积累良好的声誉和口碑，这种声誉和口碑随着时间的推移将成为企业的核心资产，为企业业务的扩展提供有力支持。同时，良好的品牌形象还能够吸引更多的人才加入，为企业的发展注入新的活力。

综上所述，品牌形象是企业取得市场成功的重要基石。它不仅关乎企业的当前市场表现，更影响着企业的未来发展。因此，企业在构建品牌形象时，应注重标识与视觉元素设计的独特性、品牌故事与价值观的深刻传达，以及品牌形象的持续维护和优化。只有这样，企业才能在激烈的市场竞争中立于不败之地，实现企业的长远发展目标。

二、品牌形象构建的基本步骤

品牌形象构建是一个系统而细致的过程，它涉及多个层面和维度的考量与实践。以下是品牌形象构建的基本步骤，这些步骤相互关联，共同作用于品牌形象的塑造与传播。

1. 明确品牌定位

品牌定位是品牌形象构建的基础，它决定了品牌在消费者心中的独特位置和价值主张。企业要通过市场调研，了解目标消费群体的需求、偏好及竞争态势，从而确定品牌的差异化优势和市场定位。这一过程要求企业有清晰的自我认知，明确自身的核心竞争力。

2. 设计标识与视觉元素

标识与视觉元素是品牌形象的外在表现，它们通过色彩、字体、图形等元素，传达品牌的独特个性和价值理念。在设计过程中，要确保标识的简洁性、易识别性和文化寓意，同时，保持视觉元素的一致性，以增强品牌的整体感和辨识度。

3. 塑造品牌故事与价值观

品牌故事是品牌与消费者建立情感联系的桥梁，它赋予品牌以生命力和文化内涵。企业要挖掘品牌背后的故事，通过生动的叙述和感人的细节，展现品牌的成长历程、使命、愿景和价值观。这些故事和价值观不仅能够增强消费者对品牌的认同感，还能激发其传播和分享的欲望。

4. 整合营销传播

在品牌形象构建的过程中，整合营销传播至关重要。企业要通过广告、公关、社交媒体等多种渠道，将品牌信息传递给目标消费者，形成统一而有力的品牌形象。同时，要注重传播内容的创新性和互动性，以提高传播效果。

5. 持续监测与优化

品牌形象构建并非一蹴而就，而是一个持续迭代和优化的过程。企业要建立品牌形象监测体系，定期评估品牌形象的市场表现，及时发现问题并采取措施改进。通过不断的优化和调整，使品牌形象更加符合市场需求和消费者期待。

综上所述，品牌形象构建的基本步骤包括明确品牌定位、设计标识与视觉元素、塑造品牌故事与价值观、整合营销传播及持续监测与优化，如图 3-1 所示。这些步骤共同作用于品牌形象的塑造与传播，为企业的长远发展奠定坚实基础。

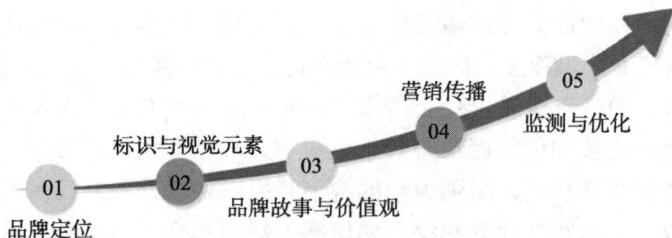

图 3-1 品牌形象构建的基本步骤

三、品牌形象与企业发展的关联

在当今竞争激烈的市场环境中,品牌形象构建与企业发展之间存在着密不可分的关系。品牌形象不仅是企业外部形象的代表,更是企业内在文化和价值观的反映,对企业的发展起着至关重要的推动作用。

品牌形象是企业发展战略的重要组成部分。一个清晰、独特的品牌形象能够显著提升企业的知名度和影响力,帮助企业在目标市场中脱颖而出。通过精心设计的品牌标识和视觉元素,企业能够吸引更多潜在客户的关注,从而增加市场份额。同时,品牌形象所传递的品牌故事和价值观能够提升消费者对品牌的认同感和忠诚度,促进企业的长期发展。

品牌形象与企业文化的紧密结合,为企业的发展提供了坚实的文化支撑。企业文化是企业的核心价值观、行为准则、工作风格等的总和,而品牌形象则是这些内在特质的外在表现。注重创新、开放、高效的企业文化,其品牌形象往往更加时尚、前卫,能够激发员工的自豪感和归属感,推动企业文化的进一步完善和升华。品牌形象的成功塑造也会反过来影响企业文化,促使企业更加注重对自身形象的塑造和维护。

此外,品牌形象还直接影响企业的市场竞争力。一个具有独特品牌文化的企业,往往能够在激烈的市场竞争中形成品牌优势,吸引更多消费者的关注和选择。品牌文化中的价值观和行为准则不仅塑造了企业的独特形象,还指导着企业的战略定位和市场行为。这种内在的一致性和连贯性,使企业在面对市场变化时能够迅速做出反应,保持竞争优势。

品牌形象构建与企业发展之间的关联还体现在品牌溢价的提升上。知名品牌往往能够为其产品带来更高的附加值,消费者愿意为知名品牌支付更高的价格。这种品牌溢价不仅为企业带来了更高的利润,还进一步巩固了企业的市场地位。

综上所述,品牌形象构建与企业发展之间存在着密切而深刻的关联。一个良好的品牌形象能够显著提升企业的知名度和影响力,推动企业文化的完善,增强市场竞争力,实现品牌溢价。因此,企业在发展过程中应高度重视品牌形象构建,将其纳入发展战略的核心内容,不断提升品牌价值,为企业的长远发展奠定坚实基础。

四、品牌形象的市场影响力分析

品牌形象在市场中的影响力是品牌构建成功与否的重要衡量标准。它不仅关系企业的市场份额,还深刻影响着消费者的购买决策。

品牌知名度是品牌形象市场影响力的基础。一个高知名度的品牌往往能够在消费者心中占据一席之地,从而在市场竞争中占据优势。知名度高的品牌能够吸引消费者的注意力,使他们在众多可选产品中优先考虑该品牌。这种优先性不仅体现在购买决策上，还体现在消费者对品牌的信任和忠诚度上。因此，企业在构建品牌形象时，应注重提升品牌知名度，通过各种营销手段，如广告投放、社交媒体宣传等，使品牌更加深入人心。

品牌形象的情感连接和信任度也是其市场影响力的重要组成部分。一个积极的品牌形象能够激发消费者的情感共鸣，增强他们的购买意愿。例如，一些品牌通过传递创新、环保、品质等价值观，与消费者建立起深厚的情感，从而提升了品牌的忠诚度和市场份额。这种情感连接不仅有助于品牌在竞争中脱颖而出，还能在消费者心中形成独特的品牌形象，增强品牌的辨识度。

品牌价值同样对品牌形象的市场影响力产生深远影响。品牌价值体现了品牌在市场中的综合实力，包括品牌的市场份额、盈利能力以及创新能力等。一个高价值的品牌通常能够吸引更多的消费者，并在市场中保持领先地位。品牌价值的提升需要企业在产品质量、服务水平、创新能力等方面不断努力，以满足消费者对品质的追求，从而促使他们做出购买决策。

在评估品牌形象的市场影响力时，企业还应考虑与竞争对手的比较分析。通过了解自身品牌在市场中的地位和竞争优势，企业可以更加准确地评估品牌形象的影响力，并制定相应的品牌营销策略。这种比较分析不仅有助于企业发现自身的不足和优势，还能为品牌形象的优化和提升提供有力支持。

课程思政互动 3-1

综上所述，品牌形象的市场影响力是一个多维度的概念，涉及知名度、情感连接和信任度、品牌价值等多个方面，如表 3-1 所示。这些因素共同作用，深刻影响着消费者的购买行为。因此，企业在构建品牌形象时，应注重提升这些方面的表现，以赢得消费者的青睐，并在市场中脱颖而出。

表 3-1　品牌形象市场影响力分析

维　　度	作　　用
知名度	吸引消费者注意力 提高购买决策优先性 提升信任度与忠诚度
情感连接和信任度	激发消费者的情感共鸣 有助于形成独特的品牌形象，增强品牌的辨识度
品牌价值	体现综合实力，包括品牌的市场份额、盈利能力以及创新能力等

第二节　标识与视觉元素设计

一、标识设计的原则与技巧

在品牌形象构建中，标识设计占据着举足轻重的地位。它不仅是企业身份的象征，更是与消费者建立情感连接的重要纽带。标识设计应遵循一系列原则，并巧妙运用设计技巧，以确保创造出独特且易于识别的品牌标识。

（一）标识设计的原则

1. 简洁明了

优秀的标识设计往往简洁而富有力量。简洁的设计更容易被识别和记忆，有助于在各种媒介上呈现。设计师应运用精练的线条和形状，将品牌的核心价值和特点浓缩在标识之中。

2. 独特性

标识应具有鲜明的个性，以区别于其他品牌。独特性不仅有助于品牌在市场中脱颖而出，还能增强消费者的记忆和认同感。设计师要深入了解品牌，提炼出独特的元素和符号，创造独一无二的标识。

3. 适应性

标识设计要具备良好的适应性，以适应不同的媒介和场景。无论是线上还是线下，标识都应在各种尺寸、颜色和材质上表现出色。同时，标识应具备可扩展性，以满足品牌未来的发展需求。

4. 文化内涵

标识设计应融入品牌的文化内涵，体现品牌的独特性和价值。设计师要深入了解品牌的历史、文化和价值观，提取出具有代表性的元素和符号，将其融入标识设计，以丰富品牌的文化底蕴和内涵。

（二）标识设计的技巧

1. 色彩搭配

色彩在标识设计中扮演着至关重要的角色。不同的颜色组合能使人产生不同的情感和联想。设计师应精心挑选能传递品牌情感和特点的色彩组合，以增强标识的吸引力和识别度。

2. 字体选择

字体是标识设计中的重要元素。不同的字体风格可以传达不同的品牌个性。设计师要选择与品牌风格相符的字体，确保字体的风格统一且清晰易读。

3. 线条与形状

通过调整线条的粗细、方向以及使用不同的形状，可以提到独特的视觉效果。设计师应巧妙运用这些元素，使标识更具辨识度和吸引力。

综上所述，标识设计应遵循简洁明了、独特性、适应性和有文化内涵等原则，并巧妙运用色彩搭配、字体选择和线条与形状等技巧（见表 3-2）。通过这些原则与技巧的运用，可以创造出既独特又易于识别的品牌标识，为品牌形象构建奠定坚实的基础。

表 3-2　标识设计的原则与技巧

原　　则	简洁明了、独特性、适应性、有文化内涵
技　　巧	色彩搭配、字体选择、线条与形状

二、视觉元素的选择与搭配

在品牌形象构建中，视觉元素的选择与搭配无疑是关键环节。它们不仅承载着品牌的独特性格，更是与消费者建立情感连接的桥梁。因此，精心挑选并巧妙融合这些视觉元素，成为标识与视觉元素设计中不可或缺的一环。

首先，色彩的选择至关重要。色彩能够迅速捕捉人们的注意力，并激发特定的情绪反应。品牌应基于其定位与目标受众的偏好，确定一套既能体现品牌个性又能引起共鸣的色彩体系。例如，蓝色常被视为稳重、信任的象征，适合金融、科技类品牌；而红色则充满活力与激情，适合快餐、运动品牌。色彩的搭配应和谐统一，既要突出品牌特色，又要避免过于刺眼或杂乱无章。

其次，精心选择字体。字体作为信息传递的载体，其风格直接影响品牌的整体形象。正式、稳重的衬线字体适合传统、高端的品牌形象；无衬线字体则显得现代、简洁，更适合科技、时尚类品牌。字体的大小、间距也应精心调整，确保受众阅读舒适且信息传递清晰。

再次，图形与图案的运用同样不可忽视。它们能够以直观的方式传达品牌的核心信息或理念。如苹果公司的苹果标志，简洁而富有深意。在选择图形元素时，应注重其象征意义与品牌文化的契合度，确保每一个元素都能讲述一个关于品牌的故事。

最后，视觉元素的搭配应遵循"少就是多"的原则。过多的元素堆砌不仅会降低品牌的辨识度，还可能造成视觉上的混乱。因此，在设计中应勇于舍弃，确保每个元素都能发挥最大的作用，共同构建出一个既简洁又富有内涵的品牌形象。

总之，视觉元素的选择与搭配是一项既考验审美又需深思熟虑的工作。它要求设计师在深刻理解品牌精髓的基础上，巧妙运用色彩、字体、图形等视觉语言，打造出一个既独特又易于识别的品牌形象，如图 3-2 所示，从而在激烈的市场竞争中脱颖而出，赢得消费者的青睐。

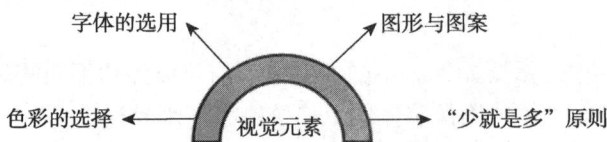

图 3-2　品牌形象构建的视觉元素

三、标识与视觉元素的传播效果

在品牌形象构建中，标识与视觉元素不仅是静态的符号集合，更是品牌动态传播与消费者情感连接的桥梁。它们以无声的语言，传递着品牌的独特个性与价值主张，传播效果不容忽视。

标识作为品牌的"脸面"，具有高度的识别性。一个设计精良、富有创意的标识，能够在众多信息中脱颖而出，迅速抓住消费者的注意力。它不仅是品牌身份的直观展现，更是品牌在消费者心中建立初步认知的关键。通过反复曝光与正面联想的积累，标识逐渐在消费者心中形成深刻的记忆烙印，为品牌后续的营销活动奠定坚实的认知基础。

视觉元素，如色彩、字体、图形等，则是深化品牌形象、传递品牌情感的重要载体。它们通过巧妙的组合与运用，营造出独特的品牌氛围与视觉风格，使品牌在众多竞争者中显得与众不同。例如，温暖的色调可能传达出品牌的亲和力与温馨感，而冷色调则可能彰显品牌的科技感与专业性。这些视觉元素的选择与搭配，不仅影响着消费者对品牌的直观感受，更在潜移默化中塑造着消费者对品牌的整体印象与情感倾向。

更重要的是，标识与视觉元素在传播过程中，能够激发消费者的情感共鸣，建立品牌忠诚度。一个与消费者价值观相契合、能够触动其内心深处的品牌形象，往往能够赢得消费者的信赖与支持。这种基于情感的连接，比单纯的理性诉求更加牢固与持久，是品牌持续发展的重要动力。

综上所述，标识与视觉元素的传播效果体现在增强品牌识别度、深化品牌形象、激发情感共鸣等多个层面。它们共同构成了品牌传播的基石，为品牌在市场中的稳健前行提供了强有力的支撑。因此，在品牌形象构建的过程中，务必重视标识与视觉元素的设计与传播策略，确保它们能够精准传达品牌理念，有效触达目标受众，实现品牌价值的最大化。

四、经典案例分析：标识设计的成功之道

在品牌形象构建中，标识设计无疑是核心要素之一。以下经典案例不仅展示了标识设计的魅力，还揭示了其成功的秘诀。

案例一：中式韵味剪纸"福"字标识 [见图 3-3（a）]

某品牌以方形为基础图形，巧妙地将"福"字设计成剪纸形式，展现出独特的中式韵味。这一设计不仅体现了品牌的文化底蕴，还通过简洁的线条和鲜明的色彩，增强了品牌的可识别性。其成功之处在于深入挖掘了品牌的传统文化价值，并将其与现代设计理念相结合。

案例二：印章形态"一方"标识

参考印章形态，设计师对"一方"文字进行了图形化设计，用圆弧形替代"方"的下半部分，形成中轴对称的美感。这一设计不仅具有视觉冲击力，还巧妙地传达了品牌严谨和专业的内涵。其成功之处在于通过独特的图形设计，突出了品牌的个性和特点。

案例三：烟雾形态"香"字标识 [见图 3-3（b）]

某品牌用烟雾形态来设计"香"字，中间的一竖如一根线香，飘出的烟雾组成"香"字，非常场景化。这一设计不仅具有创意，还通过统一的线条和节奏感，增强了品牌的视觉吸引力。其成功之处在于通过具象的图形设计，巧妙地传达了品牌的行业特点和核心价值。

案例四：《时代》周刊招牌大赛获奖作品 [见图 3-3（c）]

在 2022 年《时代》周刊招牌大赛中，多个获奖作品展示了标识设计的创新性和多样性。例如，某咖啡店的招牌将开放式铝制字母、LED 拱形照明等元素完美组合，构成了独特的视觉形象。这一设计不仅具有现代感，还通过丰富的材质和灯光效果，提升了品牌的知名度和美誉度。其成功之处在于打破传统，采用新颖的设计手法和材质，创造出令人印象深

刻的标识。

课程思政互动 3-2

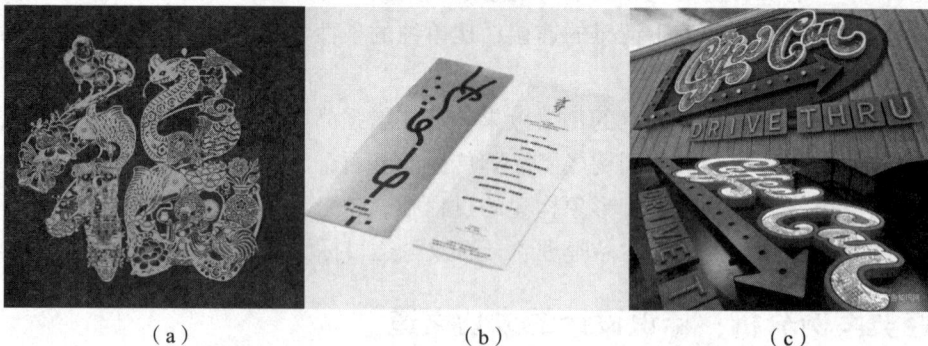

这些经典案例告诉我们，成功的标识设计需要深入挖掘品牌的核心价值，通过独特的图形、色彩、字体等元素，传达出品牌的理念和气质。同时，还需要注重设计的简洁性、可识别性和可扩展性，确保标识在不同媒介和尺寸下都能保持清晰和一致。只有这样，才能打造出既具有独特魅力又易于识别的品牌标识，为品牌形象构建奠定坚实的基础。

（a）　　　　　　　　　（b）　　　　　　　　　（c）

图 3-3　案例图片

第三节　品牌故事与价值观传达

一、品牌故事的创作与传播

在品牌形象构建的长河中，品牌故事是连接消费者情感与品牌内核的桥梁。它不仅承载着品牌的起源、成长与愿景，更是品牌价值观与个性的生动展现。品牌故事的创作与传播是塑造品牌独特魅力、深化消费者认知的关键环节。

1. 创作：匠心独运，触动人心

品牌故事的创作要深入挖掘品牌背后的真实故事与独特价值。这包括但不限于品牌的创立初衷、发展历程中的关键转折点，以及品牌所倡导的核心理念。创作者要以匠心独运的手法，将这些元素编织成一个个引人入胜的故事。这些故事应富有情感色彩，能够触动人心，让消费者在阅读或聆听的过程中产生共鸣，进而对品牌产生深厚的情感。

在创作过程中，语言的运用同样至关重要。简洁明了、富有感染力的文字能够更好地传达品牌的核心信息，同时激发读者的想象力，使品牌形象更加鲜活立体。此外，结合时代背景与社会趋势，融入新颖独特的视角与创意，也是提升品牌故事吸引力的有效手段。

2. 传播：多渠道并进，精准触达

品牌故事的传播，要充分利用多元化的媒体渠道，实现精准高效的触达。在数字时代，

社交媒体、短视频平台、博客论坛等新媒体工具为品牌故事的传播提供了广阔的舞台。通过精心策划的内容营销，如发布系列化的品牌故事短视频、撰写引人入胜的品牌博客文章等，可以有效吸引目标受众的关注，提升品牌的知名度和美誉度。

同时，传统的线下渠道如品牌发布会、展览展示、媒体合作等，同样不可忽视。这些渠道在讲述品牌故事时，能够借助现场氛围的营造与人际互动的力量，给受众留下更为深刻与持久的品牌印象。

综上所述，品牌故事的创作与传播是品牌形象构建过程中不可或缺的一环。通过匠心独运的创作与多渠道并进的传播策略，品牌不仅能够塑造出独特而富有魅力的品牌形象，更能在激烈的市场竞争中脱颖而出，赢得消费者的青睐与忠诚。

二、品牌价值观的确立与表达

在品牌形象构建中，品牌价值观的确立与表达无疑占据着举足轻重的地位。它不仅是品牌灵魂的体现，更是连接消费者情感与品牌认同的桥梁。品牌价值观的确立，是一个深入挖掘品牌内涵、明确品牌立场的过程，它要求品牌方对自身有深刻的理解和清晰的定位。

确立品牌价值观先要进行深入的自我审视。这包括对品牌历史、文化、愿景以及市场定位的全面梳理。通过这一过程，品牌可以提炼出那些能够代表其独特性和核心竞争力的价值观念。这些价值观应当具有普适性、时代性和前瞻性，既能够反映品牌当前的状态，又能够引领品牌未来的发展。

表达品牌价值观，则是将这些抽象的理念转化为具体、生动、易于感知的形式。这要求品牌方在传播策略上下足功夫，既要确保信息的准确性和一致性，又要注重创意和情感的融入。在视觉表达上，可以通过色彩、图形、字体等设计元素来传递品牌的情感色彩和价值取向；在文字表达上，则要注重语言的精练和情感的共鸣，用简洁有力的语句触动消费者的内心。

此外，品牌还可以通过一系列的品牌活动和社会责任项目来践行和展示其价值观。这些活动不仅能够提升品牌的知名度和美誉度，还能够加深消费者对品牌价值观的理解和认同。例如，环保品牌可以通过参与植树造林等公益活动来展现其对生态环境的关注和贡献；注重创新的品牌则可以通过举办创意大赛等方式来激发社会的创新活力。

在品牌价值观的确立与表达过程中，还需要与消费者进行持续对话和互动。通过社交媒体、客户服务等渠道，品牌可以及时了解消费者的反馈和需求，进而调整和优化价值观传播策略。这种双向沟通不仅有助于提升品牌的亲和力和可信度，还能够为品牌价值观的不断完善和创新提供源源不断的动力。

综上所述，品牌价值观的确立与表达是品牌形象构建不可或缺的一环。它要求品牌方在深入挖掘自身内涵的基础上，通过创新和多样的传播方式，将品牌的独特价值和理念传递给广大消费者，从而建立起品牌认同和情感连接，如图 3-4 所示。

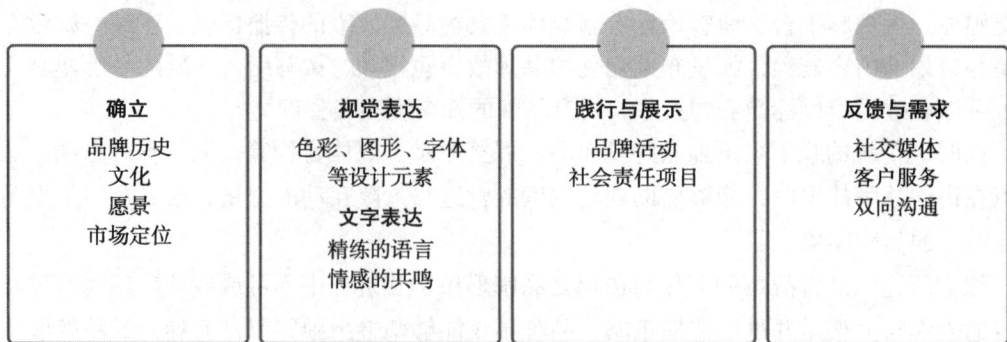

图 3-4   品牌价值观的确立与表达

三、品牌故事与价值观的市场共鸣

在品牌形象构建中，品牌故事与价值观的传达不仅是内部文化的自我表达，更是与市场、消费者建立深层次情感连接的关键桥梁。一个能够引起市场共鸣的品牌故事，往往能够激发消费者的认同感。

品牌故事，作为品牌个性的生动展现，应当蕴含真实性、情感性和独特性。它不仅仅是品牌历史的简单回顾，更是品牌精神、理念与消费者生活方式的共鸣点。通过讲述一个引人入胜、富有感染力的故事，品牌能够让消费者感受到其背后的温度与情怀，从而在心中树立起鲜明的形象。这种情感上的共鸣，往往比任何理性的宣传更能打动人心，促使消费者形成积极的品牌联想。

而品牌价值观的传达，则是品牌故事精神内核的直接体现。在当今这个信息透明、消费者意识觉醒的时代，品牌的价值观不仅决定了其行为准则，更成为消费者选择品牌的重要依据。一个秉持正面、积极、符合社会主流价值观的品牌，更容易获得公众的认可与支持。通过广告、社交媒体、公关活动等多元化渠道，品牌应清晰、一致地传达其价值观，与消费者的价值观产生共鸣，进而形成强大的品牌忠诚度。

实现品牌故事与价值观的市场共鸣，还应注重策略的灵活性与创新性。不同市场、不同消费群体对故事的接受程度和偏好各异，品牌应精准定位，采用符合目标受众接受习惯的传播方式，如故事讲述的语调、视觉呈现的风格等，都应精心策划，以确保信息的有效传达。

总之，品牌故事与价值观的市场共鸣，是品牌形象构建中的高级阶段，它要求品牌不仅要讲好自己的故事，更要懂得如何与消费者进行心灵的对话，让品牌成为消费者生活中的一部分，共同创造美好的回忆与体验。在这个过程中，品牌不仅塑造了自身独特的形象，更在激烈的市场竞争中赢得了宝贵的市场份额与消费者的长久信赖。

四、案例分析：品牌故事与价值观的成功融合

在品牌形象构建中，品牌故事与价值观的融合无疑是提升品牌吸引力与辨识度的关键。

以下案例展示了品牌如何通过讲述动人的故事和传达核心价值观，与消费者建立深厚的情感联系。

1. 星巴克：品味与体验的传递

星巴克作为全球最大的咖啡连锁店，其品牌故事源自 1971 年三位美国大学生的创业梦想。他们选择了"Starbucks"作为店名［图 3-5（a）］，这个名字来自美国作家梅尔维尔的小说《白鲸》中一位冷静而富有魅力的角色，象征着星巴克的目标群体——有一定社会地位、追求生活情调的人群。星巴克不仅提供咖啡，更致力于创造一种独特的咖啡体验，通过其精心设计的门店氛围和细致入微的服务，传递出品牌对高品质生活的追求。这种"咖啡之道"让星巴克在众多竞争者中脱颖而出，成为全球咖啡文化的代表。

2. 劳力士：卓越与传奇的见证

劳力士（ROLEX）的品牌故事充满了传奇色彩［图 3-5（b）］。从 1908 年创始人威尔斯多夫注册商标开始，劳力士便以皇冠为标志，象征着其在钟表行业的霸主地位。1926 年，劳力士推出了世界上第一只防水防尘表——"蚝式"表，这一创新奠定了劳力士在制表业的技术领先地位。而英国游泳女将美雪狄丝的代言，更加固了劳力士追求卓越、不断创新的形象。

3. 巴塔哥尼亚：环保与责任的践行

巴塔哥尼亚（Patagonia）作为一家户外运动品牌［图 3-5（c）］，其品牌价值观是"做最好的产品、不给地球带来负担、激励人们关注环境问题"。为了实现这一价值观，Patagonia 推出了回收旧衣服的计划，并将其环保理念融入产品设计。Patagonia 的故事不仅是关于户外运动的冒险与激情，更是关于对地球未来的责任与担当。这种价值观不仅吸引了同样关注环保的消费者，更在行业内树立了榜样。

世界品牌 500 强 3-1

  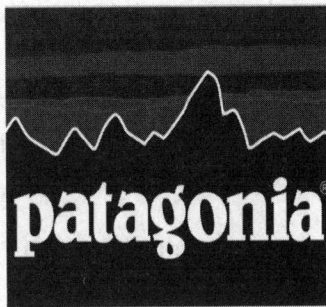

　　(a)　　　　　　　　　　　(b)　　　　　　　　　　　(c)

图 3-5　案例图片

这些案例表明，品牌故事与价值观的成功融合，不仅能够提升品牌形象，更能激发消费者的共鸣。在品牌形象构建中，企业应深入挖掘自身故事，明确核心价值观，通过故事化营销和视觉传达，与消费者建立真实而深厚的情感联系。

第四节　品牌形象构建的实践策略

一、市场调研与品牌定位

在品牌形象构建的过程中，市场调研与品牌定位是两个至关重要的环节。它们不仅为品牌提供了明确的方向，还是后续一切品牌活动的基石。

市场调研是品牌定位的第一步。通过深入的市场调研，企业可以全面了解目标市场的现状、趋势、消费者需求以及竞争对手的情况。这一步骤包括消费者分析、竞争对手分析和市场分析。消费者分析帮助企业明确目标消费者的特征、需求、偏好和期望，从而确保品牌定位能够精准地满足其需求。竞争对手分析则让企业了解其他品牌在市场中的地位、优势和劣势，为自身的差异化定位提供依据。市场分析则让企业洞察市场的规模、结构、机会和威胁，为品牌的长期发展制定战略。

在市场调研的基础上，品牌定位得以明确。品牌定位不仅仅是确定品牌在市场中的位置，更是塑造品牌独特个性和核心价值的过程。通过市场调研，企业可以提炼出品牌的核心价值，这是品牌能够持续满足消费者需求并区别于竞争对手的根本点。品牌定位涉及多个方面，如目标受众的确定、品牌差异化优势的识别、品牌核心价值的体现等。

目标受众是品牌定位的基础。企业需要明确品牌服务或产品的目标人群，了解他们的需求、痛点、兴趣和行为习惯，以确保品牌形象的精准构建。品牌差异化优势是品牌定位的核心，通过识别市场中未被满足的需求或空白点，企业可以为自己的品牌塑造独特的竞争优势。品牌核心价值则涉及品牌所传递的价值观和核心理念，这是吸引受众并树立品牌忠诚度的关键。

在实际操作中，品牌定位还需要结合具体的市场环境和消费者需求，选择合适的竞争策略，如价格定位、质量定位、创新定位或情感定位等。这些策略的运用，旨在使品牌在消费者心中占据一个独特且有利的位置，从而与竞争对手区别开来，并满足目标受众的需求和期望。

总之，市场调研与品牌定位是品牌形象构建不可或缺的一部分。通过科学的市场调研和精准的品牌定位，企业可以为自己的品牌塑造一个独特、积极且富有竞争力的形象，为品牌的长期发展奠定坚实的基础。

二、品牌形象的创意表现

在品牌形象构建过程中，创意表现是一把开启品牌灵魂的钥匙。它不仅是品牌视觉识别的延伸，更是品牌个性与故事生动展现的桥梁。创意表现通过独特而富有感染力的方式，让品牌从众多竞争者中脱颖而出，深深烙刻在消费者的心智之中。

首先，创意表现需紧扣品牌核心价值。无论是通过广告、社交媒体还是产品包装，每一个创意点都应是对品牌精神的一次精准诠释。例如，苹果公司简洁、优雅的设计语言，不仅体现在其产品外观上，更贯穿于其广告创意中，传递出"不同凡响"的品牌理念，如图 3-6 所示。

图 3-6 苹果公司广告图

其次，利用故事讲述激发情感共鸣。品牌故事是连接品牌与消费者情感的纽带，而创意表现则是这一故事最生动的讲述者。通过创意性的视觉叙事或文案，让消费者在享受美的同时，感受到品牌的温度与深度。比如，可口可乐的"幸福分享"系列广告，通过不同场景下人们分享可乐的瞬间，传递出品牌带来的快乐与温馨，如图 3-7 所示。

图 3-7 可口可乐广告图

再次，跨界合作与文化融合也是创意表现的重要策略。通过与不同领域品牌的合作，或是将品牌融入特定文化语境，可以创造出新颖独特的品牌形象。这种跨界的创意火花，不仅能扩大品牌的受众基础，还能赋予品牌更丰富的文化内涵。

最后，数字技术的运用为品牌形象创意表现开辟了新天地。AR、VR、AI 等前沿技术让品牌体验变得更加具有互动性、沉浸性和个性化。通过数字化创意，品牌可以构建超越传统媒介的虚拟世界，让消费者在探索与互动中深化对品牌的认知与记忆。

总之，品牌形象的创意表现是品牌传递给消费者的一场视觉与情感的双重盛宴。它要求我们在深刻理解品牌内核的基础上，勇于创新，敢于突破，以独特的视角和精湛的手法，将品牌精神转化为触动人心的力量，从而在激烈的市场竞争中赢得一席之地。

三、品牌形象的整合传播

品牌形象构建的实践策略中，整合传播是至关重要的一环。它通过对品牌形象要素进行优化组合，借助多元化的传播渠道和手段，实现品牌知名度和美誉度的全面提升。

整合传播的核心在于协调和优化各种传播资源，确保品牌信息在不同渠道上的一致性和协同性。这一策略能够全方位地覆盖目标受众，增强品牌的辨识度。在实施整合传播时，企业需要明确品牌定位和目标受众，以便有针对性地选择传播渠道和传播内容。

在整合传播的过程中，传统媒体和网络媒体应相互补充。传统媒体如电视、报纸、杂志等，具有广泛的覆盖面和较高的信任度，适合用来传递品牌的核心价值。而网络媒体，特别是社交媒体和自媒体，具有传播速度快、互动性强等特点，能够迅速扩大品牌的影响力，吸引青年受众的关注。

除了媒体选择，整合传播还需要注重传播内容的创意和故事性。讲述品牌故事，如创始人的创业经历、产品的研发过程等，可以引发消费者的情感共鸣，增强品牌的亲和力和认同感。同时，创造高质量、有价值、有趣味性和互动性的内容，也是吸引受众、提升品牌口碑的关键。

在实施整合传播时，企业还可以考虑与其他行业或品牌进行跨界合作，实现资源共享和优势互补。这种合作不仅能够扩大品牌的传播范围，还能通过联合活动或产品，为消费者提供更加丰富和独特的体验。

为了确保整合传播的效果，企业还需要搭建科学的评估体系。通过媒体曝光度、品牌知名度、销售增长等指标，对传播活动进行定期评估，以便及时调整和优化传播策略。这种反馈机制能够确保整合传播活动始终围绕品牌目标进行，实现最佳的效果。

综上所述，品牌形象的整合传播是品牌形象构建的实践策略中的重要组成部分。它通过对品牌形象要素的优化组合，借助多元化的传播渠道和手段，实现品牌知名度和美誉度的全面提升。在实施整合传播时，企业需要明确品牌定位、注重传播内容的创意和故事性、考虑跨界合作，并搭建科学的评估体系，以确保传播活动的有效性和高效性。

四、品牌形象的长期维护与更新

在品牌形象构建的实践策略中，长期维护与更新是确保品牌持续焕发活力、保持市场竞争力的关键环节。品牌如同一个生命体，需要不断地滋养与调整，以适应市场的变化与消费者需求的演进。

1. 持续监测与反馈机制

建立有效的品牌监测体系，是品牌形象长期维护的基础。企业可以通过市场调研、社交媒体互动、客户反馈收集等多种渠道，持续跟踪品牌在市场中的表现与消费者反馈。这有助于及时发现品牌形象的潜在问题，如落后、过时或与目标市场脱节等，为后续的调整与优化提供数据支持。

2. 定期评估与策略调整

定期对品牌形象进行全面评估，包括品牌知名度、美誉度、忠诚度等关键指标。基于评估结果，适时调整品牌形象传播策略，如更新视觉元素、优化品牌故事、强化价值观传达等，确保品牌形象始终与品牌定位及市场趋势保持一致。

3. 创新与迭代

在保持品牌核心识别的基础上，鼓励创新与迭代是品牌形象持续焕发活力的关键。这包括产品设计、服务体验、营销手段等多个层面。通过不断引入新技术、新元素，为品牌注入新鲜感与活力，吸引青年消费群体，同时保持老客户对品牌的忠诚度。

4. 社会责任与可持续发展

积极履行社会责任，推动品牌可持续发展，是提升品牌形象的重要手段。企业应关注环境保护、公益事业、员工福利等议题，将品牌价值观融入日常运营，展现品牌的正面形象与社会担当。这不仅有助于增强消费者对品牌的信任与好感，还能为品牌赢得更多的社会尊重与认可。

5. 危机管理与恢复

面对品牌危机，迅速而有效的危机管理策略至关重要。企业应建立危机应对机制，确保在危机发生时能够迅速响应、妥善处理，最大限度降低负面影响。同时，危机后的品牌形象恢复工作同样不容忽视，企业应通过积极的沟通与行动，重建消费者信心，恢复品牌形象。

世界品牌 500 强 3-2

综上所述，品牌形象的长期维护与更新是一个系统工程，需要企业从多个维度出发，持续努力，不断创新，以确保品牌在市场中的领先地位与持久生命力。

第五节　品牌形象评估与优化

一、品牌形象评估的方法与指标

品牌形象评估是品牌管理中的关键环节，它有助于企业了解品牌在消费者心目中的位置，为后续的品牌策略调整提供重要依据。评估品牌形象的方法多样，具体可归纳为以下几种，并配以相应的评估指标。

（一）消费者调研

消费者调研是最直接的方式，通过问卷、访谈等形式，了解消费者对品牌的整体印象和具体细节。评估指标包括以下两个。

1. 品牌知名度

衡量消费者对品牌的熟悉程度，可通过品牌提及率、品牌认知度等指标来评估。

2. 品牌认知度

消费者对品牌产品、服务、形象等方面的了解程度，通过品牌联想、品牌属性识别等指标来衡量。

（二）品牌关键指标分析

通过分析品牌在市场中的表现，从忠诚度和美誉度等方面综合评估品牌形象。关键指标包括以下两个。

1. 品牌忠诚度

通过重复购买率、客户推荐率等指标来反映消费者对品牌的忠诚程度。

2. 品牌美誉度

通过消费者满意度调查、投诉率、口碑传播等指标来评估消费者对品牌的信任度和满意度。

（三）品牌比较分析

将品牌与竞争对手品牌进行对比，了解消费者对不同品牌的偏好。评估指标包括以下两个。

1. 品牌差异化

通过比较品牌与竞争对手品牌在产品、服务、形象等方面的差异，评估品牌的独特性和竞争优势。

2. 品牌偏好度

通过消费者对不同品牌的偏好调查，了解品牌在消费者心目中的位置。

（四）社交媒体分析

通过分析消费者在社交媒体上的评价和讨论，评估品牌形象。评估指标包括以下两个。

1. 社交媒体热度

通过社交媒体上的品牌提及量、讨论量等指标来评估品牌的网络热度。

2. 社交媒体情感倾向

通过分析消费者对品牌的正面和负面评价，了解品牌在社交媒体上的情感倾向。

通过以上方法与指标的综合分析，企业可以全面评估品牌形象，发现品牌存在的问题和机会，从而制定针对性的优化策略，提升品牌形象，增强市场竞争力（见表 3-3）。

表 3-3　品牌形象评估方法和指标

品牌形象评估方法	指　　标
消费者调研	品牌知名度、品牌认知度
品牌关键指标分析	品牌忠诚度、品牌美誉度
品牌比较分析	品牌差异化、品牌偏好度
社交媒体分析	社交媒体热度、社交媒体情感倾向

二、品牌形象优化的方向与策略

品牌形象优化是一个动态且持续的过程，它要求企业在市场变化中不断调整策略，以确保品牌始终保持竞争力和吸引力。在品牌形象优化的过程中，企业需要明确方向并制定相应的策略，以下是一些优化方向与策略。

1. 明确品牌定位与核心价值

品牌定位是品牌优化的基石，它决定了品牌在消费者心中的独特位置和形象。企业应通过深入了解目标市场、竞争对手及消费者需求，明确自身的差异化优势，并提炼出品牌的核心价值。这一价值应具有独特性、持久性和概括性，能够贯穿品牌传播的全过程，成为提升品牌知名度和美誉度的重要支撑。

2. 强化视觉元素与标识设计

视觉元素与标识是品牌形象的重要组成部分。企业应确保品牌名称、标识、色彩搭配、字体选择等视觉元素的一致性和识别性，以强化品牌形象。同时，随着市场趋势的变化和消费者偏好的转移，企业还应适时对视觉元素进行更新和优化，以保持品牌的活力和吸引力。

3. 提升产品与服务质量

产品是品牌形象的核心，而服务质量则直接影响消费者的体验和满意度。企业应确保产品的品质、设计、材料等符合甚至超越消费者的期望，并提供优质的客户服务。通过不断提升产品和服务质量，企业可以赢得消费者的信任，进而提升品牌形象。

4. 加强品牌传播与互动

品牌传播是提升品牌形象的重要手段。企业应利用多种传播渠道，如社交媒体、传统媒体等，进行品牌推广和互动。同时，通过内容营销、口碑传播、品牌合作等方式，企业可以扩大品牌知名度和影响力，与消费者建立更紧密的联系。

5. 关注社会责任与可持续发展

在品牌形象优化的过程中，企业还应承担起相应的社会责任，关注环保、公平贸易等社会问题。通过可持续的生产方式、公益活动等方式，企业可以塑造品牌的正面形象，提升品牌的声誉和公信力。

综上所述，品牌形象优化需要企业在多个方面下功夫，明确方向并制定相应的策略，通过持续的努力和改进，企业可以不断提升品牌形象，增强市场竞争力。

三、品牌形象危机的预防与处理

在品牌形象构建的过程中，危机虽不可完全预见，但通过周密的预防与高效的应对措施，可以最大限度地减少其对品牌造成的损害。以下将深入探讨品牌形象危机的预防策略与处理机制。

（一）预防策略：构建坚固的防线

1. 建立预警系统

利用大数据和人工智能技术，监测社交媒体、新闻报道等渠道，对可能影响品牌形象的负面信息进行实时监控，确保第一时间发现潜在危机。

2. 强化内部管理

培养员工的品牌意识与责任感，确保从产品设计到客户服务的每一个环节都能体现品牌价值观，减少因内部失误引发的危机。

3. 制定应急预案

针对不同类型的品牌形象危机，提前制定详细的应对预案，包括危机公关策略、信息传递流程、媒体沟通话术等，确保危机发生时能迅速而有序地响应。

（二）处理机制：快速响应，有效沟通

1. 迅速确认并回应

危机发生后，第一时间确认事实真相，通过官方渠道发布正式声明，展现品牌的责任感和透明度，避免谣言扩散。

2. 积极沟通，修复信任

与消费者、媒体及利益相关者保持开放、诚实的沟通，理解他们的关切，采取有效措施解决问题，逐步恢复消费者对品牌的信任。

3. 学习反思，持续改进

危机过后，组织内部应进行深刻的复盘与反思，识别危机根源，总结经验教训，将危机转化为品牌成长的机会，优化品牌形象构建体系，增强抵御未来风险的能力。

品牌形象危机的预防与处理，是品牌长期发展中不可或缺的一环。它不仅考验品牌的危机管理能力，更是品牌价值观、企业责任感的深刻体现。通过构建完善的预防体系与高效的处理机制，品牌能够在风雨中屹立不倒，持续赢得消费者的信任与支持。在品牌形象构建的过程中，危机不应是终点，而应是促使品牌不断进化、迈向更高层次的催化剂。

四、案例分析：品牌形象优化的成功案例

在品牌形象构建的过程中，评估与优化是确保品牌持续发展的重要环节。以下是一些成功优化品牌形象的案例，它们通过不同的策略实现了品牌价值的提升。

1. 可口可乐：情感共鸣的深化

可口可乐作为一个历史悠久的品牌，其品牌形象早已深入人心。然而，为了保持品牌的活力和吸引力，可口可乐不断通过情感化的营销活动来优化其品牌形象。例如，在特定的节日推出与节日氛围相符的广告，强调分享与关爱的重要性，这不仅引发了消费者的情感共鸣，还进一步巩固了品牌与消费者之间的情感联系。

2. 星巴克：社交属性的强化

星巴克通过提供高品质的咖啡和独特的店铺体验，成功塑造了一个具有社交属性的品牌形象。为了进一步优化这一形象，星巴克不断升级其店铺环境和服务，为消费者创造一个更加舒适、温馨的社交空间。同时，星巴克还通过举办各种社交活动，如咖啡品鉴会、读书会等，增加了品牌与消费者之间的互动和联系。

3. 特斯拉：环保与创新的双重提升

特斯拉作为电动汽车行业的领军者，其品牌形象一直与环保和创新紧密联系。为了进一步优化品牌形象，特斯拉不断投入研发，推出更加高效、环保的电动汽车产品，同时积极参与各种环保活动，展示了品牌对环保的使命。此外，特斯拉还通过创新的营销策略，如推出自动驾驶技术、建设超级充电站等，进一步提升了品牌的科技感和未来感。

课程思政互动 3-3

综上所述，品牌形象优化是一个持续的过程，需要企业根据市场变化和消费者需求不断调整和优化策略。通过深化情感共鸣、强化社交属性、提升环保与创新形象以及实践品牌价值观等方式，企业可以成功优化品牌形象，提升品牌价值。

简答题

1. 请简述品牌形象构建的基本步骤。
2. 在品牌形象构建过程中，如何确保标识与视觉元素的设计有效传达品牌理念？
3. 如何通过品牌故事与价值观的传达，引起品牌与消费者之间的情感共鸣？
4. 标识设计的原则有哪些？
5. 品牌形象评估的方法有哪些？

案例分析

即测即练

自学自测

扫描此码

第二部分　品牌传播与推广

广告与媒体策略

学习目标

1. 掌握创意灵感的激发与筛选方法，理解广告设计基本原则，熟练运用视觉元素。
2. 熟悉广告制作流程，掌握拍摄与后期技术，学会质量控制与优化。
3. 学会分析不同渠道的特点，进行合理选择与整合，监测并评估传播效果。
4. 掌握社交媒体、搜索引擎、网络视频、移动广告的策略，提升广告互动率与转化率。
5. 了解电视、报纸、杂志、户外及广播广告的策划与投放，挖掘传统媒体的新价值。

第一节　广告创意的构思与设计

一、创意的灵感来源与筛选

在广告创意的构思与设计过程中，创意的灵感来源是至关重要的第一步。这些灵感往往源自以下几个方面。

首先，市场趋势与消费者洞察是创意灵感的重要源泉。通过深入研究市场动态和消费者行为，广告人能够捕捉到潜在的需求点和兴趣点，从而激发出贴近消费者心理的创意。市场数据的分析和消费者调研的结果，为广告创意提供了坚实的基础和明确的方向。

其次，文化元素与艺术表现是不可或缺的灵感来源。在不同的文化背景下，人们的审美观念和价值观念存在差异，这为广告创意提供了丰富的素材和视角。同时，艺术作品的创意手法和表现形式，也为广告创意提供了借鉴和启发。

最后，跨界合作与技术革新也是创意灵感的重要来源。与其他行业的合作能够引入新的思维方式和创意元素，为广告创意带来全新的视角和可能性。而技术的不断发展，如虚拟现实、增强现实等，则为广告创意提供了更加丰富的表现手段。

面对如此众多的灵感来源，进行有效的筛选和整合显得尤为重要。广告人需要具备一定的判断力和审美素养，能够从众多灵感中挑选出符合品牌调性、目标受众和市场需求的创意。同时，还需要通过团队讨论、市场调研等方式，对创意进行进一步的验证和优化，确保其具有可行性和吸引力。

综上所述，广告创意的灵感来源是多元化的，如表 4-1 所示。筛选和整合这些灵感则需要广告人具备敏锐的市场洞察力、丰富的文化素养和专业的判断能力。只有这样，才能创作出既具有创新性又符合市场需求的广告作品。

表 4-1　广告创意来源

来　源	内　容
市场趋势与消费者洞察	市场动态、消费者行为
文化元素与艺术表现	审美观念、价值观念
跨界合作与技术革新	新的思维方式、创意元素
筛选和整合	符合品牌调性、目标受众、市场需求的创意

二、广告设计的基本原则

在广告创意的构思与设计过程中，遵循一定的基本原则是确保广告效果最大化的关键。广告设计的基本原则不仅关乎美学呈现，更在于信息的有效传达与受众的情感共鸣。

1. 目标明确性

广告设计应紧密围绕广告目标展开，无论是提升品牌知名度、促进产品销售，还是塑造品牌形象，每一则广告都应有清晰的目标定位。明确的目标能够指导设计方向，确保广告内容与目标受众的需求和兴趣点相契合。

2. 信息简洁性

在信息爆炸的时代，传递简洁明了的信息尤为重要。广告设计应避免冗长复杂的文案和过多的视觉元素，而是通过精练的语言和直观的图像，迅速抓住受众的注意力，并准确传达核心信息。简洁不等于简单，而是要在有限的空间内实现对信息的最大化利用。

3. 视觉冲击力

视觉元素是广告设计的重要组成部分，具有强大的吸引力和感染力。通过色彩搭配、构图布局、字体选择等手法，创造具有视觉冲击力的效果，能够瞬间吸引受众的目光，激发其进一步探索的兴趣。

4. 情感共鸣

优秀的广告设计往往能够触动人心，与受众产生情感上的共鸣。通过挖掘目标受众的情感需求，运用故事化、场景化等手法，将广告信息与受众的情感体验相结合，从而增强广告的感染力。

5. 一致性与连贯性

广告设计应保持品牌风格的一致性，确保不同渠道、不同形式的广告在视觉和信息上相互呼应，形成统一的品牌形象。同时，广告系列内部各则广告之间也应保持连贯性，共同构建完整的品牌故事。

遵循这些基本原则，广告设计将更具吸引力和影响力，为品牌传播和产品销售提供有力支持。

三、视觉元素在广告中的应用

在广告创意的构思与设计过程中，视觉元素扮演着至关重要的角色。视觉元素不仅是吸引观众注意力的首要手段，更是传达品牌信息、激发情感共鸣的关键所在。

色彩是视觉元素中最具冲击力的部分。合理的色彩搭配能够迅速抓住观众的眼球，营造特定的氛围，并引导观众的情绪。例如，红色常代表活力、激情或紧急感，而蓝色则给人以平静、可信赖和专业的感觉。广告设计者通过精心挑选色彩，可以确保广告在视觉上与目标受众产生强烈的共鸣。

图像与图形在广告中的应用同样不可忽视。高质量的图像能够直观地展示产品或服务的特点，帮助观众更好地理解广告信息。而富有创意的图形设计则能在视觉上产生独特的视觉效果，增强广告的辨识度。通过巧妙地结合图像与图形，广告人能够创作出既美观又富含信息量的广告作品。

字体与排版也是视觉元素中不可或缺的一部分。它们不仅影响广告的易读性，还能够在视觉上塑造品牌的个性。选择合适的字体和排版风格，可以使广告信息更加清晰、有条理，同时传递出品牌独特的风格和价值观。

在广告中运用视觉元素时，还需要注重整体的协调性。色彩、图像、图形、字体等元素应相互呼应，共同构成一个和谐统一的视觉体系，如图 4-1 所示。只有这样，广告才能在视觉上产生强烈的冲击力，同时确保准确传达信息。

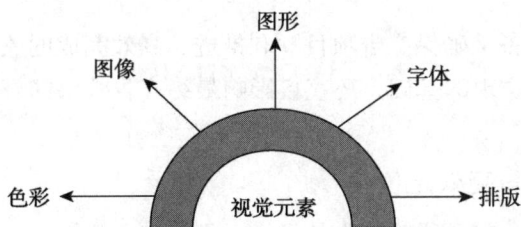

图 4-1　视觉元素构成

综上所述，视觉元素在广告中的运用至关重要。它们不仅是广告创意的重要组成部分，更是实现广告目标的关键手段。广告人应充分了解并掌握视觉元素的特点和运用技巧，以确保广告在视觉上达到最佳效果。

四、文案撰写与语言风格选择

在广告创意的构思与设计过程中，文案撰写是至关重要的一环。它不仅是广告信息的载体，更是与消费者建立情感联系、激发消费者购买欲望的桥梁。因此，文案的撰写不仅需要精准描述产品或服务的特点，还应巧妙融入品牌理念，以引起目标受众的共鸣。

文案撰写首先要求清晰明了，确保信息传达的准确性。无论是产品功能的介绍，还是促销活动的详情，都应准确无误地反映在文案中，避免造成消费者的误解。同时，文案应具备高度的可读性，通过合理的段落划分、恰当的标点符号使用及简洁有力的语言表达，使消费者能够轻松理解广告信息。

在语言风格的选择上，应根据品牌定位和目标受众的特点进行个性化设计。对于年轻、时尚的品牌，文案可以更加活泼、幽默，甚至略带反叛色彩，以吸引青年消费者的注意；而对于高端、专业的品牌，则宜采用更为正式、严谨的语言风格，以彰显品牌的品质与地位。

世界品牌 500 强 4-1

此外，文案撰写还应注重情感共鸣的营造。通过挖掘消费者内心深处的需求与渴望，将广告信息与消费者的情感需求相结合，使文案成为触动心灵的"软广告"。这种情感化的文案不仅能够提升广告的吸引力，还能在消费者心中留下深刻印象，提升品牌忠诚度。

总之，文案撰写与语言风格选择是广告创意构思与设计中的重要环节。优秀的文案不仅能够精准传达广告信息，还能与消费者建立情感联系，提升品牌形象。因此，在撰写文案时，务必注重信息的准确性、可读性，以及语言风格的个性化与情感化，以期达到最佳的广告效果。

第二节　广告制作流程与技术

一、广告制作的前期准备

广告制作的前期准备是确保广告项目顺利推进、高效完成的关键阶段。这一阶段的工作不仅奠定了广告创意实现的基础，还直接影响最终广告效果的好坏。以下是广告制作前期准备的主要内容。

1. 明确广告目标与受众定位

在广告制作的前期，需要明确广告的目标，是提升品牌知名度、促进产品销售，还是改变消费者态度，等等。同时，要精准定位目标受众，包括受众的年龄、性别、兴趣爱好、消费习惯等，以便在广告内容中精准传达信息。

2. 制作创意脚本

基于广告目标与受众定位，创意团队应构思并制作出广告创意脚本，包括广告的主题、情节、视觉元素、音效等。创意脚本应简洁明了，能够迅速抓住受众的注意力，并有效传达广告信息。

3. 预算规划与资源配置

广告制作涉及多方面的成本，如拍摄费用、后期制作费用、媒介投放费用等。在前期准备阶段，需要合理编制预算，并根据预算进行资源配置，确保每一环节的资金充足，避免超支。

4. 团队组建与分工

组建一支专业、高效的广告制作团队，包括导演、摄影师、剪辑师、特效师等，明确各成员的职责与分工。团队成员之间应保持良好的沟通与协作，确保广告制作流程的顺畅进行。

5. 法律法规与伦理审查

在广告制作前，还应对广告内容进行法律法规与伦理审查，确保广告内容合法合规，避免触碰敏感话题或侵犯他人权益，维护广告行业的良好形象。

通过细致的前期准备，广告制作项目得以在明确的目标与规划下顺利启动，为后续的广告制作与投放奠定坚实基础。

二、拍摄与制作技术

在广告制作的流程中，拍摄与制作技术是关键环节，直接决定了广告的最终呈现效果。这一环节不仅要求技术精湛，还需要巧妙融入创意。

拍摄技术方面，高质量的广告片离不开专业的设备和精湛的拍摄技术。相机选择至关重要，支持专业模式的相机能够确保捕捉到最清晰的画面。此外，三脚架、灯光设备等辅助工具也是不可或缺的，它们能够确保画面的稳定性和光线效果。在拍摄过程中，构图、角度与视角的选择同样关键，这些因素能够直接影响画面的吸引力和产品的表现力。例如，运用三分法构图可以使画面平衡且富有吸引力，而不同的拍摄角度则能展现产品的不同特点和细节。

制作技术方面，广告片的后期制作同样重要。剪辑、配音、配乐、字幕和特技转场等环节都需要重视，以确保广告片达到预期的效果。剪辑时，需要根据故事情节和广告目标，将拍摄的画面进行有序组合，形成连贯的叙事。配音和配乐则能够增强广告片的情感表达力和感染力，使观众更容易产生共鸣。字幕和特技转场则能够提升广告片的视觉效果，使其更加生动有趣。

此外，随着技术的不断发展，一些新的技术也被广泛应用于广告制作中。例如，UV打印技术以其高精度和良好的视觉效果，被广泛应用于广告材料的制作。写真喷绘技术则以其高清晰度和色彩还原度，成为制作展板、展示画面等广告物料的首选。这些新技术的应用，不仅提高了广告制作的质量和效率，也为广告创意的实现提供了更多的可能性。

综上所述，拍摄与制作技术是广告制作流程中的重要环节。通过专业的拍摄设备和精湛的拍摄技术，结合精心的后期制作和新技术的应用，能够创作出具有吸引力和感染力的广告片，从而实现广告目标并提升品牌形象，具体内容如表4-2所示。

表 4-2　拍摄与制作技术

技　　术	内　　容
拍摄技术	相机选择、辅助工具选择；构图、角度与视角的选择
传统制作技术	剪辑、配音、配乐、字幕、特技转场
新型制作技术	UV打印技术、写真喷绘技术等

三、后期制作与特效处理

在广告制作的流程中，后期制作与特效处理无疑是至关重要的环节，它们直接关系广告作品的最终呈现效果与观众感受。这一阶段，不仅需要对前期拍摄的素材进行精心剪辑与拼接，还需要通过一系列技术手段，为广告增添视觉冲击力。

后期制作的首要任务是剪辑，即将拍摄的大量素材按照创意脚本的要求进行筛选、排序与拼接。剪辑师要具备敏锐的审美眼光与精湛的技术，确保每一个镜头切换流畅自然，节奏把控得当，能够准确传达广告的主题与情感。同时，还需要进行色彩校正与调色，使画面色彩更加饱满、鲜明，符合广告的整体风格与调性。

特效处理则是后期制作中的点睛之笔。通过CGI（计算机生成图像）、动画合成、粒子系统等先进技术，可以创造出令人震撼的视觉特效，如虚拟场景、角色动画、爆炸烟雾等，这些特效不仅增强了广告的观赏性，还能有效传达产品或服务的独特卖点。此外，后期特效还常用于去除瑕疵、修复穿帮镜头等，确保广告画面的完美无瑕。

值得一提的是，随着技术的不断进步，虚拟现实（VR）、增强现实（AR）等前沿技术也开始被应用于广告后期制作中，为观众带来前所未有的沉浸式体验。这些技术的应用，不仅拓宽了广告的创意空间，也极大地提升了广告的互动性与参与度。

综上所述，后期制作与特效处理是广告制作流程中不可或缺的一环，通过精细的剪辑与创新的特效技术，将广告创意转化为生动、直观、富有感染力的视觉作品，从而有效触达目标受众，实现广告的传播目的与价值，如图4-2所示。

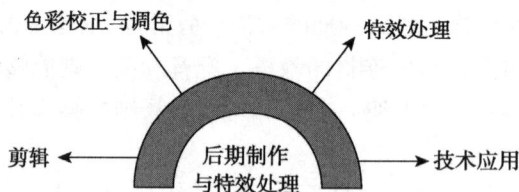

图4-2　后期制作与特效处理过程

四、广告的质量评估与优化

在广告制作流程中，质量评估与优化是确保广告效果的关键环节。通过对广告创意和制作成果的全面评估，可以发现并改进不足，从而提升广告的吸引力和影响力。

广告质量评估首先关注广告的清晰度和简洁性。一个优质的广告应能够迅速传达产品或服务的核心信息，避免冗长和复杂的描述，使观众一目了然。同时，广告应具备吸引力和说服力，能够激发观众的兴趣，并促使他们采取行动。

除了内容层面的评估，广告还需要符合品牌形象和价值观。广告的制作应体现品牌的独特卖点和价值观，以增强品牌的知名度和美誉度。此外，广告的创意和表现形式也是评估的重要方面。独特的创意和新颖的表现形式能够吸引目标受众的注意力。

在评估过程中，还需要关注广告是否有效针对目标受众，包括年龄、性别、兴趣、需求等方面的匹配度。通过精准定位目标受众，广告可以更有效地传达信息，提高转化率和投资回报率。

基于评估结果，广告制作团队可以进行针对性的优化，包括改进广告内容的表达方式、调整创意元素、优化视觉效果和音效等。同时，还可以通过 A/B 测试等方法，比较不同广告方案的效果，选出最佳的广告方案。

在优化过程中，数据驱动的优化方法尤为重要。通过收集和分析广告投放过程中的数据，可以了解用户的反馈和行为，为广告的优化提供依据。这些数据可以帮助团队了解哪些广告创意更吸引用户、哪些元素更具有说服力，从而进行针对性的改进。

综上所述，广告的质量评估与优化是广告制作流程中不可或缺的一环。通过对广告的全面评估，可以发现其中的问题和不足，并通过针对性的优化措施，提升广告的效果和影响力。这一过程需要团队的紧密合作和数据的支持。

课程思政互动 4-1

第三节　多渠道传播策略规划

一、传播渠道的选择与分析

在多渠道传播策略规划中，选择与分析合适的传播渠道是至关重要的第一步。随着信息技术的飞速发展，广告传播渠道日益多样化，从传统的电视、广播、报纸，到新兴的互联网、社交媒体、移动应用等，每一种渠道都有其独特的优势和受众群体。

在选择传播渠道时，企业需要首先明确其广告目标与受众定位。对于年轻、追求时尚的受众，社交媒体和短视频平台可能是更为有效的传播渠道；而对于中老年群体，电视、广播等传统媒介可能更具影响力。同时，不同产品的特性也决定了传播渠道的选择，如高端消费品可能更适合在高端杂志或专业网站上投放广告。

对传播渠道的分析应涵盖多个维度，包括受众覆盖率、传播效果、成本效益、互动性及渠道间的协同效应等。受众覆盖率是衡量渠道影响力的关键指标，而传播效果则直接关系广告目标的达成。成本效益分析有助于企业选择性价比高的传播方案。互动性强的渠道能够提升受众的参与度和品牌忠诚度。此外，不同渠道间的协同效应也不容忽视，合理的渠道组合能够产生 1+1>2 的传播效果。

在分析过程中，企业还应关注各渠道的最新动态和趋势，如新兴渠道的崛起、受众偏好的变化等，这些因素都可能影响传播策略的有效性。因此，企业应保持敏锐的市场洞察力，及时调整和优化传播渠道。

综上所述，传播渠道的选择与分析是多渠道传播策略规划的基础。企业应根据广告目标、受众定位、产品特性等因素，综合考量各渠道的优劣势，选择最合适的传播渠道组合，以实现最佳的传播效果。

二、各渠道的特点与优势

在多渠道传播策略规划中，了解各渠道的特点与优势至关重要。以下是几种主要传播渠道的特点与优势分析。

1. 社交媒体渠道

社交媒体平台如微信、微博等，兼具私域和公域流量功能，用户基数大且互动性强。这些平台适合热点传播，能够迅速扩大品牌影响力。通过发布有趣的内容、互动活动及与KOL合作，企业可以精准触达目标用户，增强用户的体验感和信任感。此外，社交媒体平台还适合内容营销和社群互动，有助于形成品牌忠诚度，增加用户黏性。

2. 搜索引擎渠道

搜索引擎如百度推广，具有瞄准用户搜索意图的特点。通过关键词优化、广告创意优化和落地页优化，企业可以在用户搜索相关关键词时展示广告，提高品牌曝光度和转化率。搜索引擎广告的优势在于覆盖范围广、搜索精准度高，适合关键词优化与品牌口碑传播。

3. 视频广告渠道

视频广告如抖音广告，利用视觉冲击力吸引用户，内容丰富多彩且娱乐性强。这些平台适合制作高质量的短视频内容，结合热点挑战和算法推荐提升流量。视频广告的优势在于能够迅速吸引用户注意力，提高品牌知名度和用户参与度。

4. 传统媒体渠道

传统媒体如电视、广播和报纸等，虽然面临新媒体的冲击，但仍具有一定影响力。传统媒体的优势在于受众精准、覆盖范围广，适合传递重要信息。通过与传统媒体合作，企业可以进一步扩大品牌曝光度和影响力，特别是在特定受众群体中。

综上所述，各渠道在广告与媒体策略中各具特点与优势，如表 4-3 所示。企业应根据目标用户特性和业务需求，灵活选择和整合多种渠道，以实现多渠道传播策略的最优化。通过精准触达目标用户、增强用户的体验感和信任感，企业可以在激烈的市场竞争中脱颖而出，实现品牌提升和业务转化。

表 4-3　渠道的特点与优势

渠　　道	特点与优势
社交媒体渠道	热点传播；精准触达目标用户；内容营销和社群互动
搜索引擎渠道	精准瞄准用户搜索意图；覆盖范围广、搜索精准度高
视频广告渠道	迅速吸引用户注意力
传统媒体渠道	受众精准、覆盖范围广，适合传递重要信息

三、渠道整合与协同效应

在多渠道传播策略规划中，渠道整合与协同效应是提升广告效果与媒体投资回报率的关键环节。渠道整合意味着将各种广告渠道，包括传统媒体如电视、广播、报纸，以及新兴的数字媒体如社交媒体、搜索引擎等有机融合，形成一个协调一致、互为补充的传播网络。

实现渠道整合，需要深入分析目标受众的媒体使用习惯，确保广告信息能够精准触达。

通过市场调研和数据分析，识别受众在不同渠道的活跃时间和偏好，从而制订针对性的投放计划。例如，针对青年受众，可以加大在社交媒体和视频平台上的投入；而对于中老年群体，则可能更倾向于在电视和广播等渠道投放广告。

协同效应则强调各渠道间的相互配合与强化，以产生 1 + 1 > 2 的传播效果。这要求广告内容在不同渠道上既要保持一致性，又要根据渠道特性进行适当调整，以实现信息的互补和深化。例如，通过电视广告引发受众兴趣，再至社交媒体平台进行深度互动和口碑传播，或者利用搜索引擎广告捕捉受众的主动搜索行为，进一步巩固品牌形象。

在实施渠道整合与协同效应时，还应注重数据监测与分析，实时跟踪广告效果，及时调整策略。利用先进的广告追踪技术和数据分析工具，评估各渠道的贡献度和投资回报率，不断优化投放组合，确保广告预算的有效利用。

总之，渠道整合与协同效应是构建高效多渠道传播策略的核心。通过精准定位目标受众，合理规划渠道布局，以及持续优化投放策略，企业可以在竞争激烈的市场环境中脱颖而出，实现品牌价值的最大化。

四、传播效果的监测与评估

在多渠道传播策略规划中，传播效果的监测与评估是确保广告活动成功的关键环节。这一步骤不仅能够帮助企业了解广告的实际影响力，还能够为后续的策略调整提供数据支持。

传播效果的监测通常涉及多个维度，包括广告的曝光量、点击率、转化率等关键指标。通过专业的广告监测工具，企业可以实时追踪广告在不同渠道的表现，从而及时发现问题并进行优化。例如，对于社交媒体广告，可以通过平台提供的数据分析工具，查看广告的展示次数、互动率及用户画像等信息，进而判断广告内容是否吸引目标受众。

评估传播效果则需要更为深入的分析。除了关注直接的转化数据，企业还应考虑广告的长期影响，如品牌知名度的提升、用户忠诚度的提升等。这可以通过市场调研、消费者反馈收集等方式来实现。通过问卷调查、深度访谈等手段，企业可以了解消费者对广告的认知、态度及行为变化，从而全面评估广告的传播效果。

在监测与评估过程中，企业还应注重数据的对比与分析。将广告活动前后的数据进行对比，可以直观展示广告的效果；而将不同渠道的数据进行对比，则可以发现各渠道的优劣，为未来的资源分配提供依据。

值得注意的是，传播效果的监测与评估是一个持续的过程，如图 4-3 所示。随着市场环境的变化和消费者行为的变化，企业需要不断调整和优化广告策略。因此，建立一套科学、系统的监测与评估机制，对于实现广告目标、提升广告效果具有重要意义。

综上所述，传播效果的监测与评估是多渠道传播策略规划中不可或缺的一环。通过全面、深入的监测与评估，企业可以更加精准地把握市场动态，为未来的广告活动提供有力的数据支持。

世界品牌 500 强 4-2

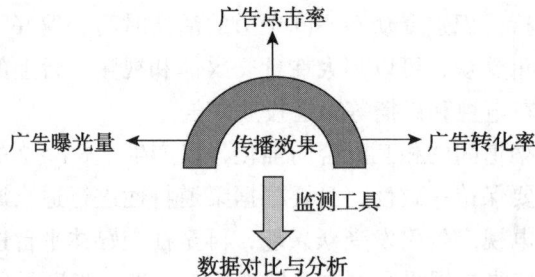

图 4-3　传播效果的监测与评估

第四节　数字媒体广告策略

一、社交媒体广告的运用

在当今的数字化时代，社交媒体已成为人们日常生活中不可或缺的一部分，它不仅改变了人们的沟通方式，更为企业提供了一个全新的、极具潜力的营销平台。社交媒体，作为数字媒体广告策略的重要组成部分，正以其独特的优势吸引着越来越多的企业投放广告。

社交媒体广告的核心在于其精准的目标定位和高度互动性。通过大数据分析，企业可以准确描绘出目标受众的画像，将广告精准推送给具有潜在需求的用户。这种个性化的推送方式不仅提高了广告的曝光率，还大大提高了广告的转化率。

同时，社交媒体平台多样化的广告形式也为企业提供了丰富的创意空间。从图文广告到视频广告，从动态创意到互动 H5，企业可以根据品牌特点和营销目标，选择最适合的广告形式来展示品牌形象和产品特点。

此外，社交媒体广告的互动性也是其不可忽视的一大优势。通过点赞、评论、分享等社交功能，用户可以轻松参与到广告中，与品牌形成互动。这种互动不仅加深了用户对品牌的认知，还通过用户的社交关系链实现了广告的二次传播，进一步扩大了广告的影响力。

然而，社交媒体广告的运用也面临诸多挑战。如何在海量信息中脱颖而出、如何精准捕捉目标受众的注意力、如何有效衡量广告效果等，都是企业需要思考和解决的问题。因此，在制定社交媒体广告策略时，企业需要充分了解平台规则，精准把握用户需求，不断创新广告形式和内容，以实现最佳的广告效果。

综上所述，社交媒体广告的运用是数字媒体广告策略中不可或缺的一环，如表 4-4 所示。企业只有充分利用其优势，不断应对挑战，才能在激烈的市场竞争中脱颖而出。

表 4-4　社交媒体广告运用的优势及挑战

核心优势	精准目标定位、高互动性；多样化的广告形式；促进用户与品牌的深度互动
面临挑战	在海量信息中脱颖而出；精准捕捉目标受众；有效衡量广告效果

二、搜索引擎优化与广告投放

在数字媒体广告策略中，搜索引擎优化（SEO）与广告投放是两个至关重要的环节。搜索引擎优化通过提升网站在搜索引擎中的自然排名，吸引更多潜在客户，从而增加品牌曝光度和网站流量。这一策略的核心在于对搜索引擎工作原理的深入了解，以及针对性地对网站内容、结构、关键词和链接进行优化。

关键词优化是搜索引擎优化的基础。正确的关键词选择能显著提高广告的匹配度和点击率。这需要对目标用户的行为、兴趣和搜索习惯进行深入分析，确保广告内容与用户需求高度匹配。同时，创作有价值、有吸引力的内容，保持内容的原创性和高质量，对于提升网站的权威性和可信度至关重要。这不仅能吸引更多用户访问，还能提高搜索引擎对网站的信任度。

在广告投放方面，搜索引擎广告（如谷歌广告）为品牌提供了精准的推广机会。通过精确设置关键词、地域、时间和受众等参数，企业可以确保广告仅在相关且高效的搜索结果中展示，从而实现广告预算的最大化利用。此外，利用搜索引擎提供的详细数据报告，企业可以实时监控广告效果，分析用户行为，进而调整广告投放策略，提升广告转化率。

为了实现高效广告投放，选择合适的广告工具同样重要。这些工具，如电视广告、广播广告、报纸广告、杂志广告等能够自动化广告投放过程，节省人力和时间成本，同时提供丰富的数据和分析报告，帮助广告主更好地了解广告效果和用户行为。

综上所述，搜索引擎优化与广告投放是数字媒体广告策略的重要组成部分。通过优化网站内容和结构，选择正确的关键词，结合搜索引擎广告和社交媒体推广，企业可以显著提升品牌曝光度和广告转化率，实现广告效果的最大化。

三、视频广告在网络平台的推广

在数字媒体广告策略中，视频广告因其直观性、生动性和互动性，在网络平台上占据了举足轻重的地位。视频广告不仅能够有效传达产品信息，还能通过情感共鸣增强品牌影响力。

网络平台为视频广告提供了广阔的展示空间。从短视频平台如抖音、快手，到长视频平台如优酷、爱奇艺，再到社交媒体平台如微信、微博，视频广告几乎可以覆盖所有类型的用户群体。这些平台拥有庞大的用户基数和高度活跃的社区氛围，为视频广告提供了巨大的曝光机会。

视频广告的制作需注重创意和内容。一个优秀的视频广告不仅要吸引眼球，还要能够引起观众的共鸣。在创意方面，可以借助故事叙述、情感渲染、幽默元素等多种手法，使广告内容更加生动有趣。同时，要确保广告内容与产品特性、品牌形象相契合，避免产生负面效果。

在网络平台推广视频广告时，需要考虑目标受众的偏好和行为习惯。不同的平台吸引着不同的人群，因此，要根据目标受众的特点选择合适的平台进行投放。例如，针对青年用户群体，可以选择在短视频平台上投放广告；针对高端用户群体，则可以选择在长视频或社交媒体平台上投放广告。

此外，视频广告的投放还应注重精准营销。通过大数据分析，可以精准定位目标受众，实现广告的个性化推送。这不仅能够提高广告的曝光率，还能提升广告的转化率和投资回报率。

综上所述，视频广告在网络平台的推广是数字媒体广告策略中的重要一环。通过精心制作和精准投放，视频广告不仅能够提升品牌形象，还能有效促进产品销售。因此，在制定数字媒体广告策略时，应充分重视视频广告的作用，发挥其独特的优势，以实现最佳的广告效果。

四、移动端广告的特点与策略

在数字媒体广告策略中，移动端广告以其独特的优势和策略成为企业推广的重要一环。

（一）移动端广告的特点

1. 互动性更强

移动端广告通过点击、分享、评论等功能，能够与用户进行实时互动，极大提高了广告的曝光率。

2. 精准定位

利用大数据和人工智能技术，移动端广告可以根据用户的兴趣、地理位置、使用习惯等信息，实现精准投放，从而提高广告转化率。

3. 形式多样

移动端广告形式多样，包括图文、视频、直播、AR/VR 等，能够满足不同用户的需求，提升用户体验。

4. 跨平台整合

移动端广告能够跨平台整合，实现多渠道营销，提高品牌曝光度和影响力。

（二）移动端广告的策略

1. 精准定位目标用户

根据用户画像选择合适的推广渠道和广告形式，确保广告能够准确触达目标用户群体。

2. 创作吸引人的广告内容

广告文案应简洁明了、突出卖点，广告图像要吸引眼球、与目标用户群体相关联，以提高广告点击率。

3. 追踪分析数据

利用数据分析工具对广告效果进行监测和分析，了解用户行为和转化情况，及时调整广告策略。

4. 定期优化广告

根据数据分析结果，不断优化广告内容、投放渠道和策略，以提高广告转化率。

5. 场景化营销

根据用户所处的场景和需求，提供更具针对性的广告内容，提高广告的针对性。

移动端广告已成为企业推广产品和服务、提高品牌知名度的重要渠道。随着移动互联网的普及和技术的不断进步，移动端广告将迎来更多的发展机遇。企业应充分利用移动端广告的优势，制定科学的广告策略，提高品牌知名度，扩大市场份额，提升用户黏性，优化营销效果。同时，也应关注移动端广告的未来发展，探索新的技术和模式，为移动端广告的进步和发展贡献自己的力量，如图 4-4 所示。

世界品牌 500 强 4-3

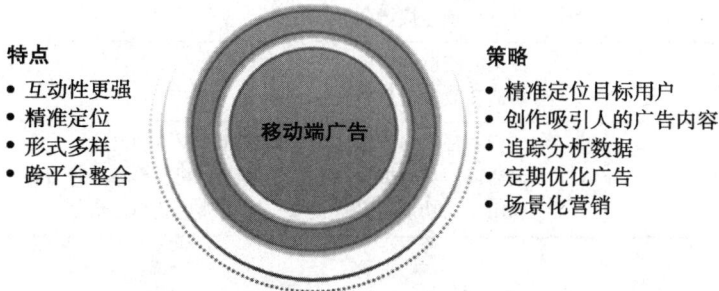

特点
- 互动性更强
- 精准定位
- 形式多样
- 跨平台整合

移动端广告

策略
- 精准定位目标用户
- 创作吸引人的广告内容
- 追踪分析数据
- 定期优化广告
- 场景化营销

图 4-4 移动端广告的特点与策略

第五节 传统媒体广告策略

一、电视广告的策划与投放

在数字媒体蓬勃发展的今天，电视广告依然占据着传媒领域的重要地位，其直观性、高覆盖率和情感连接能力使其成为品牌推广不可或缺的一环。电视广告的策划与投放，不仅需要精准定位目标受众，更要注重创意内容的创新与视觉效果的震撼，以确保广告信息有效传达并激发观众的购买欲望。

策划阶段，首要任务是明确广告目标，是提升品牌知名度、促进销售增长，还是塑造品牌形象。基于目标进行市场调研，分析目标受众的观看习惯、偏好及心理需求，从而确定广告的定位、风格及信息传递方式。创意构思需新颖独特，能够迅速吸引观众的注意力，并通过故事情节或视觉元素与观众建立情感连接，增强记忆点。

制作环节，高质量的视觉与音效设计是电视广告成功的关键。采用高清拍摄技术，结合色彩、光影的巧妙运用，打造引人入胜的画面效果。同时，配音、背景音乐的选择应与广告内容相得益彰，增强整体感染力。此外，简洁明了的信息传递，避免冗长复杂的叙述，确保观众在短时间内获取核心信息。

投放策略上，应综合考虑电视节目的收视率、观众构成、时段特性等因素，选择与广告目标受众最为匹配的频道与时间段。采用集中投放或分散投放策略，依据预算与品牌需求灵活调整，以达到最佳传播效果。同时，利用电视平台的互动功能，如二维码扫描参与活动等，提升观众参与度，深化品牌印象。

总之，电视广告的策划与投放是一项系统工程，应精心策划、精细执行，方能在激烈的市场竞争中脱颖而出，实现广告价值的最大化，如表 4-5 所示。

表 4-5　电视广告策划与投放的各个阶段

阶　　段	任　　务
策划阶段	明确广告目标，深入市场调研，注重独具匠心的创意； 通过情感连接增强品牌印象
制作环节	视觉的震撼与音效的和谐共鸣； 简洁高效的信息传达
投放策略	分析收视率与观众构成，精准选择频道和时段； 灵活运用集中或分散投放策略，适配预算与品牌目标； 利用互动功能提升观众参与度，强化品牌记忆

二、报纸与杂志广告的运用

在数字化浪潮汹涌的今天，报纸与杂志作为传统媒体，依然占据着市场的一席之地，尤其在深度阅读、目标受众精准度方面展现出独特价值。报纸与杂志广告的运用，不仅是对品牌信息的有效传播，更是对特定消费群体心理需求的精准洞察。

1. 报纸广告

报纸以其广泛的覆盖面和每日更新的特性，成为传递品牌动态的优选平台。广告内容应简洁明了，快速吸引读者的注意力。在版面设计上，利用头版、底纹、色彩对比等手法，能有效提升广告的视觉冲击力。同时，结合新闻热点或社会议题，巧妙融入广告信息，可使品牌传播更加自然流畅。此外，报纸广告的投放还需要考虑目标受众的阅读习惯。

2. 杂志广告

相较于报纸，杂志广告更加注重品质与深度。杂志的细分化市场定位，使广告能更精准地触达目标读者群体。在广告创意上，杂志广告更倾向于讲述品牌故事，通过高质量的图像、优美的文案，营造沉浸式阅读体验，加深品牌印象。杂志广告的版面规划更为灵活，从跨页大图到创意插页，都能充分展现品牌特色。此外，利用杂志的专题报道、名人访谈等栏目进行品牌植入或合作，也是提升品牌格调与影响力的有效途径。

综上所述，报纸广告与杂志广告虽面临数字化媒体的挑战，但其独特的传播优势与受众基础仍为品牌提供了宝贵的营销舞台。合理运用这两种媒介，不仅能实现信息的有效传达，还能在消费者心中构建起独特的品牌形象，促进品牌忠诚度的提升，如图 4-5 所示。

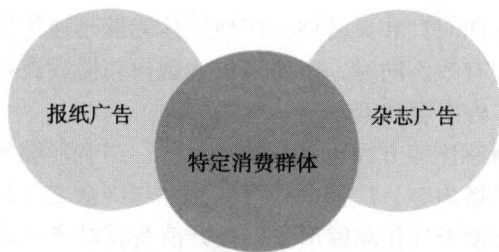

图 4-5 报纸广告与杂志广告

三、户外广告的设置与效果

户外广告作为传统媒体广告的重要组成部分，以其独特的地理位置优势和视觉冲击力，在品牌传播中扮演着不可或缺的角色。以下将深入探讨户外广告的设置原则及其带来的传播效果。

户外广告的设置首要考虑的是地点。高人流量的地段，如商业中心、交通枢纽、旅游景点等，是户外广告的黄金位置。这些地点不仅能够确保广告信息被大量目标受众看到，还能通过重复曝光加深品牌印象。同时，广告的位置高度、朝向和视野开阔度也需要精心规划，以确保广告在任何时间都能清晰可见，从而最大化传播效果。

在广告内容的设计上，户外广告追求简洁明了、色彩鲜明，以达到瞬间吸引行人的注意力的目的。创意独特、信息精炼的广告内容，能够引发公众的好奇心和共鸣，从而有效提升品牌知名度。

此外，户外广告的维护与管理同样重要。定期清洁、更换损坏的广告画面，不仅能保持广告的整洁度和吸引力，还能体现品牌的专业形象和对细节的关注。同时，根据季节、节日或市场趋势调整广告内容，可以增加广告的时效性和互动性，进一步提升传播效果。

从效果评估来看，户外广告以其广泛的覆盖范围和持续的影响力为品牌提供了强有力的市场支持。虽然其直接转化效果可能不如数字广告那样易于量化，但户外广告在塑造品牌形象、提升品牌认知度方面所发挥的潜移默化的作用，是其他广告形式难以替代的。因此，在制定广告策略时，合理利用户外广告资源，结合其他媒体渠道，将有助于达到更全面的品牌传播效果。

四、广播广告的特点与传播

在传统媒体广告策略中，广播广告以其独特的特点和传播方式，具有不可忽视的作用。

广播广告的主要特点之一是其广泛的覆盖范围。广播媒体通过无线电波传播，可以覆盖特定区域内的广大听众，尤其在车载广播中，听众群体庞大。这种广泛的覆盖使广播广告能够触及各个年龄层和社会阶层的人群，具有强大的市场渗透力。

广播广告的成本效益高也是其显著优势。与电视或印刷媒体相比，广播广告的制作和播放成本相对较低，尤其适合预算有限的中小企业。企业可以根据自身的需求和预算，选择合适的电台和节目时段进行广告投放，实现经济高效的宣传效果。

广播广告的传播具有即时性和灵活性。广播媒体能够迅速传播信息，对于紧急通知或时效性强的广告内容尤为有效。同时，广播广告的制作和播放流程相对简单快捷，可以迅速响应市场变化，调整广告内容和策略。

此外，广播广告在情感连接方面也具有独特优势。声音能够触动听众的情感，通过精心策划的配乐、音效和口播内容，广播广告可以建立与听众之间的情感联系，提高广告的吸引力。这种情感连接有助于优化品牌形象，提升消费者对产品的认知度和好感度。

在传播方式上，广播广告也呈现出多样化的特点。除了传统的硬广告形式外，还有小专题广告、小栏目特约、资讯配合、新闻配合等多种形式。这些形式丰富了广播广告的表现手法，使广告内容更加生动有趣，能够更好地吸引听众的注意力。

综上所述，广播广告以其广泛的覆盖范围、成本效益高、即时性和灵活性、情感连接，以及多样化的传播方式等特点，在传统媒体广告策略中具有不可替代的地位。企业可以根据自身的需求和目标受众的特点，选择合适的广播广告形式和策略，实现有效的品牌传播和市场推广。

课程思政互动 4-2

第六节　广告与媒体策略的评估与调整

一、广告效果评估指标体系

在广告与媒体策略的评估与调整中，广告效果评估指标体系扮演着至关重要的角色。这一体系旨在科学、全面地衡量广告活动的效果，为企业提供数据支持，以便进行策略调整和优化。

广告效果评估指标体系主要包括以下几个方面。

1. 曝光次数与到达率

这是评估广告传播效果的基础指标。曝光次数指的是广告被展示给受众的总次数，而到达率则反映了广告成功触达受众的比例。这两个指标共同揭示了广告的可见度和传播范围。

2. 点击率与互动度

点击率（CTR）是广告点击次数与曝光次数的比例，它反映了受众对广告内容的感兴趣程度。而互动度则包括点赞、评论、分享等用户行为，这些都能进一步体现广告对受众的吸引力。

3. 转化率与销售效果

转化率是衡量广告实际效果的关键指标，它表示受众对广告内容的感兴趣程度（如购买、注册等）占广告点击次数的比例。销售效果则直接反映了广告对商品销售和利润增加的促进作用。

4. 品牌认知度与美誉度

广告不仅追求短期销售效果，还关注品牌形象的塑造。品牌认知度和美誉度是衡量广告对品牌长期影响的重要指标，它们反映了广告在提升品牌知名度和美誉度方面的贡献。

5. 投资回报率

投资回报率（ROI）是衡量广告投资效益的核心指标，它比较了广告带来的利润与投入成本的比例。ROI 高于 1 意味着广告带来了盈利，是企业最关心的评估结果之一。

综上所述，广告效果评估指标体系是一个多维度的概念体系，它涵盖从广告传播到销售效果、品牌形象和投资回报等各个方面，如表 4-6 所示。通过科学合理地运用这些指标，企业可以全面、客观地评估广告效果，为策略调整和优化提供有力支持。

表 4-6　广告效果评估指标体系

评 估 指 标	作　　用
曝光次数与到达率	揭示广告可见度和传播范围
点击率与互动度	揭示受众对广告内容的感兴趣程度
转化率与销售效果	揭示受众对广告内容的感兴趣程度比例
品牌认知度与美誉度	衡量广告对品牌长期影响的重要指标
投资回报率	投资效益的核心指标

二、广告投放的成本效益分析

在广告与媒体策略的制定与执行过程中，广告投放的成本效益分析是不可或缺的一环。它旨在通过精确的数据和指标，评估广告活动的效果，从而指导策略的调整与优化。

明确广告目标是成本效益分析的前提。无论是提升品牌知名度、增加销售额，还是提高客户忠诚度，目标的不同将直接影响评估指标的选择。常见的评估指标包括投资回报率（ROI）、每次点击成本（CPC）和每次行动成本（CPA）等。ROI 通过（销售额 – 广告成本）/广告成本来计算，是评估广告投入产出比的重要工具。

收集和分析广告投放期间的数据是关键。这包括广告费用、点击量、转化率、销售额等关键数据。广告投放前后的数据变化可以直观反映广告活动的效果。同时，利用数据分析工具，深入挖掘数据背后的规律，有助于发现广告投放中的瓶颈和机会。

制定和调整广告预算是在数据分析的基础上，通过对比不同广告渠道的成本效益指标，找出效果最佳的渠道，从而优化预算分配。例如，某品牌在某社交媒体平台上的 ROI 远高于其他平台，那么在后续的广告投放中，可以适当增加该平台的预算，减少其他低效平台的投入。

此外，持续优化广告投放策略也是提高成本效益的重要手段。通过 A/B 测试、多变量测试等方法，不断优化广告创意、投放时间、定向策略等，以提高广告的点击率和转化率。同时，持续监控广告数据，及时发现和解决问题，确保广告活动始终呈现最佳效果。

总之，广告投放的成本效益分析是一个复杂而系统的过程，它要求决策者具备数据思维、策略思维和创新思维。只有这样，企业才能在激烈的市场竞争中，实现广告效果的最大化。

三、媒体策略的灵活调整与优化

在广告与媒体策略的实践中，灵活调整与优化媒体策略是确保广告效果最大化的关键环节。市场环境、消费者行为及技术革新都在不断变化，因此，媒体策略必须能够迅速适应这些变化，以保持其有效性和竞争力。

媒体策略的灵活调整首先体现在对数据的实时监控与分析上。通过大数据和人工智能技术，企业可以实时追踪广告在不同媒体平台上的表现，包括曝光量、点击率、转化率等关键指标。一旦发现某个渠道的效果不佳，应立即调整预算分配，减少在该渠道的投入，并将预算转移到表现更好的渠道上。

媒体策略的优化还需要考虑消费者行为的变化。随着社交媒体和移动互联网的普及，消费者的注意力越来越分散，他们更倾向于在多个平台上获取信息。因此，企业需要构建跨平台的媒体策略，确保广告能够覆盖目标受众的各个触点。同时，还要根据消费者的兴趣和偏好，定制个性化的广告内容，以提高广告的吸引力和转化率。

此外，技术创新也是推动媒体策略优化的重要因素。随着人工智能、虚拟现实、增强现实等技术的不断发展，企业可以利用这些新技术创新广告形式，提升广告的互动性和趣味性。例如，通过虚拟现实技术，消费者可以在虚拟环境中体验产品，从而更深入地了解产品的特点和优势。

总之，媒体策略的灵活调整与优化是一个持续不断的过程。企业需要时刻保持对市场动态的敏锐洞察力，充分利用数据和技术手段，不断优化媒体策略，以确保广告能够精准触达目标受众，实现广告效果的最大化。在这个过程中，创新精神和适应能力将成为广告成功的关键。

四、消费者反馈与广告策略改进

在广告与媒体策略的整个生命周期中，消费者反馈是不可或缺的一环，它直接关系广告效果的优化与策略的调整。以下将深入探讨如何通过收集与分析消费者反馈，进而对广告策略进行针对性的改进。

消费者反馈的收集渠道多样，包括但不限于社交媒体互动、在线调查、客户服务热线及市场研究等。这些反馈不仅反映了消费者对广告内容的直接感受，还蕴含着他们对品牌认知、产品偏好及购买意向的深层次信息。因此，建立一套高效、系统的反馈收集机制，对于及时捕捉市场动态、洞察消费者心理至关重要。

在获得消费者反馈后，关键在于对其进行深入分析。这要求企业运用数据分析工具，对反馈数据进行量化处理，识别出消费者的共性需求与个性差异。同时，通过文本挖掘技术，挖掘消费者反馈中的情感倾向与潜在问题，为策略调整提供精准依据。

基于消费者反馈的分析结果，广告策略的改进应聚焦以下几个方面：一是优化创意内容，确保广告信息更加贴近消费者需求，激发其共鸣；二是调整传播渠道，根据反馈数据优化媒体组合，提高广告触达率与转化率；三是完善互动机制，增强广告与消费者的互动性，提升品牌忠诚度。

值得注意的是，消费者反馈并非一成不变，它随着市场环境、消费者心理及品牌发展阶段的变化而波动。因此，广告策略的改进应是一个持续迭代的过程，企业需要保持敏锐的市场洞察力，灵活应对消费者反馈的变化，不断优化广告策略，以实现最佳的营销效果，如图 4-6 所示。

图 4-6　消费者反馈与广告策略改进过程

综上所述，消费者反馈是广告与媒体策略评估与调整的重要依据，通过科学收集与分析反馈数据，企业能够精准识别问题，优化广告策略，从而在激烈的市场竞争中脱颖而出。

课程思政互动 4-3

简答题

1. 在广告创意构思中，如何进行有效的灵感筛选与整合？
2. 阐述广告设计的基本原则及其在广告效果最大化中的作用。
3. 分析多渠道传播策略规划中，渠道整合与协同效应的重要性及实现方式。
4. 在广告创意构思中，为什么市场趋势与消费者洞察是灵感的重要来源？
5. 在广告设计的基本原则中，为什么情感共鸣很重要？

案例分析

即测即练

自学自测

扫描此码

第五章

公关与事件营销

学习目标

1. 理解公关与事件营销的概念，把握二者之间的联系，洞悉公关与事件营销的未来发展动向。
2. 掌握公关活动策划的核心原则与流程，学习创意方法。
3. 学会筹备、现场管理公关活动，提升公关活动的整体质量和成效。
4. 熟悉危机公关的应对流程，掌握有效的沟通技巧。
5. 认识事件营销的独特之处，规划策略，遵循实施步骤，准确评估营销效果。
6. 了解公关与事件营销如何相辅相成，运用整合策略，创造协同效果。

第一节　公关与事件营销概述

一、公关与事件营销的定义

公关，即公共关系（public relations），是企业或社会组织为了生存与发展，通过传播沟通、塑造形象、平衡利益、协调关系、优化社会心理环境，进而影响公众的一种科学与艺术。公关的核心工作包括塑造组织形象、协调各方利益，目的是促进组织的生存与发展。公关活动通常涉及三个要素：传播者（社会组织）、传播内容（信息）及受众（社会公众）。公关的基本特征包括以公众为对象、以美誉为目的、以互惠为原则。

事件营销（event marketing），则是近年来国内外十分流行的一种公关传播与市场推广手段。它指企业通过策划、组织和利用具有新闻价值、社会影响及名人效应的人物或事件，来吸引媒体、社会团体和消费者的兴趣与关注，从而提高企业或产品的知名度、美誉度，树立良好品牌形象，并最终促成产品或服务的销售。事件营销通过把握新闻的规律，制造具有新闻价值的事件，并通过具体的操作，使这一新闻事件得以被广泛传播，从而达到广告的效果。

公关与事件营销之间存在着紧密的联系。事件营销是公关营销的一个重要组成部分，它利用公关手段，通过对某个事件的渲染或利用，来达到宣传的目的。事件营销集新闻效应、广告效应、公共关系、形象传播、客户关系于一体，为新产品推介、品牌展示创造机会，建立品牌识别和品牌定位，是一种快速提升品牌知名度与美誉度的营销手段。

综上所述，公关与事件营销在现代企业营销战略中扮演着至关重要的角色。公关通过塑造组织形象、协调各方关系，为企业的长远发展奠定基础；事件营销则通过创意和策划，利用具有新闻价值的热点事件，迅速提升企业或产品的知名度和美誉度。两者相辅相成，共同推动企业的市场发展和品牌建设。

二、公关与事件营销的关系

公关与事件营销在现代企业营销战略中扮演着相辅相成的角色，它们之间存在着密切且微妙的联系。公关活动旨在通过树立良好的企业形象、增强品牌认知度和维护企业声誉，来间接促进产品或服务的销售；事件营销则侧重于通过策划具有新闻价值、社会影响力或公众关注度的活动，来迅速吸引目标受众的注意力，从而直接推动销售增长。

公关与事件营销的关系体现在两者相互借力与相互促进上。一方面，公关活动为事件营销提供了坚实的品牌基础。一个拥有良好公关形象的企业，在策划和实施事件营销时更容易获得公众的信任和支持，从而增强活动的传播效果和影响力。另一方面，事件营销也为公关活动注入了新的活力和内容。通过精心策划的事件，企业可以在短时间内迅速提升品牌知名度，塑造积极的品牌形象，为公关工作积累宝贵的资源和经验。

此外，公关与事件营销在应对危机时也能形成有效的协同作用。当企业面临危机时，公关部门可以迅速启动危机应对机制，通过及时的信息发布、媒体沟通和利益相关者协调，来降低危机对企业形象的负面影响。而事件营销则可以在危机过后，通过策划积极的恢复性活动，来重建企业的市场地位和消费者信心。

综上所述，公关与事件营销在现代企业营销战略中密不可分。它们相互依存、相互促进，共同构成了企业营销传播的重要组成部分，如图 5-1 所示。通过巧妙运用公关与事件营销的关系，企业可以在激烈的市场竞争中脱颖而出，实现品牌价值的最大化。因此，在制定营销策略时，企业应充分考虑公关与事件营销的协同效应，以实现最佳的营销效果。

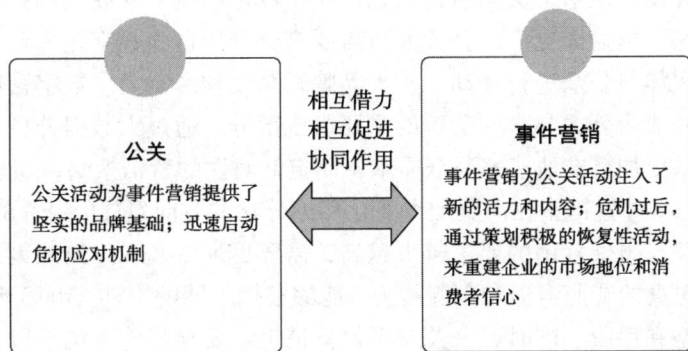

图 5-1　公关与事件营销的关系

三、公关与事件营销的重要性

在当今信息爆炸的时代，公关与事件营销作为企业与公众沟通的重要桥梁，其重要性日益凸显。它们不仅是塑造企业形象、提升品牌价值的关键手段，更是企业在激烈的市场竞争中脱颖而出的法宝。

公关活动通过精心策划与传播，能够有效地传递企业的核心价值观和经营理念，提升公众对企业的认知度与好感度。一个成功的公关活动，往往能够迅速吸引媒体和公众的关注，形成广泛的社会影响力，从而为企业赢得良好的口碑和声誉。这种正面形象的建立，对于企业的长期发展具有不可估量的价值。

而事件营销则通过抓住或创造具有新闻价值的事件，结合企业的营销策略，实现品牌与事件的巧妙融合。事件营销不仅能够以较低的成本获得较高的曝光度，还能够激发公众的参与热情，形成指数增长式传播效应。这种以事件为载体的营销方式，往往能够产生意想不到的营销效果，为企业带来丰厚的市场回报。

更重要的是，公关与事件营销在危机公关应对中发挥着不可替代的作用。当企业发生负面新闻或突发事件时，及时、有效的公关应对策略能够迅速平息事态，减少负面影响。通过公开透明的信息沟通，企业能够重建公众信任，维护品牌形象。而事件营销中的创意与灵活性，也能够帮助企业在危机中寻找到转机，化危为机。

综上所述，公关与事件营销在现代企业运营中扮演着至关重要的角色。它们不仅能够为企业创造正面的品牌形象，还能够在危机时刻为企业提供有力的支持。因此，企业应当高度重视公关与事件营销工作，不断提升自身的公关能力和事件营销水平，以应对日益复杂多变的市场环境。

四、公关与事件营销的发展趋势

公关与事件营销的发展趋势呈现多元化和数字化两大显著特征。随着全球化和数字化的发展，企业和组织越来越重视公共关系的作用，对公关和事件营销的需求与投入不断增加。

首先，数字化的发展对公关与事件营销产生了深远影响。互联网和社交媒体的普及使信息传播速度加快，覆盖面更广。公关人员需要充分利用这些数字化平台，通过微博、微信、抖音等社交媒体与公众进行互动，扩大品牌知名度和影响力。数字营销，尤其是移动互联网营销，已经成为公关与事件营销的重要组成部分。通过大数据分析、人工智能等技术手段，企业可以更加精准地了解公众需求，制定针对性的营销策略，实现高效传播。

其次，公关与事件营销正在向更加专业化和细分化的方向发展。随着市场竞争的加剧，企业和组织对公关与事件营销的要求越来越高，需要更加专业和细致地策划与执行。这要求公关人员具备更高的专业素养和创新能力，能够根据不同的事件、市场环境和目标客户，灵活调整营销策略和手段。同时，公关与事件营销也需要与其他营销手段相结合，如内容营销、社交媒体营销等，形成多渠道、多角度的营销策略。

最后，国际化合作也是公关与事件营销的一个重要发展趋势。随着全球化的加速，企业和组织需要拓展国际业务，提升品牌在国际市场的影响力和竞争力。公关与事件营销可以帮助企业了解不同国家和地区的文化和需求，制定针对性的公关策略，实现品牌的国际化传播。

综上所述，公关与事件营销的发展趋势呈现数字化、专业化、细分化和国际化四大特征，如图 5-2 所示。这些趋势要求公关人员具备更高的专业素养和创新能力，充分利用数字化平台和数据分析技术，实现精准营销和高效传播。同时，也需要加强国际化合作，提升品牌的国际影响力。只有这样，企业和组织才能在激烈的市场竞争中脱颖而出，实现品牌价值最大化。

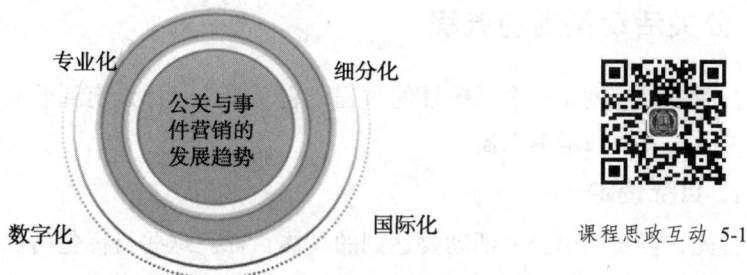

图 5-2　公关与事件营销的发展趋势

课程思政互动 5-1

第二节　公关活动策划基础

一、公关活动策划的原则

公关活动策划是确保品牌形象、企业声誉与社会关系和谐发展的重要环节。一个成功的公关活动不仅能够提升企业的知名度与美誉度，还能有效促进与目标受众的沟通与互动。在进行公关活动策划时，要遵循以下核心原则。

1. 目标明确性

公关活动的首要原则是目标明确。活动策划前需清晰界定活动目标，是提升品牌形象，增强产品认知，还是改善公众关系等。明确的目标有助于指导整个策划过程，确保活动内容与预期效果相匹配。

2. 受众导向性

深入了解目标受众的需求、兴趣及行为习惯，是公关活动策划成功的关键。活动设计应紧密围绕受众特点，采用他们易于接受的方式进行信息传播，以实现最佳的沟通效果。

3. 创意新颖性

在信息爆炸的时代，创意是吸引公众注意力的关键。公关活动应具备新颖独特的创意点，通过独特的视角、新颖的形式或富有创意的内容，给公众留下深刻印象。

4. 可执行性

策划方案应具备高度的可操作性，包括预算控制、资源调配、时间管理等。确保活动方案在现有条件下能够顺利实施，避免因执行难度太大导致活动效果打折。

5. 风险评估与应对

公关活动往往伴随着一定的风险，如舆论失控、突发事件等。策划阶段应充分评估潜在风险，并制定相应的应对预案，确保在风险发生时能够迅速有效地进行管理和控制，维护企业利益。

遵循上述原则，公关活动策划将更加科学、高效，有助于企业在复杂多变的市场环境中建立良好的公共关系，实现可持续发展。

二、公关活动策划的流程

公关活动策划是一个系统性的过程，它涵盖从目标设定到效果评估的多个环节。以下是公关活动策划的基本流程。

1. 目标设定

首先，需要明确公关活动要达到的具体目标。这些目标包括优化品牌形象、提升公众认知度、促进产品销售等。通过深入了解组织或品牌的现状、市场环境、竞争对手情况及目标受众的需求和期望，来设定切实可行的公关目标。

2. 受众分析

对目标受众进行细分和研究，了解其需求和特点。这一步骤有助于企业更好地制定针对性的公关策略，确保活动能够精准地触达目标受众。

3. 主题设计

公关主题是整个活动的核心，需要紧密围绕项目目标展开。主题应具有独特性、新颖性和吸引力，能够引起公众的兴趣和关注。一个好的主题能够提升活动的整体效果，使公众对活动产生更深刻的印象。

4. 媒介选择

根据目标受众和传播内容，选择合适的传播媒介。这包括传统媒体如报纸、电视、广播，以及新媒体如社交媒体、短视频平台等。选择合适的媒介能够确保信息被有效地传达给目标受众。

5. 方案制定

制定详细的活动方案，包括活动的时间、地点、内容、形式等。方案需要考虑活动的每一个环节，确保活动的顺利进行。

6. 预算制定

对活动所需的各项费用进行预算判定，包括活动费用、宣传费用、人员费用等。预算的制定需要合理且详细，以确保活动的顺利进行和达到预期的效果。

7. 效果评估

预先设定评估指标和方法，以便对活动效果进行衡量。评估可以从参与度、传播效果、品牌形象提升等方面入手，为今后的公关策划提供参考和借鉴。

通过以上流程，可以确保公关活动的策划和实施更加系统、科学，从而达到预期的效果，如图5-3所示。

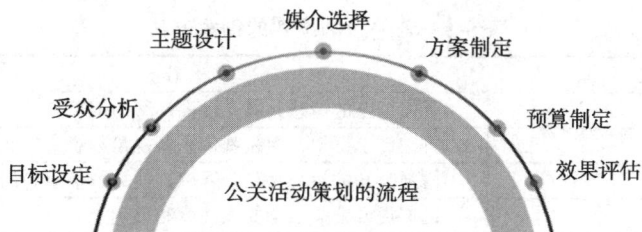

图 5-3　公关活动策划的流程

三、公关活动策划的创意方法

在公关活动策划中，创意是灵魂，是吸引公众注意、提升品牌形象的关键。以下是几种有效的公关活动策划创意方法。

1. 故事化叙述

将公关活动融入一个引人入胜的故事，让公众在享受故事的同时，自然而然地接受品牌信息。这种方法能够激发公众的情感共鸣，增强品牌的记忆点。例如，通过讲述品牌创立背后的艰辛历程，或展示品牌如何帮助特定群体解决问题，来传递品牌的价值观和社会责任感。

2. 跨界合作

与其他行业或领域的知名品牌进行跨界合作，可以创造出新颖独特的活动形式，吸引更广泛的公众关注。跨界合作能够打破传统框架，为品牌带来全新的视角和创意，也有助于拓宽品牌的受众群体。例如，时尚品牌与科技品牌的合作，可以推出具有创新科技元素的时尚单品，吸引青年消费者的关注。

3. 互动体验

设计具有互动性的公关活动，让公众能够参与进来，体验品牌带来的乐趣和价值。互动体验能够增强公众的参与感和归属感，使品牌信息更加深入人心。例如，通过举办主题展览、现场互动游戏或虚拟现实体验等活动，让公众在互动中感受品牌的魅力。

4. 借助热点话题

紧跟时事热点和流行趋势，将品牌与热门话题相结合，可以迅速提升公关活动的关注度和影响力。这种方法要求策划者具备敏锐的洞察力和快速反应能力，能够准确把握公众的关注点和兴趣点。例如，在重大节日或纪念日期间，推出与节日主题相关的公关活动，以吸引公众的关注和参与。

综上所述，公关活动策划的创意方法多种多样，关键在于根据品牌特点和目标受众的需求，选择最适合的方法并灵活运用，如表 5-1 所示。充满创意的策划和执行可以打造出具有独特魅力和影响力的公关活动，为品牌赢得更多的关注和认可。

表 5-1　公关活动策划的创意方法

方　　法	作　　用
故事化叙述	激发公众的情感共鸣，增强品牌的记忆点
跨界合作	打破传统框架，为品牌带来新视角创意，拓宽品牌的受众群体
互动体验	增强公众的参与感和归属感，使品牌信息更加深入人心
借助热点话题	迅速提升公关活动的关注度和影响力

四、公关活动策划的成功案例

公关活动策划的成功案例众多，它们通过创意、互动与价值观的传递，有效提升了品牌形象，增强了消费者的认同感。以下是几个值得借鉴的成功案例。

1. 多芬的"真实美丽"活动

多芬的"真实美丽"活动自 2004 年推出以来，挑战了传统的美丽标准，通过不同身材和年龄的女性来展示真实美。该活动不仅赢得了广泛的媒体报道，还成功树立了多芬关心女性的品牌形象。这一案例的成功在于其真实性和包容性，引发了全球关于自尊和积极性的讨论，从而与消费者建立了深厚的情感联系。

2. 耐克的"Believe in Something"活动

2018 年，耐克与前 NFL 橄榄球四分卫科林·卡佩尼克合作，推出了"Believe in Something"活动。尽管这一活动遭到了一些人的抨击和抵制，但耐克的大胆举动与其目标受众的价值观高度一致，成功吸引了一批崇敬该品牌对社会问题作出承诺的新客户。这一案例表明，在社会问题上表态可以成为与目标受众建立联系和实现品牌差异化的有力方式。

3. 爱彼迎的"We Accept"活动

针对特朗普政府的旅行禁令，爱彼迎（Airbnb）推出了"We Accept"活动，倡导包容和接纳，突出了爱彼迎对多样性的承诺。该活动赢得了广泛的媒体报道，并引起了数百万人的共鸣，巩固了爱彼迎作为传统住宿提供商的包容性替代品的地位。这一案例说明，品牌将其传递的信息与社会问题保持一致，可以建立有意义的联系，并培养客户的忠诚度。

课程思政互动 5-2

这些成功案例展示了公关活动策划在塑造品牌形象、提升品牌知名度和增强消费者信任度方面的巨大潜力。通过创意、互动和价值观的传递，公关活动策划能够与目标受众建立深厚的情感联系，从而为企业带来长期的竞争优势。因此，在制定公关活动策划方案时，企业应注重活动的创意性、互动性和价值观的一致性，以确保活动的成功和效果。

第三节　公关活动的执行与管理

一、公关活动的筹备工作

公关活动的筹备工作是确保活动顺利开展并取得预期效果的基础。这一环节涉及多方面的细致规划与协调，具体包括以下几个方面。

1. 明确目标与定位

筹备初期，首要任务是明确公关活动的目标，如提升品牌形象、增强消费者信任感、推广新产品等。同时，根据目标受众的特点和需求，确定活动的定位与风格，确保活动内容与受众心理相契合。

2. 制订详细计划

基于目标定位，制订包括活动主题、时间、地点、参与人员等在内的详细计划。计划应具体到每个环节的时间节点、责任分配及预期成果，以确保活动的有序进行。

3. 资源整合与配置

根据活动规模与需求，整合内外部资源，如场地、设备、人员、资金等。合理配置资源，确保活动的高效运行。同时，建立资源备份机制，以应对可能出现的突发情况。

4. 宣传与预热

通过社交媒体、新闻发布、邀请函等多种渠道，对活动进行宣传与预热，提高活动的知名度与参与度。宣传内容应突出活动亮点，吸引目标受众的关注。

5. 风险评估与应对

对活动可能面临的风险进行全面评估，如天气变化、技术故障、人员变动等，并制定相应的应对措施。建立紧急响应机制，确保在风险发生时能够迅速、有效地进行处置。

综上所述，公关活动的筹备工作是一项系统工程，需要精心策划与周密组织，如图5-4所示。通过明确目标、制订计划、整合资源、宣传预热以及风险评估与应对，为活动的成功执行奠定坚实基础。

图5-4　公关活动的筹备工作

二、公关活动的现场管理

公关活动的现场管理是整个活动策划与执行的关键环节，它直接关系活动能否顺利进行及活动效果的最终呈现。一个精心策划的活动，若在现场管理上出现疏漏，往往会导致前功尽弃。因此，现场管理需要高度的组织性和专业性。

在活动现场，首要任务是确保人员、物资和流程协调一致。工作人员应明确各自职责，从接待、引导到演讲、互动，每个环节都应有人负责，且相互之间有紧密的衔接。同时，活动所需的所有物资，如音响设备、展示材料、礼品等，都应提前到位并进行调试，确保在活动正式开始前一切准备就绪。

现场管理还应注重活动的氛围营造。通过精心布置的会场、播放合适的背景音乐、提供优质的服务等，可以有效提升参与者的体验感和参与热情。此外，现场的互动环节设计也至关重要，它不仅能增强活动的趣味性，还能促进参与者与主办方之间的深入交流。

然而，现场也难免会出现一些突发情况，如设备故障、人员迟到或安全问题等。因此，制定详尽的应急预案是必不可少的。应急预案应包括对各种可能出现的问题的预判及应对措施，确保在出现问题时能够迅速响应、妥善解决。

此外，现场管理还应注重信息的实时更新与反馈。通过设立信息台、利用社交媒体等方式，及时发布活动进展、调整通知等信息，确保所有参与者都能获取到最新的活动动态。同时，也要收集参与者的反馈意见，为后续活动的改进提供参考。

综上所述，公关活动的现场管理是一个复杂而细致的过程，需要精心策划、周密组织、灵活应变。只有这样，才能确保活动的顺利进行，实现预期的公关效果。

三、公关活动的评估与反馈

公关活动的评估与反馈是公关活动执行与管理中不可或缺的环节，它不仅能够帮助企业了解公关活动的效果，还能够为未来的公关活动提供宝贵的经验和改进方向。

在公关活动结束后，首要任务是对活动效果进行全面评估。这包括量化指标和质化指标两方面。量化指标如媒体报道数量、社交媒体互动量（点赞、评论、转发）、活动参与人数等，能够直观反映活动的传播广度和参与度。质化指标则侧重于活动的影响力，如公众对品牌形象的认知程度、品牌忠诚度的提升等，这需要通过问卷调查、深度访谈等方式来获取。

评估过程中，应确保数据的真实性和准确性，避免夸大或缩小活动效果。同时，要将评估结果与活动目标进行对比，分析活动是否达到预期效果，以及存在哪些偏差和不足。

除了效果评估，公关活动的反馈收集同样重要。反馈来自多个方面，包括活动参与者、媒体合作伙伴、内部员工等。他们的意见和建议能够揭示活动的亮点和盲点，为改进活动提供多角度的参考。企业应建立有效的反馈机制，鼓励各方积极提出意见和建议，并认真对待每一条反馈，进行细致的分析和归纳。

基于评估结果和反馈意见，企业应制定针对性的改进措施。对于成功的经验，要加以总结和推广；对于存在的问题，要深入剖析原因，提出解决方案，并在未来的公关活动中加以避免。

公关活动的评估与反馈是一个持续的过程，它贯穿活动的始终。通过不断的评估与反馈，企业能够不断优化公关策略，提升公关活动的质量和效果，进而实现品牌价值的最大化，如表 5-2 所示。因此，企业应高度重视公关活动的评估与反馈工作，将其视为提升公关能力的重要途径。

表 5-2　公关活动的评估与反馈

活动效果全面评估	量化指标	直观反映活动的传播广度和参与度
	质化指标	活动的影响力
公关活动反馈收集	参与者、媒体合作伙伴、内部员工等	

四、公关活动的优化与改进

公关活动的执行与管理是一个持续迭代、不断优化的过程。在活动的后期阶段，对公关活动进行优化与改进，不仅能够提升活动效果，还能为未来的公关活动积累宝贵经验。

1. 效果评估与反馈收集

公关活动结束后，首要任务是进行全面的效果评估。这包括活动覆盖范围的广度、目标受众的参与度、媒体曝光量及公众反应等多个维度。通过问卷调查、社交媒体监测、客户访谈等方式，广泛收集参与者和利益相关者的反馈，了解活动的亮点与不足。

2. 数据分析与问题识别

基于收集到的数据，进行深入分析，识别活动执行中的具体问题。例如，是否因信息传递不畅导致公众参与度低？或是因活动流程设计不合理影响了体验？数据分析能够客观反映活动的实际效果，为优化策略提供科学依据。

3. 策略调整与创新

针对发现的问题，制定针对性的优化措施，可能涉及活动内容的创新、传播渠道的拓展、互动方式的改进等。同时，鼓励团队保持创新思维，探索新的公关方法和技术应用，如利用 AR/VR 技术提升现场体验，或借助大数据分析进行精准营销。

4. 建立长效改进机制

公关活动的优化不应仅停留在单次活动之后，而应建立长效的改进机制。这意味着将每次活动的经验教训系统化地记录下来，形成案例库，为今后的活动策划提供参考。同时，设立定期复盘会议，鼓励团队成员分享心得，共同提升团队的公关策划与执行能力。

总之，公关活动的优化与改进是一个闭环管理的过程，它要求企业在实践中不断学习、总结与创新，以确保公关活动能够持续有效地服务于企业的品牌建设和市场战略目标。

世界品牌 500 强 5-1

第四节　危机公关应对策略

一、危机公关的预警机制

危机公关的预警机制是组织在面对潜在危机时，通过一系列监测、分析和评估手段，及时发现并预防危机的系统性方法。这一机制对于保护组织的声誉、形象和利益至关重要。

预警机制的核心在于建立一个有效的信息收集和分析系统。这包括对企业内部运营、外部环境、市场动态、媒体报道及社交媒体等多方面的监测。通过舆情监控、客户反馈、员工意见等渠道，组织可以及时了解公众对其看法和态度，从而发现潜在的问题和风险点。

在此基础上，组织需要设立专门的危机管理小组，负责危机的识别、评估、应对和处置。小组成员应来自不同部门，如公关、法律、市场、运营等，以确保能够从多个角度全面应对危机。同时，小组还需要制定详细的危机应对预案，明确各成员在危机应对中的职责和任务，以确保在危机发生时能够迅速、有序地采取行动。

为了检验预案的有效性和团队的应对能力，组织还需要定期进行危机模拟演习。通过模拟真实的危机情境，团队可以在实际操作中熟悉危机应对流程，提高实战能力。演习结束后，应及时总结经验教训，对预案进行修订和完善。

此外，预警机制还需要具备敏感性和预见性。敏感性是指预警机制能够敏锐地感知到可能引发危机的因素，而预见性则是指能够对未来可能发生的危机作出预测。这要求组织不仅要关注当前的信息，还要通过大数据分析、人工智能等技术手段，对潜在危机进行深度挖掘和预测。

总之，危机公关的预警机制是一个综合性的系统，需要组织从多个方面入手，建立有效的信息收集和分析系统、组建专业的危机管理小组、制定详细的应对预案，以及进行模拟演习等。这些措施的实施将有助于组织在面临危机时能够迅速、有效地应对和处置危机，从而保护其声誉、形象和利益。

二、危机公关的应对流程

1. 舆情收集与线索厘清

危机发生的第一时间，公关团队应迅速开展舆情收集工作。这包括查清危机来源、监控主流和头部媒体的报道量与转载情况、分析社交媒体上的评价和搜索量，以及利用舆情检索后台查找关键词和相关词，以了解整个事件的舆情走向。同时，若危机源自内部，如产品质量问题，公关团队还应与相关负责人进行深入沟通，确保获取的信息真实可靠。

2. 制定策略与执行方案

在收集和分析舆情的基础上，公关团队应根据危机类型（如情况属实型、与事实不符型、恶意谣言型）制定应对策略。对于情况属实型危机，企业应真诚致歉并迅速采取补救措施；对于与事实不符型危机，应多渠道、多平台发布辟谣声明；对于恶意谣言型危机，则应甄别谣言来源，并采取法律手段维护企业权益。

3. 分工协作与紧急执行

制定好策略后，公关团队应分工协作，迅速执行。这包括说服领导层认同公关策略、发动企业资源和关系进行公关操作，例如，联系媒体、发表声明等。目标是尽量缩小负面影响，停止负面消息的传播，建立良好的沟通机制，获取大众的理解或原谅。

4. 后续舆情关注与品牌形象修复

危机过后，公关团队仍应持续关注舆情动态，及时发现新的危机风险点。同时，企业应总结经验教训，修复品牌形象，通过加强品牌传播、提升产品质量和服务水平等方式，逐步恢复消费者对品牌的信任和认可。

危机公关的应对流程是一个系统工程，需要公关团队在危机发生时迅速响应、冷静应对，以最大限度地减轻危机对企业的负面影响，如图 5-5 所示。

图 5-5　危机公关的应对流程

三、危机公关的沟通技巧

在危机公关应对策略中，沟通技巧是至关重要的一环。有效的沟通不仅能够及时传递信息，还能在关键时刻挽回企业的声誉和形象。以下是危机公关中需要掌握的几个沟通技巧。

1. 保持开放与透明

危机发生时，企业应第一时间公开信息，避免谣言和误解的滋生。企业应保持开放的态度，积极回应公众关切，通过官方渠道发布权威信息，确保信息的准确性和一致性。透明度是建立信任的基础，有助于维护企业的公信力。

2. 倾听与理解

在危机公关中，倾听比辩解更重要。企业应耐心倾听利益相关者的声音，包括消费者、员工、媒体和监管机构等，理解他们的诉求。通过有效的倾听，企业能够更准确地把握危机的本质，从而制定出更有针对性的应对策略。

3. 情感共鸣与同理心

在危机中，人们的情绪往往容易波动。企业应通过情感共鸣和同理心，表达对用户和公众的理解和关怀。这有助于缓解紧张情绪，减少对立和冲突。在沟通中，企业应以人性化的语言传递企业的温暖和责任感，增强与公众的情感联系。

4. 清晰简洁的信息传递

在危机公关中，信息传递应清晰简洁，避免使用过于复杂或晦涩的表述。通过精练的语言，企业能够更直接地传达核心信息，确保公众能够快速理解企业的立场和行动。同时，清晰的信息传递也有助于减少谣言的传播。

5. 持续跟进与反馈

危机公关并非一蹴而就，企业需要持续跟进危机的发展态势，及时调整沟通策略。同时，企业还应积极收集反馈，了解公众对危机处理的满意度和意见，以便进一步完善危机公关工作。

综上所述，危机公关的沟通技巧是企业在应对危机时不可或缺的能力。通过有效的沟通，企业能够更好地应对危机，维护企业的声誉和形象。

四、危机公关的案例分析

危机公关应对策略在实践中得到了广泛应用，以下是一些典型案例分析。

案例一：某知名餐饮品牌的食品安全危机

该品牌因食材过期、卫生不达标等问题被曝光，品牌形象受损。危机发生后，企业迅速道歉并承诺整改，同时在官方网站和社交媒体上实时更新整改情况，邀请媒体和消费者监督。这些措施有效增强了公众信任，最终恢复了品牌形象和客流量。

案例二：某电子产品公司的产品质量危机

该公司的一款电子产品因频繁死机、电池续航能力差等问题被投诉。公司在接到投诉后24小时内迅速响应，召回问题产品，提供免费检测和维修服务，并深入调查原因，向公众公布调查结果；同时，推出补偿和升级计划，弥补用户损失。这些举措有效缓解了用户的不满，重塑了品牌形象。

案例三：农夫山泉新包装出错事件

农夫山泉新包装上的英文标点符号使用不当被网友指出。农夫山泉迅速在评论区感谢网友提醒，并送礼物以示谢意。这种微小舆情事件的处理方式，既体现了农夫山泉对网络舆情的重视，又避免了事态的扩大。通过及时回应和适度处理，农夫山泉维护了品牌的专业度和可靠度。

案例四：麦当劳的信任危机

麦当劳因某门店存在严重的食品安全问题被曝光。麦当劳迅速在官方微博上道歉，并对涉事门店进行停业和全面整改；同时，承诺深化管理，确保运营标准严格执行。这些措施赢得了消费者的理解和信任，有效缓解了危机。

课程思政互动 5-3

这些案例表明，企业在面临危机时，应采取积极、诚恳、透明的态度去应对。通过快速响应、承担责任、公开透明、加强沟通及采取切实有效的整改措施，企业有可能将危机转化为机遇，重塑声誉和形象，赢得消费者的信任和市场的认可。因此，企业在制定危机公关应对策略时，应充分考虑这些成功案例的经验和教训，以应对可能出现的危机。

第五节　事件营销的策略与实施

一、事件营销的特点与优势

事件营销作为一种高效且具有独特魅力的营销策略，近年来在国内外市场中备受瞩目。其核心在于通过精心策划和利用具有新闻价值、社会影响及名人效应的事件，来吸引公众的关注，进而提升品牌形象、增加销售。

（一）事件营销的特点

事件营销的特点主要体现在以下几个方面。

1. 及时性

事件营销需要及时发现和作出反应，第一时间把握市场脉搏，抢占先机。这种迅速响应的能力可使品牌在竞争激烈的市场中脱颖而出。

2. 影响力大

通过事件营销，品牌能够迅速吸引公众的广泛关注，其传播范围广，影响力大。一个成功的事件营销案例，往往能够在短时间内大幅提升品牌的知名度和美誉度。

3. 互动性强

事件营销通常需要与公众进行互动，如通过社交媒体、线上线下活动等方式，增强与消费者的互动和沟通。这种互动不仅提升了消费者的参与度，还增强了品牌与消费者之间的情感联系。

4. 成本效益高

相较于传统的广告营销，事件营销能够以较低的成本获得较高的回报。事件本身具有的自发性、自然性等特点，减少了广告等营销手段的投入，使品牌能够以更加经济的方式实现营销目标。

（二）事件营销的优势

1. 受众者的信息接收程度较高

由于事件营销的传播往往体现在新闻媒体上，受众对内容的信任程度远远高于广告。

2. 传播深度和层次高

一个成功的事件营销案例能够成为人们津津乐道、互相沟通的话题，形成二次传播，甚至引发"蝴蝶效应"。

3. 投资回报率高

据统计，企业运用事件营销手段取得的传播投资回报率约为一般传统广告的 3 倍，能够有效帮助企业树立产品品牌的形象，直接或间接地影响和推动产品的销售。

综上所述，事件营销以其独特的特点和显著的优势，成为现代营销中不可或缺的一部分。

二、事件营销的策略规划

事件营销作为公关与市场营销的重要组成部分，其核心在于通过精心策划的事件来吸引公众关注，提升品牌形象，并促进产品或服务的销售。在事件营销的策略规划中，以下几点至关重要。

首先，明确目标受众是策略规划的基础。了解目标受众的兴趣、需求和习惯，有助于设计更具吸引力的活动内容，确保事件能够精准触达并影响目标群体。因此，在规划阶段，必须进行深入的市场调研，确保活动策划有的放矢。

其次，创意与差异化是事件营销成功的关键。要想在众多营销活动中脱颖而出，需要独特的创意和差异化的策略。这要求策划者具备敏锐的市场洞察力，能够捕捉社会热点，结合品牌特色，打造具有话题性和传播性的活动。

再次，资源整合与协作也是不可忽视的一环。事件营销往往涉及多方面的资源，包括场地、人员、媒体等。有效的资源整合和各方协作，能够确保活动的顺利进行，并使传播效果最大化。因此，在策略规划中，应明确资源需求，制订详细的资源调配计划，并建立良好的合作关系网络。

最后，风险评估与应对机制是保障活动成功的必要措施。事件营销过程中可能面临各种不确定因素，如天气变化、人员变动等。因此，在策略规划中，应充分考虑潜在风险，制定相应的应对措施，确保活动在遭遇突发情况时能够迅速调整，使整体效果不受影响。

综上所述，事件营销的策略规划是一个系统工程，需要综合考虑目标受众、创意与差异化、资源整合与协作，以及风险评估与应对等多个方面，如表 5-3 所示。只有制定全面、细致的策略规划，才能确保事件营销活动的成功实施，为品牌带来持久的价值。

表 5-3　事件营销的策略规划

策　　略	意　　义
明确目标受众	策略规划的基础
创意与差异化	事件营销成功的关键
资源整合与协作	不可忽视的一环
风险评估与应对	保障活动成功的必要措施

三、事件营销的实施步骤

事件营销的成功实施，离不开周密的计划与高效的执行。以下是事件营销的实施步骤，它们共同构成了从策划到落地的完整流程。

1. 明确目标与定位

事件营销的首要步骤是明确营销目标与品牌定位。企业应清晰界定希望通过事件达到何种市场效果，如提升品牌知名度、增强消费者忠诚度或促进产品销售等。同时，事件应紧密贴合品牌形象与核心价值，确保传递的信息与品牌调性一致。

2. 策划创意方案

基于目标与定位，策划团队应构思具有吸引力的创意与实施方案。这包括确定事件类型（如公益活动、新品发布、节日庆典等）、设计活动主题、规划活动内容与流程，以及制定详细的执行时间表。创意的新颖性与方案的可行性是事件能否得到关注的关键。

3. 资源整合与执行

资源整合是事件营销实施中的关键环节。这包括人力、物力、财力以及媒体资源的调配。执行阶段，应确保各项准备工作到位，如场地布置、设备调试、人员培训等；同时，建立有效的沟通机制，确保团队间信息传递畅通，及时应对突发状况。

4. 宣传推广与互动

利用多种渠道对事件进行宣传推广，如社交媒体、传统媒体、合作伙伴等，扩大事件影响力。活动期间，要鼓励观众参与互动，如现场问答、社交媒体打卡等，增强用户体验与参与度。

5. 效果评估与总结

事件结束后，对营销效果进行全面评估，包括媒体曝光量、参与度、转化率等关键指标；同时，收集反馈意见，分析成功与不足之处，为未来的事件营销积累经验。

通过上述步骤，企业可以系统地实施事件营销，实现品牌与市场的有效对接，促进品牌价值的持续提升，如图 5-6 所示。

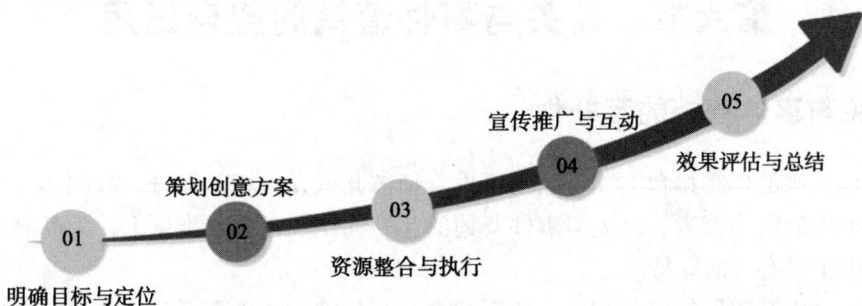

图 5-6　事件营销的实施步骤

四、事件营销的效果评估

事件营销作为一种高效且富有创意的市场推广手段，其成功与否不仅取决于策划与执行，更取决于后期的效果评估。有效的评估不仅能反映活动的直接成果，还能为后续策略调整提供数据支持，确保营销资源实现最优配置。

1. 量化指标分析

事件营销效果评估的首要任务是量化分析，包括曝光度、参与度、转化率等关键指标。通过社交媒体平台的数据分析工具，可以追踪活动页面浏览量、分享次数、评论与点赞数，以及由此带来的网站流量和产品或服务购买量。这些数字直观地展示了活动的影响力及市场响应情况。

2. 品牌形象影响

除了直接的量化数据，事件营销对品牌形象的长期影响同样重要。通过消费者调研等手段，可以评估活动是否提升了品牌知名度、客户好感度及忠诚度。正面的品牌形象塑造有助于增强市场竞争力，吸引更多潜在客户。

3. 成本效益分析

成本效益比是衡量事件营销效率的关键。计算活动总投入与直接收益（如销售额增长）及间接收益（如品牌价值提升）的比例，有助于评估投资回报率。同时，考虑活动带来的长期效应，如客户关系的深化和市场份额的扩大，也是成本效益分析不可或缺的一部分。

4. 持续优化建议

基于效果评估结果，提出针对性的优化建议，如调整目标受众定位、创新活动内容形式、加强线上线下联动等，为下一次事件营销积累经验。

世界品牌 500 强 5-2

综上所述，事件营销的效果评估是一个多维度、综合性的过程，它要求企业在数据驱动的基础上，结合品牌发展战略，不断探索与实践，以达到最佳的营销效果。

第六节　公关与事件营销的整合运用

一、公关与事件营销的互补性

在市场营销的广阔舞台上，公关与事件营销彼此依存、相互促进，共同编写出品牌传播与市场推广的精彩篇章。公关与事件营销的互补性体现在多个维度上，为品牌塑造与市场拓展提供了强有力的支持。

公关活动以其深厚的底蕴和广泛的影响力，为品牌构建正面形象、传递核心价值提供了坚实的平台。通过精心策划的公关活动，企业能够与目标受众建立情感连接，提升品牌认知度和美誉度。而事件营销则以其突发性、话题性和高传播性，成为快速吸引公众关注、制造市场热点的有效手段。事件营销往往能够借助热点事件或自创事件，迅速点燃消费者的兴趣点，引发广泛讨论和分享，从而扩大品牌影响力。

两者在策略上的互补，使品牌能够在不同阶段、不同场景下灵活应对各种情况，实现传播效果的最大化。公关活动侧重于长期品牌建设，通过持续的品牌故事讲述和价值观传播，为品牌积累深厚的文化底蕴和忠诚度。而事件营销则擅长抓住时机，以短平快的方式迅速提升品牌曝光度和话题度，为品牌注入活力。

此外，公关与事件营销在资源利用和效果评估上也展现出显著的互补优势。公关活动能够整合多方资源，包括媒体、KOL、合作伙伴等，形成强大的传播网络。而事件营销则能够借助大数据分析、社交媒体监测等手段，精准评估活动效果，为后续策略调整提供科学依据。

综上所述，公关与事件营销的互补性不仅体现为策略层面的相互支持，更在于两者在资源利用、效果评估等方面的协同作战，共同推动品牌价值的最大化。

二、公关与事件营销的整合策略

在公关与事件营销的整合运用中，制定有效的整合策略是确保两者协同作用、实现营销目标的关键。以下策略有助于企业在复杂多变的市场环境中，通过公关活动与事件营销的有机结合，提升品牌形象和市场影响力。

第一，明确整合目标。企业应清晰界定公关与事件营销的共同目标，如提升品牌知名度、增强消费者忠诚度或促进产品销售等。目标的确立有助于后续活动的策划与执行始终围绕核心，确保资源的有效利用。

第二，精准定位受众。通过深入分析目标受众的需求、兴趣和行为特点，企业能够更有针对性地设计公关活动和事件营销内容，提高信息的到达率和接受度。这要求企业在策划阶段就进行充分的市场调研和受众分析。

第三，创新融合手段。公关与事件营销的整合不应是简单的叠加，而应通过富有创意的融合手段，实现两者在内容、形式和传播渠道上的无缝对接。例如，策划具有新闻价值的事件活动，借助媒体的力量进行广泛传播。同时，结合公关手段进行深度沟通和形象塑造。

第四，注重情感共鸣。在整合策略中，企业应注重与目标受众建立情感联系，通过讲述有温度的故事、传递积极的价值观等方式，激发受众的情感共鸣，从而增强品牌的亲和力和影响力。

第五，建立评估与反馈机制。整合策略的实施效果需要通过科学的评估方法来衡量，包括品牌曝光度、受众参与度、媒体报道量等指标。同时，企业应及时收集受众的反馈意见，不断优化整合策略，确保公关与事件营销的整合运用能够持续为企业创造价值。

三、公关与事件营销的协同效果

在公关与事件营销的整合运用中，两者的协同效果不容忽视，它们相辅相成，共同构建起品牌传播的强大合力。

公关活动通过精心策划，能够巧妙地传递品牌理念与价值，塑造积极的品牌形象。而事件营销则借助具有新闻价值或社会影响力的事件，迅速吸引公众关注，扩大品牌知名度。当这两者紧密结合时，可以产生 1+1>2 的传播效果。公关活动为事件营销提供了深厚的品牌内涵和故事背景，使事件更加具有吸引力和感染力；事件营销则通过其话题性和传播性，为公关活动注入了新的活力和动力，使品牌信息得以更广泛地传播。

在协同作用下，公关与事件营销还能有效提升品牌的认知度和美誉度。公关活动通过正面的品牌形象塑造和口碑传播，增强公众对品牌的信任和好感；事件营销则通过热点事件的关联和借势，使品牌在短时间内成为公众关注的焦点，进而提升品牌的知名度和影响力。这种双重作用不仅有助于品牌形象的巩固和提升，还能为品牌带来长期的商业价值和竞争优势。

此外，公关与事件营销的协同还能帮助品牌更好地应对危机和挑战。在危机公关应对中，事件营销可以作为一种积极的沟通手段，通过及时、透明、负责任的信息发布，引导舆论走向，减少负面影响；公关活动则通过一系列危机管理策略，如危机预警、危机应对和危机恢复等，为品牌提供全方位的保护和支持。

综上所述，公关与事件营销的协同效果体现在品牌传播力的增强、品牌认知度和美誉度的提升，以及危机应对能力的加强等多个方面，如表 5-4 所示。这种协同作用不仅有助于品牌在激烈的市场竞争中脱颖而出，还能为品牌的长期发展奠定坚实的基础。

表 5-4　公关与事件营销的协同效果

公　关	事 件 营 销
精心策划，传递品牌理念与价值	利用有新闻价值或社会影响力的事件
塑造积极的品牌形象	迅速吸引公众关注
提供品牌内涵和故事背景	注入话题性和传播性
增强品牌信任和好感	提升品牌知名度和影响力
危机管理策略（预警、应对、恢复）	危机沟通手段（及时、透明、负责任）

四、公关与事件营销的未来展望

在快速变化的商业环境中，公关与事件营销的整合运用正面临着前所未有的机遇与挑战。未来，这一领域将呈现出更加多元化、智能化与人性化的趋势。

随着大数据、人工智能等技术的不断发展，公关与事件营销将更加精准地捕捉消费者需求，实现个性化传播。通过数据分析，企业能够预测市场趋势，制定更为有效的公关策略与事件营销方案，从而在激烈的市场竞争中脱颖而出。同时，智能化工具的应用也将提高公关活动的执行效率，降低运营成本。

在未来，公关与事件营销将更加注重价值观的传递与共鸣。消费者不再仅仅关注产品或服务本身，更看重企业所承载的社会责任。因此，公关活动将更多地围绕企业社会责任、可持续发展等议题展开，通过事件营销的方式，使企业的正面形象深入人心。

此外，随着社交媒体的蓬勃发展，公关与事件营销的渠道将更加多元化。企业应充分利用微博、微信、抖音等社交平台，打造全方位、多层次的传播网络。通过创意内容与互动形式，吸引消费者的关注与参与，提升品牌知名度与美誉度。

然而，机遇与挑战并存。在未来，公关与事件营销也将面临更加复杂的舆论环境与监管要求。企业应建立健全的危机公关应对机制，及时、有效地处理各类负面事件，维护品牌形象；同时，更应遵守法律法规，确保公关活动的合法性与合规性。

世界品牌 500 强 5-3

　　综上所述，公关与事件营销的整合运用在未来将展现出更加广阔的前景。企业应紧跟时代步伐，不断创新与优化公关策略与事件营销手段，以适应市场变化与消费者需求。通过精准定位、价值传递与多元化渠道的运用，实现品牌价值的最大化，如图 5-7 所示。

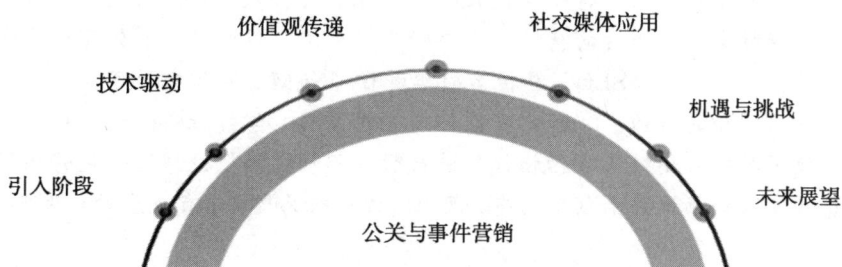

图 5-7　公关与事件营销

简答题

1. 公关与事件营销的定义是什么？
2. 简述公关与事件营销在现代企业营销战略中的重要性。
3. 简述公关活动策划的基本原则及其在实际操作中的应用。
4. 阐述危机公关应对策略中的预警机制及其重要性。
5. 公关与事件营销的关系如何？

案例分析

即测即练

自学自测

扫描此码

第六章

数字营销与社交媒体

1. 掌握数字营销的定义、特征和发展脉络，理解其相较于传统营销的优势。
2. 深入了解社交媒体平台的特性和用户行为，制定有效的社交媒体营销策略。
3. 掌握搜索引擎优化（SEO）和搜索引擎营销（SEM）的基本原理。
4. 认识内容营销的价值，掌握内容创作与分发策略，学习社群运营技巧。
5. 学会使用数字营销效果评估指标，进行数据驱动的决策，持续优化营销策略。
6. 洞悉数字营销领域技术创新动态，预测消费者行为变化，有效应对数据安全等挑战。

第一节　数字营销概述

一、数字营销的定义与特点

数字营销，是指借助互联网络、通信技术和数字交互式媒体来实现营销目标的一种营销方式。它通过使用数字传播渠道来推广产品和服务，以一种及时、相关、定制化和节省成本的方式与消费者进行沟通。数字营销不仅仅是技术层面的革新，更是营销观念和策略的全面升级。

数字营销具有以下几个显著特点。

第一，数字营销具有集成性。它实现了前台服务与后台售后的紧密集成，能够快速响应客户的个性化需求。通过互联网，企业可以对不同的营销活动进行统一规划和协调，避免了传统营销中服务活动前后不一的弊端，从而提升了客户体验。

第二，数字营销强调个性化。通过对用户数据的整合和分析，数字营销能够更准确地了解用户的喜好和需求，从而为用户提供定制化的产品和服务。这种个性化的产品和服务不仅提升了用户的满意度，也增强了企业的市场竞争力。

第三，数字营销提供了更丰富的产品信息。互联网能够清晰地展示产品的种类、规格、技术指标、使用方法等详细信息，甚至对常见问题提供解答。这种信息的丰富性使消费者能够更全面地了解产品，从而做出更明智的购买决策。

第四，数字营销具有更大的选择空间。它不受传统货架和库存的限制，能够提供巨大的产品展示和销售空间。消费者可以随时随地通过互联网查找和购买自己所需的商品，享受几乎无限的选择。

第五，数字营销具有更低廉的成本优势和更灵活的市场。在网上发布信息成本低，能够直接向消费者推销产品，缩短分销环节，拓宽销售范围。同时，数字营销能够根据客户的需求、竞争环境或库存情况及时调整营销产品的种类、价格和营销手段，实现更灵活的市场策略。

综上所述，数字营销以其集成性、个性化、丰富的产品信息、更大的选择空间，以及低廉的成本优势和灵活的市场策略，成为数字经济时代企业的主要营销方式和发展趋势。

二、数字营销的发展历程

数字营销的发展历程可以追溯到互联网的兴起，其演变过程经历了多个重要阶段，逐步从简单到复杂，从单一到多元。

20世纪90年代初至2000年，数字营销处于萌芽阶段，主要依赖传统的网络广告形式，如横幅广告、弹窗广告和邮件广告。这一时期的网络营销效果有限，主要是因为数字工具刚刚起步，用户数量较少，且营销方式缺乏针对性和互动性。

进入21世纪，随着互联网的普及，搜索引擎营销（SEM）和搜索引擎优化（SEO）逐渐成为主流。从2000年到2005年，搜索引擎成为用户获取信息的主要途径，企业开始通过SEO和SEM提高网站在搜索结果中的排名，吸引用户点击和访问。这一阶段的数字营销具有较高的针对性和可衡量性，谷歌推出的AdWords广告平台推动了这一趋势。

2005年至2010年，社交媒体营销的兴起标志着数字营销进入了一个新的阶段。随着Web 2.0时代的到来，社交媒体平台如微博、微信等成为人们重要的沟通和社交工具。企业开始利用这些平台与消费者互动，通过社交媒体优化（SMO）和社交媒体广告（SMA）精准推送产品和服务，提升消费者对品牌的关注度和忠诚度。这一阶段的数字营销开始注重用户体验和参与度，互动性、传播性和影响力显著增强。

2010年至2020年，移动互联网的普及进一步推动了数字营销的发展。内容营销成为重要手段，企业通过创作高质量的内容，如文章、视频、图片等，在多个平台上发布和传播，吸引和留住消费者的关注。同时，全域营销的概念逐渐兴起，企业开始构建自己的数字生态，进行线上线下整合，形成端对端营销闭环。

2020年至今，随着大数据和人工智能的发展，数字营销变得更加个性化和智能化。企业利用数据驱动的策略，实现营销内容、渠道投放、评估等全流程智能化，不断提升用户体验和营销效果。

综上所述，数字营销的发展历程是一个不断演进和创新的过程，从简单的网络广告到复杂的社交媒体营销和内容营销，数字营销正不断为企业创造新的增长机会，如表6-1所示。

表6-1 数字营销的发展历程

1990年初—2000年	2000—2005年	2005—2010年	2010—2020年	2020年至今
传统网络广告： 横幅广告 弹窗广告 邮件广告	互联网普及： 搜索引擎营销 搜索引擎优化	社交媒体营销： Web 2.0时代 社交媒体平台（微博、微信） 社交媒体优化（SMO） 社交媒体广告（SMA）	移动互联网普及： 内容营销 全域营销	大数据与人工智能： 数据驱动策略 智能化营销
营销效果有限	具有较高的针对性和可衡量性	注重用户体验与参与度	线上线下整合	用户体验提升

三、数字营销的重要性

在当今这个信息爆炸的时代，数字营销的重要性日益凸显，它不仅成为企业推广产品和服务的关键手段，更是连接消费者与品牌之间的桥梁。数字营销的崛起，得益于互联网的普及和 IT 技术的飞速发展，它打破了传统营销的地域和时间限制，使营销信息能够以前所未有的速度和广度传播。

数字营销的重要性首先体现在高效性和精准性上。通过大数据分析，企业可以精准定位目标客户群体，制定个性化的营销策略，从而提高营销活动的转化率。同时，数字营销还能够实时追踪和分析营销效果，帮助企业及时调整策略，优化投入产出比。

此外，数字营销还为企业提供了与用户直接互动的平台。在社交媒体、博客、论坛等数字渠道上，企业可以发布信息、回应用户疑问、收集用户反馈，从而建立更加紧密和深入的用户关系。这种互动性不仅增强了用户的参与感和忠诚度，还为企业提供了宝贵的市场数据。

在竞争激烈的市场环境中，数字营销更成为企业脱颖而出的关键。通过创新的数字营销策略，企业可以塑造独特的品牌形象，提升品牌知名度和美誉度。同时，数字营销还能够助力企业拓展新市场、开发新产品，为企业的持续发展注入活力。

综上所述，数字营销的重要性不容忽视。它不仅是企业适应数字化时代、提升市场竞争力的必然选择，更是连接消费者与品牌、推动商业创新的重要力量。随着技术的不断进步和消费者行为的变化，数字营销将继续发挥其在企业营销战略中的核心作用，引领企业走向更加辉煌的未来。因此，深入研究和应用数字营销策略，对于企业的长远发展具有至关重要的意义。

四、数字营销与传统营销的对比

数字营销与传统营销作为两种截然不同的营销方式，在现代商业环境中各自扮演着重要角色。

数字营销主要依赖互联网和各种数字工具进行传播，如社交媒体、搜索引擎、电子邮件等。其显著特点在于传播速度快、范围广，并且可以根据实时数据迅速调整策略。通过大数据分析和人工智能技术，数字营销能够更精确地定位目标受众，提供个性化的服务和产品推荐。此外，数字营销具有强大的互动性，消费者可以通过社交媒体等平台与品牌进行实时互动，提供反馈和建议。在效果评估方面，数字营销能够利用各种分析工具实时监测和评估营销活动的效果，数据详细且准确。在成本方面，数字营销在某些方面成本相对较低，尤其是对于中小企业而言，通过互联网平台进行低成本的宣传和推广成为可能。

相比之下，传统营销则更多地依赖线下渠道，如电视、报纸、杂志和户外广告等。其传播速度较慢，受众相对固定，且不易于实时调整策略。传统营销的受众定位较为宽泛，互动性较弱，通常是单向传播。在效果评估方面，传统营销往往依赖抽样调查和经验判断，难以实时获取准确的反馈。在成本方面，传统营销通常需要较高的成本投入，尤其是大规模的广告投放。然而，传统营销在消费者体验方面具有独特优势，消费者可以看到现实的产品并体验购物的乐趣，这也使传统营销在某些情境下仍具有不可替代的地位。

随着科技的不断发展，数字营销将继续保持其在营销领域的主导地位。越来越多的企业将加大对数字营销的投入，通过数据分析、人工智能等技术提高营销效率和效果。同时，传统营销也将逐步融入数字化元素，如线上线下结合的O2O模式等。

世界品牌500强6-1

综上所述，数字营销与传统营销在传播方式、受众定位、互动性、效果评估、成本投入等方面都存在显著差异，如图6-1所示。企业应根据自身需求和目标，选择合适的营销方式，以实现最佳的营销效果。

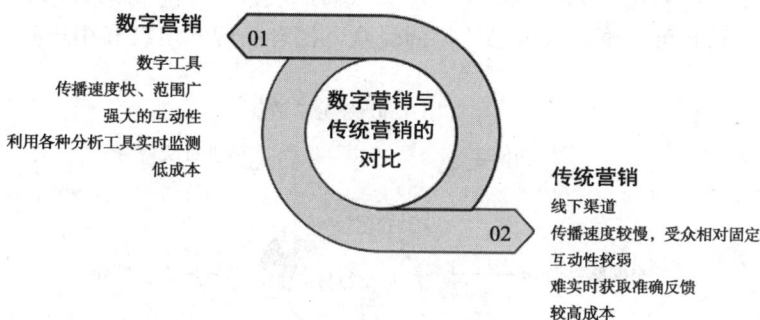

数字营销
数字工具
传播速度快、范围广
强大的互动性
利用各种分析工具实时监测
低成本

01
数字营销与传统营销的对比
02

传统营销
线下渠道
传播速度较慢，受众相对固定
互动性较弱
难实时获取准确反馈
较高成本

图 6-1　数字营销与传统营销对比

第二节　社交媒体营销基础

一、社交媒体的定义与分类

在探讨社交媒体营销的基础时，我们需要首先明确社交媒体的定义及其分类。社交媒体，又称社会化媒体或社会性媒体，是指允许人们撰写、分享、评价、讨论、相互沟通的网站和技术的总称。它打破了传统媒体的单向传播模式，实现了信息的多向流通，成为数字化时代人们日常生活中不可或缺的一部分。

社交媒体的核心特点在于交互性和用户参与性。这些平台允许用户创建、分享、交流内容和信息，包括文本、图像、音乐和视频等多种形式。社交媒体的用户群体庞大，信息传播具有自发性和广泛性，这使社交媒体成为品牌进行数字营销的重要渠道。

从分类上来看，社交媒体主要包括以下几类（见图6-2）。

1. 社交网络平台

如小红书等，这些平台主要围绕用户的社会关系网络展开，用户可以在这里发布状态、分享照片、视频，并与朋友互动。

2. 微博客

如微博、微信朋友圈等，这些平台允许用户发布简短的文字、图片或视频，并通过转发、评论等方式进行互动。

3. 图片和视频分享平台

如 Instagram、YouTube、抖音等，这些平台专注于图片和视频的分享，用户可以在这里展示自己，并与其他用户交流。

4. 专业社交网络

如 LinkedIn 等，这些平台主要面向职场人士，提供职业信息分享、人脉拓展等功能。

5. 共享网络

如博客、论坛等平台允许用户即时发布和分享新闻、观点等信息，形成讨论和互动。

社交媒体平台的多样性和用户群体的广泛性为品牌提供了丰富的营销机会。通过合理利用这些平台，品牌可以更有效地触达目标受众，提升品牌知名度和用户参与度。

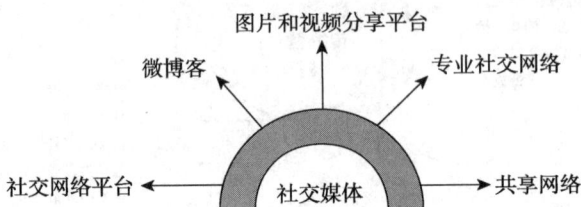

图 6-2　社交媒体

二、社交媒体用户行为分析

在社交媒体营销中，用户行为分析是理解用户需求、优化营销策略、提升用户体验的关键环节。通过对用户在社交媒体上的行为进行深入分析，企业能够更精准地定位目标受众，制订有效的营销计划。

社交媒体用户行为包括信息获取、社交互动、娱乐消遣和商业交易等多种类型。用户通过社交媒体获取新闻、热点事件等信息，同时，与朋友、家人和同事保持联系，点赞、评论和转发他人内容，表达自己的观点和情感。此外，用户还会观看视频、直播等，以及参与线上活动，满足自己的娱乐需求。在商业交易方面，用户通过关注品牌官方账号，获取产品信息和优惠活动，进行购买决策，并通过社交媒体完成支付和售后服务等交易环节。

在进行用户行为分析时，企业可以利用多种方法和技术。文本分析法通过抓取用户在社交媒体上发布的文本内容，分析用户的情感倾向、关注点和兴趣爱好；网络关系分析法通过分析用户之间的连接关系和互动行为，揭示用户的社交网络结构和信息传播模式；用户行为路径分析法通过追踪用户在社交媒体平台上的浏览行为，揭示用户的兴趣偏好和行为模式；数据挖掘方法则能够从大规模的社交媒体数据中挖掘出具有实际意义的模式和规律。

基于用户行为分析的结果，企业可以制定个性化的营销策略。例如，根据用户的兴趣和偏好，提供个性化的内容推荐；通过精准投放广告，提升广告效果；优化社交媒体平台的界面设计和操作流程，提升用户体验感和满意度。此外，企业还可以通过社群运营加强与用户之间的互动和交流，建立紧密的社交关系，提高用户的忠诚度和参与度。

综上所述，社交媒体用户行为分析是数字营销和网络推广的重要组成部分。通过对用户行为的深入挖掘和分析，企业能够更准确地理解用户需求和市场动态，优化产品设计和服务策略，制定个性化的营销策略，提升用户体验和商业价值。

三、社交媒体营销策略制定

在社交媒体营销中，策略的制定是确保营销目标实现的关键步骤。有效的策略不仅需要考虑目标受众、平台选择，还应关注内容创新与互动方式，以下是一个简明扼要的社交媒体营销策略制定指南。

1. 明确目标受众

深入了解目标受众是关键。分析受众的年龄、性别、兴趣爱好、社交媒体使用习惯等，有助于精准定位营销内容。例如，青年用户可能更倾向于短视频平台，职场人士则可能更关注 LinkedIn 的专业信息。

2. 选择适合的社交媒体平台

基于目标受众的分析，选择最适合的社交媒体平台进行营销。例如，微信适合发布长图文，适合深度内容传播；微博适合短消息、图片和视频，便于快速更新和互动；抖音则以短视频见长，适合创意和娱乐内容的展示。

3. 内容创新与多元化

内容营销的核心在于创新与多元化。结合热点话题和趋势，创作有价值、有趣、吸引人的内容，如文章、图片、视频等。同时，定期发布内容，保持更新频率，以维持用户的关注度和参与度。

4. 互动与社群经营

互动是社交媒体营销的灵魂。通过及时回复用户的评论和私信，举办互动活动如抽奖、问答等，提高用户参与度。此外，社群运营也至关重要，建立品牌专属社群，增强用户归属感，促进口碑传播。

5. 广告投放以及与有影响力的用户合作

利用社交媒体平台的广告功能，投放针对性广告，提高品牌曝光度。同时，与有影响力的社交媒体用户或博主合作，进行产品推广或品牌宣传，借助其粉丝基础，扩大品牌影响力。

6. 持续优化与评估

社交媒体营销策略并非一成不变，需根据数据反馈持续优化。定期分析社交媒体数据，了解用户行为和喜好，调整内容和策略，确保营销效果最大化。

综上所述，社交媒体营销策略的制定需综合考虑目标受众、平台选择、内容创新、互动方式、广告投放以及与有影响力的用户合作等多方面因素，以实现营销目标（见表6-2）。

表6-2　社交媒体营销策略制定

策　　略	内　　容
明确目标受众	年龄、性别、兴趣爱好、社交媒体使用习惯
选择适合的社交媒体平台	微信、微博、抖音
内容创新与多元化	结合热点话题和趋势
互动与社群经营	及时回复用户的评论和私信、建立品牌专属社群
广告投放以及与有影响力的用户合作	投放针对性广告
持续优化与评估	持续优化

四、社交媒体营销案例分析

1. 星巴克的"节日限定红杯"

星巴克每年推出的"节日限定红杯"不仅是一个产品，更是一种文化符号。通过鼓励用户分享自己的红杯照片，星巴克成功地将产品与节日氛围紧密结合，激发用户的参与热情。这一案例启示我们，创造独特的节日仪式感，能让用户主动成为品牌传播者。

2. 可口可乐的"圣诞老人卡车"

可口可乐的"圣诞老人卡车"活动已成为许多国家的节日标志。通过社交媒体预告卡车路线，吸引粉丝线下打卡、线上分享，实现了线上线下的完美结合。这一活动将品牌与节日深度融合，创造了令人期待的活动，提升了品牌的认知度和用户参与度。

3. 知味葡萄酒的社群营销

知味葡萄酒杂志通过专业、垂直的葡萄酒媒体内容和线下的葡萄酒教育体系，聚集了超过50万的葡萄酒爱好者，其通过用户数据采集和标签分类，精准地向用户发送他们感兴趣的内容信息和产品营销内容，极大地提高了粉丝购买的可能性，降低了信息推送的成本。知味葡萄酒的成功在于其基于数据挖掘的个性化、精准化营销，以及长期形成的情感维系。

4. 小米的社群营销

小米的快速崛起离不开社群营销。小米主要通过微博获取新用户，通过论坛维护用户活跃度。小米还通过爆米花论坛、米粉节、同城会等活动，让用户固化"我是主角"的感受，极大地增强了用户的参与感和自我认同感。小米从领导到员工都是客服，与粉丝持续对话并快速解决问题，进一步增强了用户黏性。

这些案例展示了社交媒体营销在不同品牌和行业中的广泛应用和显著效果。星巴克通过节日活动激发用户参与，可口可乐利用传统活动吸引用户关注，知味葡萄酒通过精准营销提升用户购买意愿，小米则通过全方位的社群营销增强用户黏性。这些案例的共同点在于，它们都充分利用了社交媒体的特点和优势，通过创意内容和互动机制，实现了品牌与用户的深度连接，提升了品牌知名度和用户参与度。

课程思政互动 6-1

第三节　SEO 与 SEM 策略实施

一、SEO 的基本原理与技巧

SEO（Search Engine Optimization），即搜索引擎优化，是一种通过优化网站结构、内容和外部链接等方式，使网站在搜索引擎中获得更高的排名的技术。其基本原理在于提高网站的可见性，从而吸引更多的目标受众。

（一）SEO 的基本原理

SEO 的核心在于提升网站在搜索引擎结果页面（SERP）中的排名。当用户在搜索引擎中输入查询词时，搜索引擎会依据其复杂的算法对网站进行评估，并依据相关性、权威性和用户友好性等因素进行排序。SEO 便是通过优化网站的内容、结构和外部链接，提升网站在这些方面的表现，从而获得更高的排名。

（二）SEO 的技巧

1. 关键词优化

通过深入研究目标受众的搜索习惯和关键词竞争情况，选择合适的关键词，并将其自然地融入网站的标题、内容、URL、Meta 标签等。这有助于提升网站在特定搜索查询中的相关性。

2. 内容优化

创建高质量、原创、有价值的内容是吸引用户的关键。内容应满足用户需求，合理地使用标题、段落标题、关键词密度等手段来优化内容结构。

3. 网站结构优化

确保网站结构简单明了，易于搜索引擎爬虫抓取和索引。使用合理的 URL 结构、页面布局、导航链接等，提高网站的用户友好性和搜索引擎优化效果。

4. 外部链接建设

通过引入高质量的外部链接，增加网站的权威性和可信度。与相关领域的权威网站建立合作关系、发布高质量的内容吸引其他网站引用链接，都是获得高质量外部链接的有效方法。

5. 持续监测与优化

SEO 是一个持续的过程，需要定期监测网站的数据，如收录、排名、流量等，并根据数据分析结果调整优化策略，不断改进网站的表现。

通过这些技巧，企业可以提升网站在搜索引擎中的排名，从而吸引更多的目标受众，提高品牌知名度和销售额。

二、SEM 的基本原理与技巧

SEM（Search Engine Marketing），即搜索引擎营销，是数字化时代营销的核心战略之一，是利用付费广告提升在线可见度的网络营销方式，主要目的是吸引流量，提高转化率。SEM 通常包括 SEO（搜索引擎优化）和 PPC（按点击付费广告）两大核心组成部分。

（一）SEM 的基本原理

SEM 的核心目的在于提升品牌在线可搜寻性，促进高质流量导向与商业转换。通过甄选目标市场内的关键搜索词汇，剖析用户需求，奠定广告定位基石。精心设计雕琢广告语，确保信息精准匹配关键词，提高用户吸引力点击率（CTR）。该策略遵循搜索引擎算法逻辑，参与关键词拍卖，优化广告展示位置。同时，依托数据分析工具，量化评估广告效能，包括点击量、转化率与投资回报率（ROI），实施 A/B 测试，迭代优化。

（二）SEM 的技巧

1. 精细的关键词研究

深入了解目标受众，识别其使用的具体搜索词，特别是长尾关键词。这些关键词往往竞争力较低，但具有较高的转化潜力。使用专业的关键词研究工具，有助于发现有价值的关键词组合。

2. 高效的广告撰写与优化

创建吸引眼球且具有说服力的广告文案至关重要。确保包含相关关键词，同时使用强有力的号召性语言（CTA）鼓励用户点击。定期测试不同的广告版本，找出最优组合。

3. 质量得分优化

谷歌的广告系统重视质量得分，它是衡量广告质量和用户体验的重要指标。优化引导页的相关性和用户体验，提高网页加载速度，减少跳出率，这些都是提升质量得分的关键因素。

4. 利用否定关键词

设置否定关键词可以防止广告出现在不相关的搜索查询中，从而节省预算并提高广告的相关性。定期审查搜索报告，添加新的否定关键词。

5. 详细的分析与持续优化

使用 Google Analytics 等工具深入分析广告的表现数据，包括点击率（CTR）、转化率（CVR）、平均点击成本（CPC）等指标。基于数据反馈调整策略，不断优化广告组合和关键词列表，提高整体性能。

总之，SEM 并非静态策略，而是融合前沿技术与深度洞察的动态实践。通过对目标市场的精准洞察与策略优化，企业能够大幅提升线上营销绩效，赢得竞争优势。专业化操作要求综合运用各项工具与技能，持之以恒地打磨细节，追求卓越成果。

三、关键词研究与优化

在 SEO 与 SEM 策略实施中，关键词研究与优化是至关重要的环节。正确的关键词选择不仅能提升网站在搜索引擎中的排名，还能吸引更多潜在客户，提高转化率。

关键词研究需要首先对目标受众的搜索行为进行深入了解。通过分析用户的搜索习惯，挖掘具有潜力的关键词，构建全面的关键词库。这一过程可以借助关键词规划工具，如Google 关键词规划工具、Ahrefs、SEMrush 等。这些工具能提供关键词的搜索量、竞争程度等详细数据，帮助筛选出相关性强、搜索量大的关键词。

在确定了关键词后，合理的关键词布局和优化是提升网站排名的关键。标题标签和Meta 描述是搜索引擎抓取网页信息的重要部分，应确保目标关键词出现在标题标签中，并在 Meta 描述中合理使用关键词，同时保持描述的吸引力，提高用户点击率。此外，网页正文内容的布局同样重要，关键词应自然地融入其中，避免堆砌，保持内容的流畅性和可读性。

除了内容中的关键词优化，URL 结构优化也是不可忽视的一环。在 URL 中包含关键词，不仅可以提升页面的相关性，还便于用户理解页面内容，提高用户体验。

在进行关键词优化的过程中，还需要关注长尾关键词和潜在语义索引（LSI）关键词的使用。这些关键词虽然搜索量较小，但能够捕捉更广泛的用户搜索意图，提高网站的曝光率和转化率。

此外，持续优化和监测是关键词优化工作的核心。通过 SEO 工具，如 Google Analytics、Search Console 等，监测关键词排名、网站流量、用户行为等数据，根据数据分析结果，及时调整关键词策略和内容策略，确保优化工作的有效性。

综上所述，关键词研究与优化是 SEO 与 SEM 策略实施中的重要环节，如表 6-3 所示。通过精准选词、合理布局和持续优化，可以显著提升网站在搜索引擎中的排名，增加曝光率和转化率，为企业带来更多的潜在客户和商业机会。

表 6-3　关键词研究与优化

环　　节	内　　容
关键词研究	深入了解目标受众搜索行为，使用工具构建关键词库，筛选相关性强、搜索量大的关键词
关键词布局	在标题标签、Meta 描述、正文内容中自然融入关键词，避免堆砌
URL 结构优化	在 URL 中包含关键词，提升页面相关性和用户体验
长尾关键词与 LSI	利用长尾关键词和潜在语义索引关键词，捕捉广泛搜索意图
监测与优化	用 SEO 工具监测关键词排名、流量、用户行为，调整关键词策略和内容策略

四、网站结构优化与内链建设

在 SEO 与 SEM 策略实施中，网站结构优化与内链建设扮演着至关重要的角色。一个清晰、高效的网站结构不仅能够提升用户体验，还能显著提高搜索引擎的抓取效率和网站的排名。

1. 网站结构优化

网站结构优化主要涵盖导航结构、页面布局和 URL 设计等方面。首先，导航结构应设计得清晰、直观，确保用户能够迅速找到所需信息。通常树形结构或扁平化结构是较为理想的选择，它们有助于搜索引擎爬虫深入访问和索引网站内容。其次，页面布局需符合用户浏览习惯，如采用"F"形或"Z"形布局，提高内容吸引力。最后，URL 设计应简洁明了，避免使用特殊字符和中文，建议使用短网址以提高可记忆性和搜索效率。

2. 内链建设

内链建设是通过在网站内部页面之间建立链接，形成一个紧密的网络结构，以提升网站整体性能和用户体验。内链不仅可以引导搜索引擎爬虫更深入地访问网站，还能实现页面之间权重的传递，提升重要页面的排名。同时，内链能够引导用户浏览更多相关内容，增加页面停留时间和浏览深度，从而提高用户留存率和转化率。

在实施内链建设时，应注重相关性、层次性和多样性原则。相关性是指内链应指向与当前页面内容相关的其他页面，以提高用户体验和搜索引擎的信任度；层次性要求内链结构清晰，便于用户和搜索引擎理解页面之间的隶属关系；多样性则体现在内链形式和内容上，如使用文本链接、图片链接等，丰富内链形式，提高用户体验。

综上所述，网站结构优化与内链建设是 SEO 与 SEM 策略实施中不可或缺的一环。通过优化网站结构和加强内链建设，不仅能够提升网站在搜索引擎中的排名，还能显著提升用户体验度，提高转化率，为企业的数字营销带来持续而稳定的回报。

五、外链建设与链接策略

在 SEO 与 SEM 策略实施中，外链建设与链接策略扮演着举足轻重的角色。外链，即从一个网站指向另一个网站，不仅能够提升网站在搜索引擎中的排名，还能增加网站的流量和品牌知名度。

（一）外链建设的重要性

外链是搜索引擎评估网站权重和信任度的重要指标之一。优质的外链能够传递权重，提升目标页面的排名。同时，外链也是引导流量进入网站的重要途径，能够增加网站的曝光度和用户访问量。

（二）外链建设的策略

1. 优质内容吸引

建设外链的前提是网站上需要有优质的内容。有价值、独特的内容能够吸引其他网站的链接，从而增加外链数量。

2. 链接资源库建设

收集与网站相关的优质网站链接，并主动联系网站管理员，请求在他们的网站上放置链接。这要求企业在日常运营中，积极与行业内其他网站建立联系，寻求合作机会。

3. 社交媒体利用

通过社交媒体平台分享网站内容，增加外链数量。社交媒体上的分享和转发能够迅速扩大内容的传播范围，进而吸引更多网站的链接。

4. 合作与交换链接

与其他网站管理员合作，交换链接，互相引用对方网站的链接。这不仅能够增加外链数量，还能提升网站的知名度和权威性。

（三）链接策略的实施

在实施链接策略时，需要注意以下几点。

1. 合规性

遵守搜索引擎的规则，不使用违规手段，如购买链接等。

2. 质量优先

优先选择有权威性、流量高的网站进行链接建设，避免在低质量、垃圾站点上建设链接。

3. 多样化来源

不要只关注少数几个外链来源，建议外链来源多样化，包括新闻网站、博客、论坛、社交媒体等。

4. 定期检查

定期检查外链质量，发现质量差的链接及时清理，避免对网站造成负面影响。

综上所述，外链建设与链接策略是 SEO 与 SEM 策略实施中的重要环节。通过科学的外链建设和链接策略，我们能够提升网站在搜索引擎中的排名，增加网站的流量和品牌知名度，为企业的数字营销目标提供有力支持，如图 6-3 所示。

图 6-3　链接策略

第四节　内容营销与社群运营

一、内容营销的概念与重要性

在数字化迅速发展的当今社会，内容营销已成为企业与消费者之间沟通的重要桥梁。内容营销是指通过创造和分享有价值的内容，吸引并留住特定受众，推动用户行为的过程。这种营销方式强调的是信息的传递，而不仅仅是产品的推广，涵盖从内容创意、制作到传播的所有环节。

内容营销的重要性体现在多个方面。首先，它能够帮助企业提高品牌知名度。在社交媒体和视频平台上，高质量的内容能够被广泛传播，增加品牌的曝光率，进而提升品牌的认知度。通过创作和分享有价值的内容，企业可以在这些平台上树立积极的品牌形象，吸引潜在客户的关注。

课程思政互动 6-2

其次，内容营销有助于赢得消费者的信任。通过分享专业知识和有用的信息，企业能够在消费者心中树立权威的形象，从而赢得客户的信赖。这种信任关系的建立对于品牌的长期发展至关重要，因为它能够促使消费者在选择产品或服务时更倾向于该品牌。

最后，内容营销还促进了客户的参与和互动。受众通过互动和反馈，形成了与品牌的对话，加深了品牌与消费者之间的关系。这种双向互动不仅增强了用户的参与度，还为企业提供了宝贵的用户反馈，有助于企业更好地了解消费者的需求和偏好。

在数字化时代，消费者的购买决策过程变得更加复杂。他们不再单纯依赖传统的广告宣传，而是主动寻找产品和服务信息。因此，内容营销应运而生，成为企业满足消费者信息需求、赢得市场份额的重要手段。通过内容营销，企业可以提供有价值的信息服务，引导潜在客户了解产品或服务的特点和优势，从而促进销售。

综上所述，内容营销在数字营销中占据举足轻重的地位。它不仅能够帮助企业提升品牌知名度和影响力，还能赢得消费者的信任、促进客户的参与和互动，从而推动销售和品牌的长期发展。因此，企业应该重视内容营销的应用和实施，以实现更好的营销效果。

二、内容创作与发布策略

在数字营销与社交媒体领域，内容创作与发布策略是内容营销与社群运营的核心环节。以下是一些关键策略，旨在提升内容的吸引力和传播效果。

内容创作应始于明确的目标与定位。深入了解品牌特性、产品优势及市场需求，有助于创作出贴近目标受众、富有创意和价值的营销内容。创作者应深入研究主题，挖掘空白或可提升之处，以新颖独特的角度呈现信息，从而吸引读者注意。

在内容形式上，多元化是提升吸引力的关键。图文、视频、音频等多种形式相结合，能够更好地满足用户的不同需求。例如，通过短视频分享产品使用教程或行业知识，以音频形式发布专家访谈或用户故事等，都能有效增强内容的互动性和传播力度。

发布策略同样重要。制定合适的内容更新频率，保持内容的活跃度，有助于维持用户的关注度。同时，优化标题、精练正文、精选图片等细节处理，也能显著提升内容的吸引力。标题应简洁有趣，激发用户的阅读兴趣；正文内容应清晰简洁，避免冗长啰唆。同时，融入生动有趣的案例，提高文章的可读性。

在内容发布时，还应考虑 SEO（搜索引擎优化）策略。通过研究和选择与业务相关的

关键词，并在内容中合理使用，能够提高网站在搜索引擎中的排名，从而增加曝光度和流量。此外，合理利用社交媒体平台的营销工具，如微信小程序、微博超话等，也能有效提升内容的传播效果。

跨平台整合营销是扩大内容影响力的有效手段。在不同的社交媒体平台上发布相同或相似的内容，形成品牌传播的合力，能够显著提升品牌的知名度和美誉度。同时，与KOL 或其他品牌进行合作，也能进一步拓宽内容的传播渠道，提升内容的覆盖范围和影响力。

综上所述，内容创作与发布策略在数字营销与社交媒体中扮演着至关重要的角色，如图 6-4 所示。通过明确目标与定位、创意内容开发、内容形式多样化、优化发布细节及 SEO 策略应用和跨平台整合营销等手段，能够有效提升内容的吸引力和传播效果。

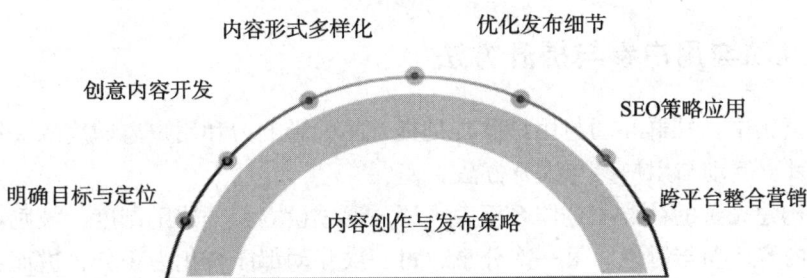

图 6-4　内容创作与发布策略

三、社群运营的基础与技巧

在数字营销领域，社群运营是构建品牌忠诚度和增加用户黏性的重要手段。它不仅能够帮助企业直接与消费者进行沟通，还能通过口碑传播，扩大品牌影响力。以下是社群运营的基础与关键技巧。

1. 明确社群定位与目标

社群运营的首要任务是明确社群的定位与目标。企业应根据自身品牌特点和市场需求，确定社群的主题、受众及核心价值。清晰的目标定位有助于吸引精准用户，提高社群活跃度。

2. 制定内容策略，保持互动

内容是社群运营的核心。企业应制定多样化的内容策略，结合图文、视频、直播等多种形式，定期发布有价值、有趣味的内容，吸引用户关注。同时，要积极与用户互动，及时回应用户疑问和反馈，增强用户参与感。

3. 培养意见领袖，引导话题

在社群中，关键意见领袖（KOL）具有很大的影响力。企业应识别并培养社群内的意见领袖，通过他们引导话题讨论，提升社群活跃度。同时，意见领袖的推荐和分享也能有效扩大品牌传播范围。

4. 举办线上线下活动，增强凝聚力

定期举办线上线下活动，如主题讨论、分享会、优惠促销等，能够增强社群的凝聚力和用户的归属感。活动不仅能加深用户对品牌的认知，还能促进用户之间的交流与分享。

5. 数据分析与优化

在社群运营过程中，数据分析至关重要。企业应利用数据分析工具，定期监测社群活跃度、用户参与度等指标，及时发现问题并优化策略。通过数据驱动，不断提升社群运营效果。

综上所述，社群运营需要企业在明确定位、制定内容策略、培养意见领袖、举办活动及数据分析等方面下功夫，以构建健康、活跃的社群生态，助力品牌发展。

四、社群互动与用户参与提升方法

在数字营销中，社群互动与用户参与是提升品牌影响力和用户忠诚度的关键。以下是一些有效的社群互动与用户参与提升方法。

第一，构建完善的社群积分体系至关重要。通过设立积分奖励制度，鼓励群内成员积极分享优质内容、参与讨论。每一次分享、每一次互动都能转化为积分，进而兑换成各种诱人的福利。这不仅能激发社群成员的热情，还能显著提升社群的活跃度。

第二，组织多样化的互动游戏是营造轻松愉悦的社群氛围的有效手段。定期举办的猜谜语、接龙、抽奖等游戏，不仅能让社群成员在游戏中收获欢笑，还能增进彼此之间的情感与默契，增强社群的凝聚力。

第三，邀请新人加入是社群持续发展的动力和源泉。定期邀请新成员，为社群注入新鲜血液，带来全新的观点和活力。同时，可以设置门槛，如邀请一定数量的好友入群即可领取红包或优惠券，以此激发用户的邀请热情。

第四，在社群运营中，福利发放也是回馈成员、提升参与度的重要方式。不定期在群内发放红包、优惠券、小礼品等福利，不仅能表达对社群成员支持与参与的感谢，还能再次点燃社群的活跃度。

第五，为了保持社群的健康有序发展，制定明确的群规并设立奖惩机制是必要的。只有遵守群规、积极参与的成员才能获得表彰和奖励；同时，对违规行为进行适当的惩罚，以确保良好的社群环境。

第六，重视社群中的 KOL 也是提升用户参与度的有效策略。通过观察成员的活跃度和贡献度，找出社群的中坚力量，并给予他们更多的关注和支持，让他们成为社群繁荣壮大的推动者。

综上所述，通过构建积分体系、组织互动游戏、邀请新人、发放福利、制定群规及重视 KOL 等多种方法，可以有效提升社群互动与用户参与度，为品牌带来更大的价值，如表 6-4 所示。

表 6-4　社群互动与用户参与方法

方　　法	描　　述
构建积分体系	设立积分奖励，鼓励分享和互动，提升活跃度
组织互动游戏	定期举办游戏，增进情感与默契，增强凝聚力
邀请新人	注入新鲜血液，设置邀请门槛，激发邀请热情
发放福利	不定期发放红包、优惠券等，回馈成员，点燃活跃度
制定群规与奖惩机制	明确群规，奖惩分明，保持社群环境良好
重视 KOL	关注并支持活跃成员，使其成为社群繁荣的推动者

第五节　数字营销效果评估与优化

一、数字营销效果评估指标

世界品牌 500 强 6-2

数字营销效果评估是确保营销策略有效性的关键环节。通过一系列关键绩效指标（KPI），企业可以精准地衡量其数字营销活动的效果，并据此进行优化。以下是一些核心评估指标。

1. 点击率

点击率是衡量广告或内容被点击的次数与展示次数的比率。高点击率表明广告或内容具有较强的吸引力，能够吸引用户关注。

2. 转化率

它指用户完成期望操作（如购买、注册、下载等）的比率。转化率是衡量营销效果最直接的标准，高转化率意味着营销策略能够更有效地引导用户采取行动。

3. 网站流量

通过统计网站的访问量、访问来源及用户停留时间等信息，评估数字营销对网站流量的提升效果。流量的增加不仅反映了营销活动的覆盖面，也为后续转化提供了更多机会。

4. 社交媒体互动量

它包括点赞、评论、分享等互动行为。这些指标能够直观反映品牌在社交媒体上的影响力和用户参与度，是衡量社交媒体营销效果的重要依据。

5. 投资回报率

通过计算营销活动获得的收益与投入成本的比率，衡量数字营销的经济效益。投资回报率是衡量营销投入产出效率的关键指标，有助于企业做出更加科学的决策。

6. 品牌知名度

通过调查，了解消费者对品牌的认知程度及品牌在市场中的曝光率。品牌知名度的提升有助于提高企业竞争力，吸引更多潜在客户。

7. 用户满意度

通过收集用户反馈和评价，了解用户对数字营销活动的满意度。高满意度意味着营销策略能够更好地满足用户需求，有助于提升用户忠诚度和品牌口碑。

通过综合运用这些评估指标，企业可以全面、客观地衡量数字营销效果，为后续的优化与调整提供有力支持，如图 6-5 所示。

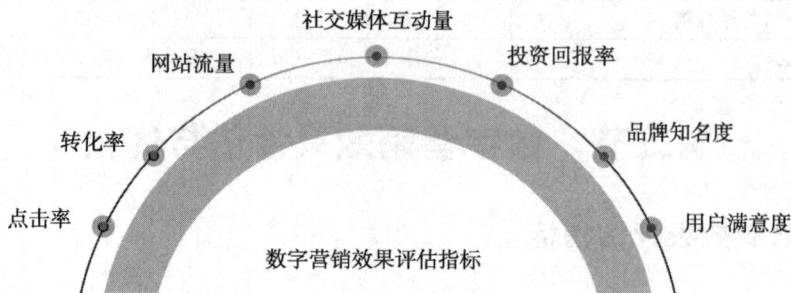

图 6-5　数字营销效果评估指标

二、数据收集与分析方法

在数字营销效果评估与优化中，数据收集与分析是至关重要的一环。通过科学的数据收集与分析方法，企业能够深入了解市场反馈、用户行为及营销活动的实际效果，从而制定出更为精准的营销策略。

数据收集主要依赖多种数字工具和平台。例如，网站分析工具（如 Google Analytics、百度统计）可以追踪网站的流量、访问来源、用户行为路径及转化事件，帮助评估网站性能和用户体验。社交媒体分析工具（如 Facebook Insights、微信公众平台后台）则能够收集和分析社交媒体平台上的内容互动、用户反馈及传播效果，揭示社交媒体营销的影响力。此外，电子邮件营销工具（如 Mailchimp、Sendinblue）和广告分析工具（如 Google Ads、Facebook Ads）也能提供详尽的邮件营销和广告投放数据，为优化营销策略提供有力支持。

数据分析则涵盖描述性分析、相关性分析、假设检验和因果分析等多个层面。描述性分析通过统计和展示数据的基本情况，如平均值、中位数和标准差，帮助企业了解营销活动的整体表现；相关性分析探究不同变量之间的关联程度，揭示影响营销效果的关键因素；假设检验是对预设目标或预期的验证，帮助企业判断营销策略是否达到预期效果；而因果分析则通过回归分析、结构方程模型等方法，深入探究数据之间的因果关系，为企业优化营销策略提供科学依据。

在数据收集与分析过程中，企业还应注重数据的质量和安全性。通过采用先进的技术手段，如人工智能、机器学习等，企业可以自动化地清洗、整合和验证数据，确保数据的准确性、完整性和一致性。同时，企业还应加强数据安全保障，通过加密、认证、授权等措施，防止数据泄露和非法访问，确保用户隐私和数据安全。

综上所述，科学的数据收集与分析方法是数字营销效果评估与优化的关键。通过充分利用各种数字工具和平台，深入挖掘数据，企业能够不断优化营销策略，提升营销效果，实现可持续发展。

三、营销策略优化与调整

在数字营销中，策略的优化与调整是确保营销活动效果的关键环节。随着市场环境和消费者需求的变化，营销策略必须不断迭代以适应新的挑战。

进行策略优化与调整的前提是对数字营销效果的准确评估。通过数据分析工具，如社交媒体分析平台、网站流量分析工具等，收集并分析关键指标，如点击率、转化率、投资回报率等。这些数据为营销策略的有效性提供了客观依据，并指明了优化方向。

在 SEO 策略方面，持续优化网站内容、结构和外部链接是提高搜索引擎排名的关键。定期更新高质量的内容，确保关键词的合理，优化网站的技术细节，如加载速度和移动适配，都是提升 SEO 效果的重要手段。同时，积极获取高质量的外部链接，提高网站在搜索引擎中的权重。

SEM 策略则更注重付费广告的优化。通过分析广告数据，如点击率、转化成本和广告排名，调整关键词、广告创意和投放时间，以提高广告的性价比。同时，利用搜索引擎提供的工具进行广告定位优化，确保广告能够精准触达目标受众。

在内容营销与社群运营方面，策略的优化与调整同样重要。通过收集受众的反馈和互动数据，了解受众的兴趣和偏好，调整内容策略以满足其需求。例如，增加受众喜爱的内容类型，提高内容的趣味性和互动性。同时，积极参与社群互动，举办线上活动和竞赛，增强与受众的连接。

此外，跨平台的整合营销也是策略优化与调整的重要方向。通过整合社交媒体、官方网站、电子邮件等不同渠道的资源，实现营销信息的协同传播，提高品牌的整体曝光度和影响力。

总之，数字营销策略的优化与调整是一个持续的过程。企业需要不断跟踪市场变化，分析受众需求，调整营销策略，以确保数字营销活动的持续有效性和竞争力。

四、持续优化与迭代的重要性

在数字营销领域，持续优化与迭代不仅是策略成功的关键，更是适应市场变化、提升品牌竞争力的必经之路。随着技术的不断进步和消费者行为的日益多样化，一成不变的营销策略很难持续产生显著效果。因此，对数字营销活动进行持续的评估、优化与迭代，成为确保投资回报率最大化的重要手段。

持续优化意味着在数字营销过程中，要始终保持敏锐的市场洞察力，对各项营销指标进行细致分析，如网站流量、转化率、用户参与度等。通过对这些数据的深入挖掘，可以发现营销活动中存在的问题和潜在的增长点，从而有针对性地调整策略。例如，发现某类内容在社交媒体上传播效果不佳，可以尝试更换内容形式或调整发布时间，以提升其吸引力。

迭代则是基于优化结果的进一步尝试和创新。在数字营销中，没有一成不变的"最佳实践"，只有不断试错、学习和改进的过程。通过迭代，可以不断引入新的营销工具和技术，探索更有效的营销渠道和方式，从而保持营销活动的活力和创新性。

此外，持续优化与迭代还有助于提升用户体验。在数字时代，消费者对个性化、高质量的内容和服务有着更高的期待。通过不断优化营销策略，可以更好地满足用户的个性化需求，提升用户满意度和忠诚度，进而促进品牌口碑的传播和市场份额的扩大。

总之，持续优化与迭代是数字营销不可或缺的一部分。它要求营销人员具备敏锐的市场触觉、严谨的数据分析能力及持续创新的精神。只有这样，才能在激烈的市场竞争中立于不败之地，实现

课程思政互动 6-3

数字营销的长期发展和成功。因此，在数字营销效果评估与优化阶段，务必重视并落实持续优化与迭代的策略。

第六节　数字营销的未来趋势与挑战

一、数字营销技术的发展趋势

随着科技的飞速发展，数字营销技术正以前所未有的速度演进，塑造着未来的营销格局。在可预见的未来，数字营销技术的发展将呈现以下主要趋势。

1. AI 与大数据技术的深度融合

AI 与大数据技术的深度融合，将成为数字营销领域的核心驱动力。通过先进的算法模型，AI 能够精准地分析用户行为、偏好和需求，为企业提供定制化的营销策略。这种深度个性化的营销方式，不仅能提高广告的投放效率，还能显著提升用户体验。同时，大数据的积累和分析，使营销决策更加科学、精准，助力企业实现高效增长。

2. 智能化营销工具的广泛应用

智能化营销工具，如智能客服、聊天机器人等，将逐渐取代传统的人工客服，成为企业与客户沟通的主要渠道。这些工具不仅能够提供全天候、人性化的服务，还能通过数据分析洞察客户需求，为营销策略的调整提供有力支持。此外，智能化营销平台也将更加完善，能够自动优化广告投放策略，实现降本增效。

3. 视频与直播技术的创新应用

视频与直播技术将继续在数字营销中扮演重要角色。随着短视频平台的兴起，越来越多的品牌开始通过短视频进行产品推广和品牌形象塑造。同时，直播电商的快速发展，也为品牌提供了与用户直接互动、展示产品的新渠道。未来，视频与直播技术将会迭代，如AR/VR 技术的融入，将为用户带来更加沉浸式的购物体验。

4. 隐私保护与数据安全的强化

在数字营销技术的发展过程中，隐私保护与数据安全将越来越受到重视。随着用户数据泄露事件的频发，企业需要加强数据保护措施，确保用户信息安全。

综上所述，数字营销技术的发展将呈现多元化、智能化、创新化的趋势，为企业带来更加高效、精准的营销手段。

二、消费者行为变化对营销的影响

在数字营销的未来趋势与挑战中，消费者行为的变化无疑是最为显著的影响因素之一。随着科技的飞速发展和社交媒体的普及，消费者的购物习惯、信息获取方式及消费观念都发生了翻天覆地的变化，这对企业的营销策略提出了新的要求。

首先，消费者在选择商品时更加注重品质和健康。他们不再仅仅满足于基本的功能需求，而是更加注重产品的成分、质量及是否对健康有益。这一变化促使企业在产品开发和创新上更加注重健康元素的融入，以满足消费者的健康需求。

其次，购买方式的多样化也是消费者行为变化的重要体现。电子商务平台、社交媒体和移动应用等新型购物方式的兴起，使消费者可以随时随地进行购物，且购买过程更加便捷和个性化。这就要求企业在营销过程中加强数字化建设，提供多样化的购买渠道和支付方式，以满足消费者的购物便利性需求。

再次，品牌和口碑在消费者心中的地位日益凸显。消费者在购买商品前，往往会通过互联网和社交媒体等渠道了解产品的评价。因此，企业需要加强品牌建设和口碑管理，通过提供优质的产品和服务，树立良好的品牌形象，以赢得消费者的信任和忠诚。

最后，消费者还更加注重个性化和定制化服务。他们希望购买的产品能够符合自己的独特需求和品味。这就要求企业在营销过程中加强数据分析和个性化推荐，通过收集消费者的偏好、购买历史等数据，为他们提供定制化的产品和服务。

综上所述，消费者行为的变化对数字营销产生了深远的影响。企业需要密切关注消费者的需求和变化，不断调整和优化营销策略，以应对市场的变化和挑战。通过加强数字化建设、品牌建设、口碑管理以及个性化推荐等方面的努力，如表 6-5 所示，企业可以在激烈的市场竞争中立于不败之地，实现持续的增长和成功。

表 6-5　数字营销的未来趋势与挑战

影 响 因 素	具 体 内 容
注重品质和健康	消费者关注产品成分、质量和对健康是否有益，促使企业注重健康元素的融入
购买方式多样化	电子商务、社交媒体、移动应用等新兴购物方式兴起，要求企业提供多样化的购买渠道和支付方式
品牌和口碑的重要性增加	消费者通过互联网了解产品评价，企业应加强品牌建设和口碑管理
个性化和定制化服务需求增长	消费者追求符合个人需求的定制化产品，企业应加强数据分析和个性化推荐

三、数据隐私保护与合规性挑战

在数字营销的广阔领域中，数据隐私保护与合规性挑战日益凸显。随着技术的不断进步和社交媒体的普及，企业能够以前所未有的方式收集和分析用户数据，从而优化营销策略。然而，这一过程中也伴随着用户隐私泄露的风险。

数据隐私保护已成为数字营销中不可忽视的一环。企业在收集、存储和使用用户数据时，必须严格遵守相关法律法规，确保用户信息的安全性。近年来，数据泄露事件频发，不仅损害了用户利益，也严重影响了企业的声誉。因此，建立完善的数据安全管理体系，加强数据加密技术和定期进行安全审计，已成为企业的必修课。

同时，合规性挑战也不容小觑。各国政府对数据隐私的保护力度不断加强，出台了一系列法律法规，如欧盟的通用数据保护条例（GDPR）。这些法律法规要求企业在处理用户数据时，必须获得用户的明确同意，并保障用户的知情权、选择权和删除权。企业在开展数字营销活动时，必须确保所有操作都符合相关法律法规要求，避免陷入法律纠纷。

此外，社交媒体平台在数据隐私保护中也扮演着重要角色。平台应加强对用户数据的保护措施，提供易于使用的隐私保护工具，帮助用户更好地管理个人信息。同时，平台还应对外公开其数据使用政策，确保用户能够清楚了解自己的信息如何被使用和分享。

面对数据隐私保护与合规性挑战，企业需要采取多种措施。一方面，加强内部管理，提高员工的数据保护意识，确保数据在传输和存储过程中的安全性；另一方面，积极与政府和监管机构合作，共同推动数据隐私保护法律的完善和实施。

总之，数据隐私保护与合规性挑战是数字营销未来发展中必须面对的重要问题。企业只有在确保用户隐私安全的前提下，才能赢得用户的信任和支持，实现可持续发展。

四、跨渠道整合与全域营销战略

在数字营销的未来趋势中，跨渠道整合与全域营销战略扮演着至关重要的角色。随着消费者行为的多元化和碎片化，企业不再局限于单一的营销渠道，而是需要将线上线下所有可触达消费者的渠道进行有机整合，形成统一的品牌形象和用户体验。

跨渠道整合的核心在于实现信息的无缝传递和用户体验的一致性。通过整合社交媒体、搜索引擎、电商平台、内容营销、短视频、直播等多种渠道，企业能够确保品牌信息在不同平台上的一致性，增强品牌的辨识度。这种整合不仅提升了品牌曝光度，还通过多渠道的协同作战，形成了强大的品牌影响力。

全域营销战略则是跨渠道整合的升级版，它涵盖更广泛的营销场景和触点。全域营销强调以数据驱动为核心，通过大数据分析精准定位目标人群，优化投放策略。同时，全域营销注重用户体验，提供个性化、场景化的服务体验，以满足消费者多样化的需求。

在实施全域营销战略时，企业需要构建全方位的营销体系。这包括建立统一的客户数据仓库，整合线上线下渠道的数据资源，实现客户洞察与分析。通过数据驱动决策，企业能够更精准地制定和执行营销策略，提高营销投入产出比。

此外，全域营销还需要注重内容营销与社群运营。高质量的内容能够增强用户黏性和品牌认同感，而活跃的社群则能够为企业带来持续的口碑传播和用户增长。通过 KOL/网红合作、内容平台分发等多种渠道，企业能够实现内容的广泛传播和精准推送。

然而，全域营销也面临着诸多挑战。企业需要克服渠道割裂与信息不对称的问题，建立跨渠道营销团队与协作机制。同时，数据安全和隐私保护也是全域营销中不可忽视的问题。企业需要加强数据安全建设，确保用户信息的安全。

世界品牌 500 强 6-3

综上所述，跨渠道整合与全域营销战略是数字营销未来发展的重要趋势。通过精准的市场分析、全渠道的布局、高质量的内容输出及科学的数据监测与效果评估，企业能够构建起强大的全域营销体系，实现品牌与销售的双赢发展。

简答题

1. 简述 SEO 的基本原理。
2. 简述 SEM 的技巧。
3. 简述外链建设的策略。
4. 简述数字营销的定义与特点。
5. 简述社交媒体的定义与分类。

案例分析

即测即练

自学自测  扫描此码

第七章

品牌体验与客户关系管理

学习目标

1. 深入理解品牌体验的定义及重要性，掌握品牌体验如何影响客户忠诚度。
2. 了解客户感知的构成，掌握如何塑造品牌形象，以及提升品牌形象的有效途径。
3. 掌握忠诚度建设的核心要素，设计并实施忠诚度计划，定期评估忠诚度水平。
4. 学习 CRM（客户关系管理系统）的原理与功能，将其融入营销策略。
5. 理解个性化服务的意义，采用数据驱动的策略，打造卓越的客户体验。
6. 了解 AI 在 CRM 中的潜在应用，分析社交媒体带来的新挑战与机遇。

第一节　品牌体验与客户忠诚度的关联

一、品牌体验的定义及重要性

品牌体验是指客户在购买、使用及其与品牌产品或服务互动过程中所形成的整体感受与认知。这一概念由伯恩德·施密特提出，是体验式营销理论的重要组成部分。品牌体验不仅涵盖产品功能、设计、服务等方面的直接体验，还包括客户在品牌互动中所产生的情感连接、价值认同及社交影响等多维度内容。

品牌体验的重要性不言而喻。首先，品牌体验能够显著提高客户的满意度和忠诚度。当客户对品牌的产品或服务有良好的体验时，他们往往会更加满意，并愿意再次购买或推荐给其他人。这种正面体验能够加深客户对品牌的认知，形成积极的品牌形象，从而增加品牌的忠诚度。

其次，品牌体验对于提升品牌认知和知名度也至关重要。积极的品牌体验能够让客户对品牌有更深刻的印象，强化品牌的认知度。在竞争激烈的市场中，品牌能否在客户心中占据一席之地，往往取决于其能否提供独特而有价值的品牌体验。

最后，品牌体验还能够塑造企业的品牌形象和价值观。通过提供独特而有意义的品牌体验，企业可以树立起自己的品牌形象，让消费者对其产生认同感。这种认同感不仅有助于增强品牌的忠诚度，还能够提升品牌的市场竞争力。

综上所述，品牌体验是客户与品牌之间建立联系的重要桥梁，是提升客户满意度、忠诚度和品牌认知度的关键。因此，企业在制定市场营销策略时，应充分重视品牌体验的设计和优化，通过提供独特而有价值的品牌体验，来赢得客户的信任和忠诚，从而在激烈的市场竞争中脱颖而出。

二、客户忠诚度的价值与形成过程

在品牌体验与客户关系管理中，客户忠诚度占据着举足轻重的地位。它不仅是企业持续发展与市场扩张的基石，更是衡量品牌影响力和客户满意度的重要指标。

客户忠诚度的价值体现在多个方面。首先，忠诚客户是企业稳定的收入来源。相较于频繁更换品牌或产品的客户，忠诚客户更倾向于长期购买同一品牌的产品或服务，从而为企业带来持续且可预测的收入。其次，忠诚客户在口碑传播中扮演着重要角色。他们往往更愿意向亲朋好友推荐自己信赖的品牌，这种正面的口碑效应能够吸引更多潜在客户，进一步扩大品牌的市场份额。最后，忠诚客户对价格变动的敏感度相对较低，这为企业提供了更大的定价空间和利润空间。

客户忠诚度的形成过程是一个复杂而细腻的心理变化过程。它始于客户对品牌的初步认知与接触，通过一系列的品牌体验逐渐深化为对品牌的信任与依赖。在这个过程中，品牌的一致性、产品质量、服务体验、客户关怀及价值认同等因素都起着至关重要的作用。当客户在多次购买和使用过程中，不断获得满意的品牌体验时，他们会逐渐建立起对品牌的情感联系和信任感。这种信任感一旦形成，就会转化为客户对品牌的忠诚度，表现为持续的购买行为、口碑传播以及对品牌负面信息的接受度增加。

因此，企业要想在激烈的市场竞争中脱颖而出，就必须重视并不断提升客户忠诚度。通过优化品牌体验、加强客户关系管理、运用 CRM 系统提供个性化服务等手段，如图 7-1 所示，不断满足并超越客户的期望，从而在客户心中树立起独特的品牌形象。

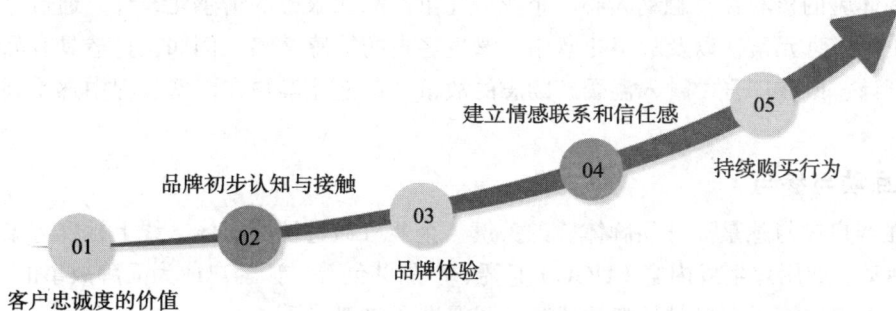

图 7-1　客户忠诚度的价值与形成过程

三、品牌体验对客户忠诚度的影响

品牌体验作为企业与客户互动的关键环节，对客户忠诚度有着深远而直接的影响。在竞争激烈的市场环境中，客户不仅关注产品或服务本身的功能与质量，更加重视在消费过程中所获得的情感体验与价值认同。因此，品牌体验成为塑造客户忠诚度的重要因素之一。

首先，积极的品牌体验能够提升客户的满意度。当客户在与企业接触的过程中感受到专业、热情且个性化的服务时，他们会对品牌产生良好的印象，进而提升对品牌的满意度。这种满意度是客户忠诚度的基石，它促使客户在未来再次选择该品牌，形成稳定的消费习惯。

其次，品牌体验通过情感连接加深客户对品牌的忠诚度。良好的品牌体验往往能够触动客户的内心，使他们与品牌建立起深厚的情感纽带。这种情感连接超越了简单的交易关系，让客户在情感上产生依赖和认同，从而更加忠诚于品牌。

再次，品牌体验中的创新元素也是提升客户忠诚度的关键。企业若能通过独特的品牌体验，如创意营销活动、个性化定制服务等，不断给客户带来新鲜感，就能激发客户的好奇心与探索欲，使他们保持对品牌的关注与热情。

最后，品牌体验还通过口碑传播影响客户的忠诚度。对品牌满意的客户往往会成为品牌的忠实拥趸，他们会在社交网络上分享自己的消费体验，吸引更多潜在客户关注并尝试该品牌。这种正向的口碑传播不仅能够扩大品牌的知名度，还能进一步巩固现有客户的忠诚度。

综上所述，品牌体验对客户忠诚度的影响是多方面的，它不仅关乎客户的满意度与情感连接，还与创新元素及口碑传播紧密相连。因此，企业应高度重视品牌体验的建设与优化，以打造高忠诚度的客户群体。

四、提升品牌体验的策略与实践

在塑造与强化客户忠诚度的过程中，提升品牌体验是不可或缺的一环。以下策略与实践为企业提供了有效的路径，以深化客户的品牌认知与情感连接。

1. 情感化设计

品牌体验的核心在于触动人心。企业应注重产品或服务的情感化设计，通过色彩、形状、材质等感官元素，以及故事化营销，激发客户的情感共鸣。例如，打造具有品牌特色的包装设计，或在广告中融入温馨、励志的故事，都能让客户在消费过程中感受到品牌的温度。

2. 互动与参与

增强客户参与感是提升品牌体验的关键。企业可通过社交媒体、线上社群等渠道，开展互动活动，如用户生成内容（UGC）竞赛、产品共创等，让客户成为品牌故事的一部分。这种参与不仅加深了客户对品牌的认知，还促进了口碑传播。

3. 个性化服务

利用大数据和人工智能技术，实现服务的个性化定制。通过分析客户的消费习惯、偏好等数据，企业能更精准地推送符合其需求的产品和服务信息，甚至提供一对一的专属服务。个性化服务让客户感受到被重视和被尊重，从而提升品牌忠诚度。

4. 持续优化与创新

品牌体验的提升是一个持续的过程。企业应定期收集客户反馈，对产品和服务进行迭代升级，同时保持对市场趋势的敏锐洞察力，勇于创新，以新颖的品牌体验吸引并留住客户。

综上所述，提升品牌体验需从情感化设计、增强互动参与、提供个性化服务，以及持续优化与创新等多方面入手，如表 7-1 所示。这些策略与实践共同作用，能有效提升客户的品牌忠诚度，为企业的长远发展奠定坚实基础。

表 7-1　提升品牌体验的策略与实践　　　　　　　　课程思政互动 7-1

策　　略	实　　践
情感化设计	情感化设计让品牌体验触动人心，通过感官元素与故事营销引发情感共鸣
互动与参与	增强客户互动与参与，让客户成为品牌故事的主角，提升品牌认知和口碑传播
个性化服务	个性化服务借助大数据，精准满足客户需求，彰显尊重与重视，提升客户忠诚度
持续优化与创新	保持品牌体验的活力，吸引并留住客户

第二节　客户感知与品牌认同

一、客户感知的构成要素

客户感知是指客户对产品或服务所提供的效用和满意程度的主观评价，它是客户与品牌互动过程中的重要反馈机制。在品牌体验与客户关系管理中，客户感知扮演着至关重要的角色，它直接关系到客户的忠诚度建设。以下是构成客户感知的主要要素。

1. 产品或服务质量

产品或服务的质量是客户感知的核心。高质量的产品能够满足客户的需求，为客户提供可靠的性能和良好的使用体验。这种质量感知不仅体现在产品的功能性和耐用性上，还包括服务的响应速度、专业性和解决问题的能力。

2. 价格

价格是客户在购买决策中考虑的重要因素之一。客户会根据产品或服务的价格来评估其性价比，从而决定购买意愿。合理的价格策略能够提升客户的感知价值，使客户觉得物有所值。

3. 品牌声誉

品牌声誉是客户对品牌整体印象的体现。知名度高、口碑好的品牌能够给客户带来信任感和安全感，这种正面感知会转化为对品牌的认同和忠诚。

4. 方便性

产品或服务的方便性也是客户感知的重要组成部分。客户倾向于选择易于获取、操作简便的产品或服务，这些能够节省他们的时间和精力，从而提升整体满意度。

5. 个性化定制

随着客户需求的多样化，个性化定制服务成为提升客户感知的重要手段。通过提供符合客户个性化偏好的产品或服务，品牌能够增强客户的归属感和提升满意度。

综上所述，客户感知是一个多维度、综合性的概念，它涵盖产品质量、价格、品牌声誉、方便性和个性化定制等多个方面，如图 7-2 所示。在品牌体验与客户关系管理中，深入理解并优化这些构成要素，对于提升客户感知、增强品牌认同和塑造客户忠诚度具有重要意义。

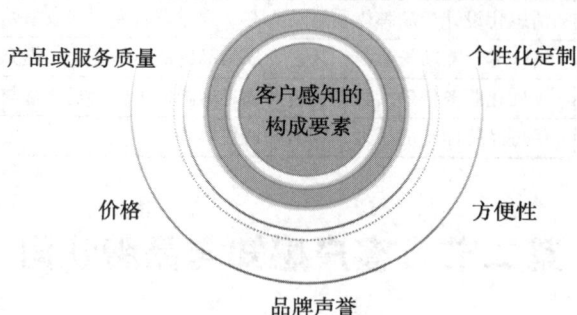

图 7-2　客户感知的构成要素

二、客户对品牌的认同感与归属感

在品牌体验与客户关系管理中，客户对品牌的认同感与归属感是不可或缺的部分。它们不仅深化了客户与品牌之间的情感纽带，还为品牌的长远发展奠定了坚实的基础。

认同感是客户在接触和使用品牌过程中，逐渐形成的对品牌理念、价值观和产品特性的认可和共鸣。当品牌所传递的信息与客户的个人价值观、生活方式或需求相契合时，客户便会产生强烈的认同感。这种认同感促使客户在众多品牌中选择该品牌，成为其忠实的拥趸。品牌通过持续、一致且富有特色的传播，不断强化这种认同感，使客户在心理上与品牌形成紧密的关联。

归属感则是客户在品牌社区中感受到的温暖。品牌社区是围绕品牌而形成的一个由客户、员工、品牌代言人等共同参与的互动平台。在这个社区中，客户可以分享使用品牌的经验、交流心得，甚至参与品牌的改进和创新。这种参与感让客户觉得自己是品牌大家庭中的一员，从而产生了强烈的归属感。归属感不仅提升了客户的忠诚度，还激发了他们为品牌发声、传播品牌价值的热情。

品牌的认同感与归属感是相互依存、相互促进的。认同感为归属感提供了情感基础，而归属感则进一步加深了客户对品牌的认同。品牌要想在激烈的市场竞争中脱颖而出，就必须注重培养客户的认同感和归属感。这要求品牌不仅要提供高品质的产品和服务，还要通过有效的沟通和互动，与客户建立深厚的情感联系。只有这样，品牌才能在客户心中占据一席之地，实现持续、稳健的发展。

世界品牌 500 强 7-1

三、客户感知与品牌形象的塑造

在品牌体验与客户关系管理中，客户感知与品牌形象的塑造占据着举足轻重的地位。客户感知不仅是品牌与消费者情感连接的桥梁，更是塑造和强化品牌形象的关键驱动力。

品牌形象的塑造首先源自客户对品牌接触点的全面体验。从产品本身的质量、功能，到包装设计、广告宣传，乃至售后服务，每一个细节都是客户形成品牌认知的重要来源。当客户在这些接触点上获得积极、正面的体验时，往往会将这份好感转化为对品牌的信任和认同，进而在心目中构建起清晰而鲜明的品牌形象。

然而，品牌形象的塑造并非一蹴而就，它需要品牌在长时间内保持一致的品质和服务水准。这意味着品牌必须在客户感知的每一个层面都做到精益求精，确保每一次与客户的互动都能传递出品牌的核心价值和理念。只有这样，才能在客户心中树立起稳固而持久的品牌形象。

此外，客户的口碑传播也是塑造品牌形象不可忽视的力量。当客户对品牌产生高度认同和满意度时，他们往往会自发地向亲朋好友推荐该品牌，从而扩大品牌的影响力和美誉度。这种基于客户感知的口碑传播，不仅能够帮助品牌吸引更多的潜在客户，还能够进一步巩固和提升品牌形象。

综上所述，客户感知与品牌形象的塑造之间存在着密不可分的联系。品牌应该注重提升客户在各个接触点上的体验质量，通过一致的品质和服务水准来塑造和强化品牌形象。同时，也要充分利用客户的口碑传播力量，让品牌形象在更广泛的范围内得到传播和认可。只有这样，品牌才能在激烈的市场竞争中脱颖而出，赢得更多客户的青睐和忠诚。

四、提升客户感知质量的方法

提升客户感知质量是品牌体验与客户关系管理中的关键环节，它直接关系着客户对品牌的认同度和忠诚度。以下是一些有效的方法，旨在通过优化客户体验，增强客户的正面感知。

首先，注重细节，提升服务质量。服务是客户感知品牌质量的重要方面。企业应关注服务过程中的每一个细节，如员工的服务态度、专业技能及解决问题的效率等。通过定期培训员工，提升他们的服务意识和能力，确保客户在每一次与品牌的接触中都能获得满意的服务体验。

其次，强化品牌一致性。品牌一致性有助于客户形成稳定的品牌认知。企业应在产品设计、包装、广告传播等方面保持统一的品牌形象和风格，使客户在不同场景下都能迅速识别并联想到品牌。这种一致性不仅提升了品牌的辨识度，还提升了客户对品牌的信任感。

再次，利用技术提升客户体验。随着科技的发展，企业可以利用先进的技术手段来提升客户体验。例如，通过大数据分析客户需求和行为模式，为他们提供更加个性化的产品和服务；利用虚拟现实（VR）和增强现实（AR）技术，创造沉浸式的品牌体验，让客户在互动中感受品牌的魅力。

最后，建立客户反馈机制。客户的反馈是提升感知质量的重要参考。企业应建立有效的客户反馈收集和分析机制，及时了解客户对产品和服务的评价及建议，并根据反馈进行针对性的改进。这种开放和透明的沟通方式有助于增强客户的参与感和归属感。

综上所述，提升客户感知质量需要从多个方面入手，包括注重服务细节、强化品牌一致性、利用科技提升体验以及建立客户反馈机制等，如表 7-2 所示。通过这些方法的综合运用，企业可以不断优化客户体验，提升客户的品牌认同度和忠诚度。

表 7-2　提升客户感知质量的方法

主　要　方　法	具　体　措　施
注重细节，提升服务质量	提供使客户满意的服务
强化品牌一致性	增强客户的品牌认知与信任
利用技术提升客户体验	创造个性化的沉浸式客户体验
建立客户反馈机制	及时改进并增强客户参与感

第三节　忠诚度建设与客户维系

一、忠诚度建设的核心要素

在品牌体验与客户关系管理中，忠诚度建设是维系客户、提升品牌价值的关键环节。忠诚度不仅关乎客户重复购买的行为，更关乎客户对品牌的深厚情感与高度信赖。以下是忠诚度建设的核心要素。

1. 卓越的产品与服务

产品是客户与品牌接触的直接载体，其质量与性能是建立客户忠诚度的基石。企业应不断优化产品设计，确保产品满足甚至超越客户的期望。同时，服务作为产品的延伸，其质量同样重要。快速响应客户需求、提供个性化解决方案，能够显著提升客户满意度，进而转化为忠诚度。

2. 情感连接与价值观共鸣

情感连接是忠诚度建设的深层次驱动力。品牌应通过故事讲述、文化传播等方式，与客户建立情感共鸣。当品牌价值观与客户个人价值观相契合时，客户更容易产生归属感与认同感，从而加深对品牌的忠诚度。

3. 持续的客户互动与反馈机制

建立有效的客户互动渠道，如社交媒体、客服热线等，能够及时了解客户需求与反馈。企业应积极回应客户关切，将客户意见作为改进产品与服务的宝贵资源。此外，定期收集并分析客户数据，有助于精准把握客户偏好，为忠诚度建设提供有力支持。

4. 奖励与激励机制

合理的奖励与激励机制能够激发客户的购买热情与忠诚度。这包括但不限于会员积分、优惠券、专属服务等。通过为忠诚客户提供额外价值，企业不仅能够巩固现有客户基础，还能吸引更多潜在客户加入忠诚客户行列。

综上所述，忠诚度建设是一个系统工程，需要企业在产品、服务、情感连接、客户互动及奖励机制等多个方面持续努力，以构建稳固的客户关系，实现品牌价值的持续提升。

二、客户维系策略的制定

在忠诚度建设与客户维系的过程中，制定有效的客户维系策略是至关重要的。这些策略旨在深化客户与品牌之间的情感联系，确保客户持续选择并推荐品牌。以下是一些关键的客户维系策略制定要点。

1. 深入理解客户需求

企业需要通过多种渠道收集客户反馈，包括问卷调查、社交媒体互动、客户服务记录等，以深入理解客户的真实需求和期望。这有助于企业精准定位客户痛点，为后续的个性化服务和产品改进提供数据支持。

2. 建立多渠道沟通机制

为了保持与客户的紧密联系，企业应建立多渠道沟通机制，如电话、电子邮件、社交媒体、在线客服等。这不仅可以确保客户在需要时能够联系到企业，还能增强客户的参与感和归属感。同时，企业应定期向客户发送信息，如新品推荐、优惠活动等，以保持客户对品牌的关注度。

3. 实施个性化营销与关怀

基于客户数据和需求分析，企业应制定个性化营销策略，如定制化产品推荐、专属优惠等。此外，企业还应关注客户的生日、纪念日等特殊日子，通过发送祝福短信、赠送小礼品等方式表达关怀，进一步加深客户与品牌之间的情感纽带。

4. 设计客户忠诚方案

设计并实施客户忠诚方案是提升客户忠诚度的有效手段。企业可以通过积分、会员等级制度、专属服务等方式激励客户持续消费和推荐。同时，企业应定期评估忠诚方案的效果，并根据客户反馈进行调整和优化。

世界品牌 500 强 7-2

综上所述，制定有效的客户维系策略需要企业深入理解客户需求，建立多渠道沟通机制，实施个性化营销与关怀，并设计客户忠诚方案，如图 7-3 所示。这些策略的实施将有助于提升客户忠诚度，促进企业与客户之

间的长期合作关系。

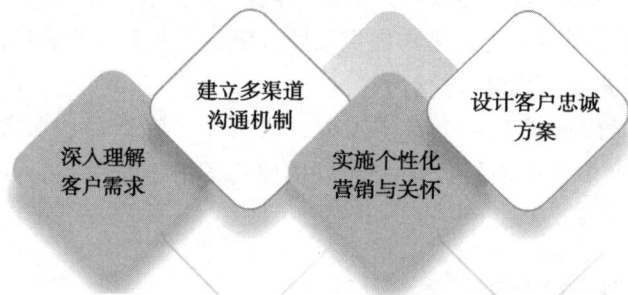

图 7-3　客户维系策略的制定

三、忠诚度计划的设计与实施

在品牌体验与客户关系管理中，忠诚度计划是维系客户、提升客户满意度与留存率的关键策略。一个精心设计的忠诚度计划不仅能够增强客户的归属感，还能有效促进客户的重复购买与口碑传播。

设计忠诚度计划时，企业应首先明确目标客户群体及其偏好。通过深入分析客户的消费行为、购买频率及价值贡献，企业能够定制化设计积分、会员等级、优惠特权等激励措施，确保计划对目标客户具有吸引力。例如，针对高频消费者，可提供积分加速累积与专享折扣；而对于高价值客户，则可提供定制化服务或限量版商品作为回馈。

实施忠诚度计划时，企业应注重计划的透明度与易操作性。客户应能轻松了解如何参与计划、如何累积与兑换奖励，以及各会员等级的具体权益。同时，通过多渠道宣传与沟通，如社交媒体、电子邮件、App 推送等，持续向客户传达计划的价值与更新信息，提高客户的参与感与期待值。

此外，为了保持忠诚度计划的活力与吸引力，企业应定期评估其效果并根据客户反馈进行调整。这包括优化积分规则、引入新奖励、升级会员服务等，以确保计划能够持续满足客户变化的需求与期望。同时，通过数据分析，识别并奖励那些对品牌忠诚度高、贡献大的客户，进一步巩固客户关系。

总之，忠诚度计划的设计与实施是一个动态、持续的过程，需要企业深入理解客户、不断创新与优化。通过精心策划与执行，企业不仅能够有效提升客户的忠诚度与满意度，还能在激烈的市场竞争中脱颖而出，构建更加稳固的客户关系，如表 7-3 所示。

表 7-3　忠诚度计划的设计与实施

设　　计	实　　施
设计忠诚度计划	提升客户满意度和留存率的重要策略
实施忠诚度计划	需根据目标客户的偏好和行为定制激励措施
保持忠诚度计划的活力与吸引力	保证透明度和易操作性，并通过多渠道加强客户参与感

四、忠诚度评估与持续改进

在忠诚度建设与客户维系的过程中，对客户忠诚度的评估与持续改进是不可或缺的一环。这不仅能够帮助企业及时了解客户对品牌的忠诚度现状，还能为未来的策略调整提供数据支持。

1. 忠诚度评估方法

忠诚度的评估通常涉及多个维度，包括客户重复购买率、推荐意愿、客户满意度等。企业可以通过问卷调查、客户访谈、在线评价等多种方式收集数据。其中，问卷调查因便捷性和可量化性成为最常用的方法。通过设计科学合理的问卷，企业可以系统地了解客户对品牌各方面的评价和忠诚度水平。

此外，大数据技术的应用也为忠诚度评估提供了新的手段。企业可以利用 CRM 系统收集的客户交易数据，分析客户的购买频率、购买金额、购买周期等，从而更准确地评估客户的忠诚度。

2. 持续改进策略

基于忠诚度评估的结果，企业应制定持续改进策略，以提升客户忠诚度。一方面，对于忠诚度较高的客户，企业应给予更多的关注和奖励，如提供会员特权、积分兑换等，以增强他们的归属感；另一方面，对于忠诚度较低的客户，企业应深入分析原因，可能是产品质量、服务态度、价格策略等方面存在问题。针对这些问题，企业应制定具体的改进措施，并及时向客户反馈，以重建他们的信任。

同时，企业应建立持续的监测和评估机制，定期对客户忠诚度进行评估，并根据评估结果调整策略。这种持续改进的过程有助于企业不断优化客户关系管理，提升品牌竞争力。

总之，忠诚度评估与持续改进是品牌体验与客户关系管理中不可或缺的一环。通过科学合理的评估方法和持续的策略调整，企业可以不断提升客户忠诚度，实现与客户的长期共赢。

世界品牌 500 强 7-3

第四节　CRM 系统在客户关系管理中的应用

一、CRM 系统的基本原理与功能

客户关系管理（Customer Relationship Management，CRM）系统是一种以客户为中心的管理方式，旨在通过集成客户数据、自动化营销流程、个性化客户服务、分析客户行为等方式，实现对企业与客户之间关系的全面管理。其核心原理在于围绕客户生命周期的发生、发展，通过销售、市场营销和客户服务的业务流程重组和协同工作，为不同价值等级的客户提供个性化的产品和服务。

（一）CRM系统的基本原理

CRM系统的基本原理体现在以下几个方面，如图7-4所示。

1. 客户数据管理

CRM系统通过整合客户的所有互动信息，包括电话记录、邮件、社交媒体互动、购买历史和客户反馈，形成全方位的客户视图。这种全面的数据集成有助于企业更精准地了解客户需求，提供更加个性化的服务。

2. 业务流程优化

CRM系统能够自动化销售流程，如线索管理、机会跟踪和销售预测，帮助销售人员更高效地管理客户和销售活动。同时，它还能整合多种客户服务渠道，提供统一的客户服务界面，提高服务效率。

3. 数据分析与决策支持

CRM系统具备强大的数据分析功能。通过分析客户的互动数据、购买历史和反馈信息，企业可以发现潜在的市场机会和客户需求的变化，从而优化产品和营销策略。此外，系统提供的数据报表和分析结果，还能为管理层提供战略决策支持。

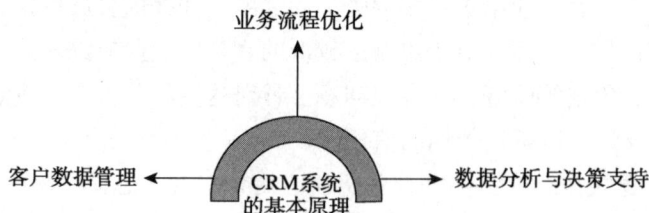

图 7-4　CRM系统的基本原理

（二）CRM系统的功能

CRM系统的功能主要包括以下几个方面。

（1）客户管理：记录客户信息，支持客户分配、回收和分层管理。

（2）销售自动化：自动化销售流程，如线索分配、客户跟进和销售预测。

（3）营销自动化：设计和执行复杂的营销活动，如邮件营销、社交媒体推广和广告投放。

（4）客户服务：记录客户咨询、投诉及解决方案，提供个性化的客户服务。

（5）数据分析：通过数据分析和报表生成，支持企业战略决策。

综上所述，CRM系统通过其基本原理和强大功能，成为企业高效的客户关系管理工具，有助于提升客户满意度和忠诚度。

二、CRM系统在客户信息管理中的作用

CRM系统在客户信息管理中扮演着至关重要的角色。它不仅是一个集中存储和管理客

户信息的工具，更是优化客户关系、提升服务质量和增强客户忠诚度的关键手段。

CRM 系统通过将客户的联系方式、购买历史、互动记录等详细信息集中存储在一个统一的数据库中，实现了数据的整合和统一管理。这种集中存储的方式确保了数据的一致性和准确性，避免了数据分散和重复录入的问题。企业能够轻松访问和更新客户信息，提高内部沟通和协作的效率。

在客户信息管理中，CRM 系统的自动化处理功能极大地提高了工作效率。通过自动化任务分配和工作流管理，企业能够快速响应客户需求，减少人为错误。例如，当客户提交服务请求时，CRM 系统可以自动将其分配给相关客服代表，并实时通知客户服务进展情况，从而显著提升客户满意度。

CRM 系统还具备强大的数据分析功能。通过对客户数据的深入分析，企业能够洞察客户的购买行为、偏好和需求。这种分析能力不仅帮助企业制定更精准的营销策略，还能优化产品和服务，提升客户体验。企业可以根据客户细分结果，提供个性化的服务和产品推荐，增强客户的忠诚度，提高复购率。

此外，CRM 系统在数据安全与合规方面也发挥着重要作用。通过数据加密、备份和权限管理功能，企业能够有效保护客户数据的安全性和隐私性，遵守相关的数据保护法规。这不仅增强了客户的信任，还为企业赢得了良好的声誉。

综上所述，CRM 系统在客户信息管理中的作用不可忽视。它不仅能够集中存储和管理客户信息，提高工作效率，还能通过数据分析实现精准营销和个性化服务，优化客户关系。同时，CRM 系统在数据安全与合规方面的保障，为企业赢得了客户的信任和忠诚。因此，企业应充分利用 CRM 系统的优势，加强客户信息管理，提升品牌体验和客户关系管理水平。

三、利用 CRM 系统优化客户服务流程

在客户关系管理中，CRM 系统的应用不仅能够提升数据管理的效率，还能显著优化客户服务流程，从而提升客户的满意度和忠诚度。

CRM 系统通过整合客户信息，使服务团队能够迅速掌握客户的历史互动记录、购买偏好及潜在需求。这一功能在客户咨询或投诉处理时尤为重要。服务人员可以即时获取客户的全面资料，避免信息断层，实现精准响应。这种即时信息支持减少了查询时间，提高了问题解决的速度，确保客户问题得到及时有效的处理。

CRM 系统还具备自动化服务流程的能力，如自动分配服务请求、设置服务优先级等。这有助于服务团队合理分配资源，确保高优先级的问题得到优先处理，降低人为分配错误的可能性。自动化流程不仅提升了工作效率，还确保了服务的公平性和一致性，为客户带来更加顺畅的服务体验。

此外，CRM 系统能够记录和分析客户反馈，为服务改进提供数据支持。通过对客户满意度调查、服务评价等数据的收集与分析，企业可以识别服务中的薄弱环节，及时调整服务策略。这种基于数据的决策方式使服务改进更加精准有效，有助于构建持续优化的服务

循环。

CRM 系统还具备预测性维护的功能。通过分析客户的使用行为和历史数据，预测潜在的服务需求，企业可以提前采取行动，如主动提供维护建议、推送相关服务信息，从而有效预防问题的发生，提升客户的满意度和信任度。

综上所述，CRM 系统在客户关系管理中的应用，特别是在优化客户服务流程方面，发挥了不可替代的作用，如表 7-4 所示。它不仅能够提升服务效率和质量，还能通过数据驱动服务改进，为客户带来更加个性化、高效和贴心的服务体验。

表 7-4 利用 CRM 系统优化客户服务流程

主 要 环 节	作 用
整合客户信息	实现即时精准响应，提高问题解决速度
自动化服务流程	提升工作效率，确保服务公平性和一致性
记录和分析客户反馈	为服务改进提供数据支持，构建持续优化的服务循环
预测性维护功能	预防潜在问题，提升客户满意度和信任度

四、CRM 系统与营销策略的整合

CRM 系统在客户关系管理中的应用不限于数据整合和客户管理，它与营销策略的整合更是提升品牌体验和客户忠诚度的关键所在。

课程思政互动 7-2

CRM 系统通过数据分析和挖掘，帮助企业实现精准的客户细分。通过对客户的购买历史、行为特征和价值贡献等因素进行深入分析，企业能够将客户分为不同的群体，并据此制定个性化的营销策略。这种精准营销不仅提高了营销活动的针对性和效率，还显著提升了客户的满意度和忠诚度。

CRM 系统与营销策略的整合还体现在自动化销售流程上。通过自动化任务分配、邮件跟进、合同生成等功能，CRM 系统显著减少了人为操作的错误和时间浪费，使销售人员能够更加专注于核心销售活动。这种自动化不仅提高了销售团队的效率，还确保了客户在每个销售阶段都能得到及时的沟通和反馈，从而优化了客户体验。

跨渠道营销是现代营销的重要趋势，CRM 系统在这一方面也发挥着重要作用。它能够整合线上线下渠道，实现客户信息的统一管理和营销活动的协同推进。企业可以通过 CRM 系统实时关注社交媒体、电子邮件、电话等多个渠道的客户信息，制定全面的跨渠道营销策略，提升客户的全渠道体验。

此外，CRM 系统还能够帮助企业实现销售预测与分析。通过对历史销售数据的分析，企业可以预判市场需求和销售机会，及时调整销售策略和资源分配。这种数据驱动的决策方式不仅提高了销售成功率，还帮助企业优化了销售流程，减少了浪费。

综上所述，CRM 系统与营销策略的整合在客户关系管理中发挥着至关重要的作用。它不仅提升了营销活动的针对性和效率，还优化了销售流程，增强了客户体验。通过 CRM 系统的运用，企业能够更好地理解客户需求，制定个性化的营销策略，从而建立长期的客户关系，提升品牌的市场竞争力。

第五节　个性化服务提升品牌体验

一、个性化服务的定义与重要性

个性化服务，简而言之，是指企业根据每位客户的独特需求、偏好及历史行为，为其量身定制并提供的产品、服务或交互体验。这一服务模式超越了传统"一刀切"的服务方式，致力于满足客户的个性化期望，从而建立更深层次的客户关系。

个性化服务的核心在于数据的收集与分析。企业通过 CRM 系统、社交媒体互动、购买历史记录等多渠道获取客户信息，运用大数据和人工智能技术对这些信息进行深度挖掘，以洞察客户的潜在需求和偏好。基于这些结果，企业能够设计出更加贴合客户个人特点的产品、服务流程和沟通策略，使客户感受到被尊重和优待。

个性化服务的重要性体现在以下几个方面。

1. 提升客户满意度

个性化服务能够精准匹配客户需求，减少因服务不匹配带来的不满，显著提升客户满意度。

2. 提升客户忠诚度

当客户感受到品牌对其个性化需求的关注和满足时，他们更倾向于与品牌形成情感连接，成为品牌的忠诚拥趸。

3. 提升品牌价值

通过提供差异化、高附加值的个性化服务，企业能够在竞争激烈的市场中脱颖而出，塑造独特的品牌形象，提升品牌价值。

4. 优化资源配置

个性化服务策略促使企业更加精准地投放资源，减少无效投入，提高运营效率和服务质量。

5. 驱动业务增长

忠诚客户不仅是重复购买的源泉，也是品牌口碑传播的重要力量，能有效带动新客户的增长，实现业务的持续扩张。

因此，个性化服务不仅是提升品牌体验的关键一环，更是企业在数字化时代保持竞争力的必然选择，如图 7-5 所示。

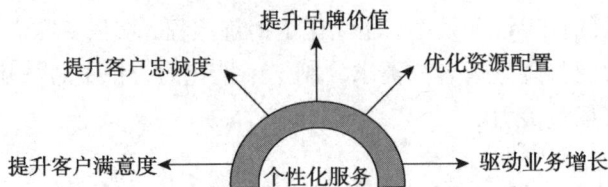

图 7-5　个性化服务的重要性

二、数据驱动的个性化服务策略

在品牌体验与客户关系管理中，数据驱动的个性化服务策略扮演着至关重要的角色。这一策略的核心在于通过深度挖掘和分析客户数据，精准把握客户需求，从而提供定制化的服务和产品，提升品牌体验，提升客户忠诚度。

数据驱动的个性化服务策略首先依赖于全面的数据收集。企业应通过多种渠道，如客户基本信息、消费记录、行为轨迹以及社交媒体互动等，获取丰富的客户数据。这些数据是宝贵的资源，为企业提供了深入了解客户的窗口。

在数据收集的基础上，企业需运用先进的数据分析技术和工具，如数据挖掘、机器学习等，对数据进行深度挖掘和关联分析。这一过程能够揭示隐藏在数据中的价值，如客户偏好、潜在需求以及消费趋势等，为个性化服务策略的制定提供有力支持。

基于数据分析的结果，企业应设计具有针对性的个性化服务策略与方案。例如，通过产品定制，提供符合客户喜好和需求的产品；利用智能推荐算法，为客户推荐符合其需求的产品或服务；在客户服务方面，提供专属客户经理、优先通道以及定制化解决方案等，让客户感受到被重视和尊重。

此外，数据驱动的个性化服务策略还应不断优化服务流程和体验。企业应简化服务流程，减少不必要的环节和等待时间，提高服务效率。同时，通过跨渠道整合，确保各个渠道之间的信息和服务保持一致，为客户提供良好的购物体验。

综上所述，数据驱动的个性化服务策略是提升品牌体验的重要手段。企业应充分利用数据资源，通过深入分析和精准把握客户需求，提供定制化的服务和产品，不断优化服务流程和体验，从而赢得客户的信任和忠诚，为品牌的长期发展奠定坚实基础。

三、个性化服务与客户满意度的关系

在品牌体验与客户关系管理中，个性化服务扮演着至关重要的角色，它不仅深刻影响着客户的感知与忠诚度建设，更是提升客户满意度的关键所在。

个性化服务是根据客户的需求、偏好及历史行为等信息量身定制的服务方式。这种服务模式超越了传统的"一刀切"式服务，让客户感受到被尊重与重视，从而极大地增强了服务的针对性和有效性。当客户在消费过程中，发现所接受的服务恰好符合甚至超出了自己的期望时，他们的满意度自然会大幅提升。

满意度作为衡量客户对品牌及服务整体感受的重要指标，其高低直接关系客户的复购意愿和口碑传播。个性化服务通过精准捕捉并满足客户需求，有效减少了客户的不满情绪，提升了其整体的消费体验。一个满意的客户，更有可能成为品牌的忠实拥趸，不仅自己重复购买，还会积极向亲朋好友推荐，形成良性循环，为品牌带来持续的增长动力。

此外，个性化服务还促进了品牌与客户之间的深度互动。在互动过程中，品牌能够更深入地了解客户的真实想法和需求，进而不断优化服务内容和方式，实现服务的迭代升级。这种基于客户反馈的持续改进，进一步提升了客户的满意度和忠诚度，为品牌奠定了坚实的客户基础。

综上所述，个性化服务与客户满意度之间存在着密切的正相关关系。通过提供个性化服务，品牌不仅能够满足客户的多样化需求，提升消费体验，还能在客户心中树立起独特的品牌形象，增强其对品牌的认同感和归属感，如图 7-6 所示。因此，在品牌体验与客户关系管理的实践中，注重个性化服务的运用，无疑是提升客户满意度、构建长期客户关系的重要策略。

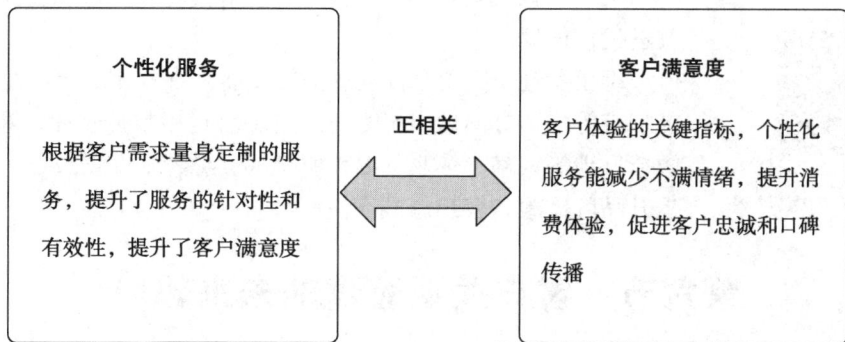

图 7-6　个性化服务与客户满意度的关系

四、实现个性化服务的挑战与解决方案

在实现个性化服务的过程中，企业往往会面临一系列挑战，这些挑战不仅来自技术层面，也涉及数据隐私、客户心理及运营成本等多个维度。

挑战一：数据收集与整合难度

个性化服务的基础是大数据的收集与分析。然而，数据的来源多样且分散，如何高效、准确地整合这些数据成为一大难题。此外，数据的准确性和时效性也是影响个性化效果的关键因素。

解决方案如下。

（1）建立统一的数据管理平台，实现数据的集中存储和高效处理。

（2）利用先进的数据清洗和校验技术，确保数据的准确性和完整性。

（3）加强与第三方数据提供商的合作，拓宽数据来源渠道。

挑战二：隐私保护与合规性

在收集和使用客户数据时，企业必须严格遵守相关法律法规，保护客户隐私。这一要求增加了数据处理的复杂性和成本。

解决方案如下。

（1）强化数据安全意识，建立完善的数据加密和访问控制机制。

（2）告知客户数据收集的目的、范围和用途，获得其明确同意。

（3）定期进行隐私合规性审计，确保业务操作符合法律法规要求。

挑战三：客户需求变化快速

客户的需求和偏好是不断变化的，企业如何快速响应这些变化，提供符合客户期望的个性化服务，是一大挑战。

解决方案如下。

（1）建立敏捷的市场反馈机制，及时捕捉客户需求的变化。

（2）不断优化个性化服务算法和模型，提高预测的准确性和时效性。

（3）加强与客户的互动沟通，了解其真实需求和反馈，为服务改进提供依据。

综上所述，实现个性化服务需要企业在技术、合规性和客户需求响应等多个方面做出努力。通过综合运用数据管理、隐私保护、敏捷反馈等策略，企业可以克服挑战，提升个性化服务水平，进而提升品牌体验和客户忠诚度。

课程思政互动 7-3

第六节　客户关系管理的未来趋势

一、数字化时代的客户关系管理

在数字化时代背景下，客户关系管理迎来了前所未有的变革与挑战。企业不仅需要应对日益复杂的市场环境，还要满足客户越来越个性化和多样化的需求。数字化技术的应用，尤其是 CRM 系统的广泛运用，为企业提供了强大的工具，以更有效地管理客户关系，提升客户感知与忠诚度。

数字化时代的客户关系管理，首先体现在全渠道沟通平台的集成上。企业通过整合社交媒体、电子邮件、电话和即时消息等多种沟通渠道，实现与客户的无缝对接。这种全渠道沟通策略不仅提升了客户满意度，还提升了客户忠诚度，因为客户能够随时随地获得一致且及时的响应。

大数据和人工智能技术的运用，进一步推动了客户关系管理的精准化。企业利用大数据分析客户喜好、购买习惯和行为模式，从而推送更为个性化的营销信息，提高转化率。同时，智能客服系统的部署，如聊天机器人和自动语音响应系统，显著提高了客户服务效率。这些系统能够全天候提供服务，减少客户等待时间，并根据客户的查询历史和当前行为提供准确的答案和建议。

CRM 系统在数字化时代的客户关系管理中扮演着核心角色。它不仅能够帮助企业建立全方位的客户视图，全面了解客户的偏好、行为和需求，还提供了强大的数据分析和报告功能，帮助企业识别潜在的销售机会、优化销售流程。随着 CRM 系统的不断演进，智能化和自动化成为其发展的重要方向，使企业能够更高效地管理客户关系，提升服务质量。

综上所述，数字化时代的客户关系管理，借助全渠道沟通平台、大数据和人工智能技术，以及 CRM 系统的广泛应用，实现了客户体验的显著提升和忠诚度的有效建设。未来，随着技术的不断进步和客户需求的持续变化，客户关系管理将继续朝着更加智能化、个性化和高效化的方向发展。

二、人工智能在 CRM 中的应用前景

人工智能（AI）正深刻改变着各行各业，特别是在 CRM 中，其应用前景尤为广阔。通过集成 AI 技术，CRM 能够实现自动化、智能化，从而大幅提升企业的运营效率与客户满意度。

AI 在 CRM 中的核心应用之一是数据分析与预测。借助机器学习算法，CRM 能够深入挖掘客户数据，识别行为模式，预测未来需求。这不仅有助于企业制定精准的营销策略，还能提前识别潜在的销售机会，优化资源配置。例如，通过分析客户的购买历史和浏览行为，AI 可以推荐相关的产品或服务，从而提高销售转化率。

自动化客户服务是 AI 在 CRM 中的另一大亮点。智能客服机器人能够全天候在线，快速响应客户的咨询和需求，提供准确答案。这不仅减轻了人工客服的工作负担，还显著提高了服务效率与质量。客户在等待时间减少的同时，获得了更为个性化的服务体验，进而提升了品牌忠诚度。

个性化推荐与服务也是 AI 在 CRM 中的重要应用。通过分析客户的行为数据和偏好，CRM 系统能够生成定制化的产品推荐和营销内容。这种个性化的互动不仅提升了客户的购买意愿，还增强了品牌的吸引力。例如，电商平台可以根据客户的浏览历史和购买记录，推送相关产品和优惠信息，提高客户的购买频率和购买金额。

未来，随着 AI 技术的不断进步，CRM 将进一步实现智能化升级。AI 将能够处理更为复杂的数据分析任务，提供更精准的预测。同时，智能客服机器人将具备更高的自然语言处理能力，实现更为流畅、自然的客户互动。此外，AI 还将助力 CRM 实现跨渠道整合，为企业提供全方位的客户关系管理解决方案。

综上所述，人工智能在 CRM 中的应用前景广阔，不仅能够大幅提高企业的运营效率，还能显著提升客户满意度与忠诚度。未来，随着技术的持续创新，AI 将在 CRM 系统中发挥更加重要的作用，推动客户关系管理迈向新的高度。

世界品牌 500 强 7-4

三、社交媒体对客户关系管理的影响

社交媒体的迅速发展和普及，对客户关系管理产生了深远影响。它不仅改变了企业与

客户之间的沟通方式，还重塑了客户体验与忠诚度建设的路径。

社交媒体为企业提供了即时和持续的互动平台。客户可以通过社交媒体随时提出疑问、反馈意见或分享体验，企业则能迅速响应、满足客户需求，从而增强双方的互动性和黏性。这种即时互动机制使企业能够更准确地捕捉客户需求的变化，及时调整产品和服务策略。

社交媒体扩大了企业的客户群体，提升了品牌曝光度。通过发布有趣、有用的内容和推广活动，企业能够吸引更多潜在客户的关注，进而将其转化为忠实客户。同时，社交媒体上的用户评价和口碑传播，对企业的品牌形象具有重要影响。积极的评价能够增强客户对企业的信任，促进销售和业务的增长。

在个性化服务方面，社交媒体也发挥了重要作用。通过分析客户在社交媒体上的行为和偏好，企业能够获取客户的个性化信息，进行精准营销和个性化推荐。这不仅提升了客户的满意度和忠诚度，还为企业带来了更高的转化率和更多的利润。

然而，社交媒体也带来了一定的挑战和风险。例如，负面评论的快速传播可能对企业的品牌形象造成损害。因此，企业需要加强社交媒体监测和危机管理，及时应对负面评价，保护品牌声誉。

综上所述，社交媒体已成为客户关系管理不可或缺的一部分。它不仅为企业提供了与客户即时互动的平台，还帮助企业扩大客户群体、提升品牌曝光度，并实现个性化服务。然而，企业也需要警惕社交媒体带来的潜在风险，加强危机管理，以确保客户关系管理的稳健发展。未来，随着社交媒体的不断演进，其在客户关系管理中的作用将更加凸显，成为企业提升竞争力的重要工具，如表 7-5 所示。

表 7-5　社交媒体对客户关系管理的影响

影　　响	具　体　内　容
即时互动	社交媒体提供了即时沟通渠道，增强客户互动
品牌扩展	社交媒体扩大客户群，增加品牌曝光，影响品牌形象
个性化服务	社交媒体助力个性化营销，提升客户满意度和增加企业利润
挑战与对策	企业需应对社交媒体带来的负面评论，加强品牌声誉管理

四、构建长期、稳固的客户关系策略

在快速变化的商业环境中，构建长期、稳固的客户关系对于品牌的持续发展和市场竞争力至关重要。以下策略有助于企业在客户关系管理上取得长远成功。

首先，深入了解客户是基石。企业应持续收集并分析客户数据，不限于购买行为，还应包括客户偏好、反馈及情感反应等多维度信息。通过大数据和人工智能技术，企业能更精准地理解客户需求，从而提供更具针对性的产品和服务，提升客户的满意度和忠诚度。

其次，强化情感连接是关键。在产品和服务之外，建立情感共鸣是深化客户关系的有效途径。企业可通过故事讲述、社群营销、定制化体验等方式，让客户感受到品牌的温度和价值观，形成强烈的情感认同。这种情感纽带能有效抵御竞争对手的吸引力，保持客户的忠诚度。

再次，实施客户参与策略也至关重要。鼓励客户参与到产品设计、服务改进乃至品牌建设中来，不仅能增强客户的归属感，还能帮助企业获得宝贵的市场反馈，实现双赢。通过社交媒体、在线论坛等平台，企业可以便捷地与客户互动，收集创意，共同创造更加符合市场需求的产品和服务。

最后，持续优化客户服务体验是维护长期关系的必要条件。企业应建立高效、便捷的客户服务机制，确保客户在任何时候都能获得及时、专业的帮助。同时，利用 CRM 记录客户历史互动，提供个性化、预见性的服务，让客户感受到被重视和关怀，从而深化信任，巩固关系。

综上所述，构建长期、稳固的客户关系需要企业在洞察客户、情感连接、客户参与和服务体验优化等方面不懈努力，以适应市场变化，赢得客户持久的信赖与支持，如图 7-7 所示。

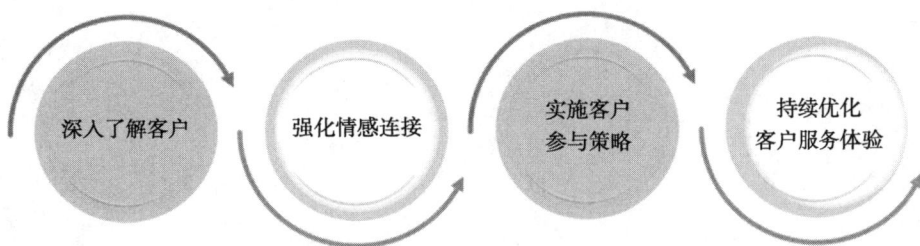

图 7-7　构建长期、稳固的客户关系策略

简答题

1. 简述品牌体验对客户忠诚度的影响。
2. 在构建与提升客户忠诚度的过程中，提升品牌体验有哪些重要的策略与实践？
3. 阐述 CRM 在客户关系管理中的应用及其作用。
4. 客户感知的构成要素包括哪些？
5. 忠诚度建设的核心要素包括哪些？

案例分析

即测即练

自学自测

扫描此码

第三部分　品牌延伸与发展

新产品开发与品牌扩展

1. 深入理解新产品开发的重要性，掌握品牌扩展的策略与方法，学会市场分析与目标定位。
2. 领悟创新在产品开发中的核心角色，实施差异化策略。
3. 学会构建与管理品牌联盟，研读案例，解析合作中的法律要点，开拓品牌新视野。
4. 学习新产品营销技巧，掌握品牌扩展的宣传手段，运用客户关系管理推动市场拓展。
5. 建立绩效评估体系，通过案例研究，了解成功的评估与优化实践。

第一节　新产品开发与品牌扩展概述

一、新产品开发的意义与价值

在新时代背景下，新产品开发不仅是企业持续发展的重要驱动力，更是其保持市场竞争力和实现品牌扩展的关键策略。这一过程蕴含着深远的意义与不可估量的价值，具体体现在以下几个方面。

首先，新产品开发是企业适应市场变化、满足消费者多样化需求的直接体现。随着科技的飞速进步和消费者偏好的不断演变，市场上涌现出众多新兴领域和细分需求。企业唯有通过不断研发新产品，才能精准捕捉市场机遇，填补需求空白，从而在激烈的市场竞争中脱颖而出。这不仅有助于提升企业的市场份额，更能增强消费者对品牌的黏性。

其次，新产品开发是企业进行技术创新、提升核心竞争力的有效途径。在产品开发过程中，企业需要投入大量资源进行技术研发和创意设计。这不仅促进了技术成果的转化和应用，还推动了企业整体技术水平的提升。通过不断的技术创新，企业能够打造具有自主知识产权的核心产品，从而在市场上形成独特的竞争优势。

再次，新产品开发对企业的品牌扩展具有重要意义。成功的新产品往往能够成为品牌形象的全新载体，通过产品的独特魅力和市场影响力，进一步丰富和深化品牌内涵。同时，新产品还能为企业开拓新的市场空间，带动品牌向更多领域和细分市场延伸，实现品牌的多元化和全面发展。

最后，新产品开发对企业的长期发展具有深远影响。通过持续不断的产品创新，企业能够形成良性循环，不断激发内部活力和创造力，推动企业向更高层次发展。同时，新产品还能为企业带来新的增长点，为企业的可持续发展注入强劲动力。

综上所述，新产品开发不仅是企业应对市场挑战、满足消费者需求的必要手段，更是其提升核心竞争力、实现品牌扩展和长期发展的重要途径。因此，企业应高度重视新产品开发工作，加大研发投入，优化创新机制，不断推出符合市场需求、具有竞争力的新产品，以赢得更加广阔的市场空间和发展前景。

二、品牌扩展的策略与方法

品牌扩展是企业战略的重要组成部分，旨在通过多样化手段提升品牌影响力、增加市场份额及收入来源。以下是几种常见的品牌扩展策略与方法。

1. 产品线扩展

产品线扩展是指企业在现有产品线的基础上增加新的产品或服务。例如，一个原本专注于女装的服装品牌，可以扩展其产品线，引入男装和童装，以吸引更多不同需求的消费者。这种策略不仅增加了产品的多样性，还有助于提高品牌的市场覆盖率。

2. 地理扩展

地理扩展涉及将现有品牌引入新市场或地区。企业可以通过开设新店、建立分销网络或在线平台等方式，将其产品和服务推广到新的地理区域。这不仅有助于提升品牌知名度，还能帮助企业捕捉新的市场机会。

3. 多元化扩展

多元化扩展是品牌进入完全不同行业或领域的策略。例如，一个成功的服装品牌可能会将其品牌扩展到配饰领域。这种策略旨在通过多样化的收入来源增强企业的整体实力，但也需要谨慎评估新领域的市场潜力和竞争态势。

4. 跨界合作

跨界合作是指品牌与其他行业或品牌进行合作，共同推出产品或服务。这种策略可以充分利用合作伙伴的资源、渠道和技术，实现资源共享和市场拓展。例如，运动品牌与科技公司合作推出智能运动设备，可以吸引更多科技爱好者的关注，提升品牌的市场影响力。

5. 品牌联盟

品牌联盟是两个或多个品牌在某些方面进行合作，以达到共同的营销目的。通过品牌联盟，企业可以共同推广、共享资源，提升品牌形象和市场竞争力。例如，两个互补的品牌可以推出联名产品，以吸引更多消费者，并提升各自的品牌价值（见图 8-1）。

在实施品牌扩展策略时，企业需要确保新产品的质量和定位与原有品牌保持一致，以避免损害品牌形象和市场认知。同时，企业还应深入了解目标市场的需求，制定合适的营销策略，确保新产品的成功推广。

图 8-1 互补品牌联名商品

综上所述，品牌扩展的策略与方法多种多样，企业应根据自身实际情况和市场变化灵活选择，以实现品牌价值的最大化。通过有效的品牌扩展，企业可以不断创新、提升差异化竞争优势，从而在激烈的市场竞争中立于不败之地。

三、市场分析与目标定位

在新产品开发与品牌扩展的征途中，市场分析与目标定位扮演着至关重要的角色。它们不仅是战略规划的基石，更是确保产品成功上市、品牌有效延伸的关键步骤。

市场分析，简而言之，是对当前市场环境、消费者需求、竞争对手态势及行业趋势的全面审视。这一过程要运用多种研究工具和方法，如 SWOT（优势、劣势、机会、威胁）分析、PESTEL（政治、经济、社会、技术、环境、法律因素）分析等，以深入洞察市场动态。通过市场调研，企业能够明确自身在市场中的位置，识别潜在的增长机会与风险，为后续的产品创新和品牌策略制定提供坚实的数据支撑。

目标定位则是基于市场分析的结果，对产品或服务进行精准的市场细分与消费者画像构建，从而确定产品的目标消费群体、市场定位及差异化竞争优势。有效的目标定位要求企业不仅要理解消费者的显性需求，更要挖掘其潜在需求，通过创新满足这些需求，实现与竞争对手的差异化。例如，针对青年消费群体，产品可能更注重个性化设计、科技融合与环保理念；对于成熟市场，则可能侧重于品质提升、服务优化及情感共鸣的构建。

在实施目标定位时，企业还应考虑品牌的核心价值与长期发展战略，确保新产品或品牌扩展能够强化品牌形象，提升品牌忠诚度。这意味着，每一次的市场进入或产品迭代都应是对品牌故事的丰富与深化，而非简单的市场跟风或产品复制。

综上所述，市场分析与目标定位是新产品开发与品牌扩展不可或缺的前置工作。它们不仅帮助企业避免盲目决策，还能确保产品创新与品牌策略能够精准触达目标市场，有效激发消费者的购买欲望与品牌认同感。在这个快速变化的环境中，持续深化市场分析、灵活调整目标定位，将是企业保持竞争力、实现可持续增长的重要法宝。

四、新产品开发流程与管理

新产品开发是企业持续增长和市场竞争力的关键。一个典型的新产品开发流程通常包括多个阶段，每个阶段都承载着不同的任务和目标，旨在确保最终产品能够满足市场需求，并实现企业的战略目标。

课程思政互动 8-1

（一）新产品开发流程

1. 构思与筛选

新产品开发始于创意的产生，这些创意可能来自市场调研、客户需求、内部创新等。企业需要对这些创意进行筛选，确保它们与企业的战略目标、技术能力和市场潜力相匹配。

2. 概念形成与测试

筛选后的创意将被进一步细化为产品概念，包括产品的功能、外观、定价等。通过目标消费者的测试，企业可以评估产品概念的接受度，并据此进行必要的调整。

3. 市场与商业分析

在确定产品概念后，企业需要进行市场分析和商业评估，包括市场规模、竞争态势、预期利润等。这些信息将帮助企业制定营销策略和预算计划。

4. 产品开发

产品开发阶段涉及将产品概念转化为实体产品的过程。这包括设计、原型制作、测试等环节，以确保产品在功能、性能和安全性等方面满足要求。

5. 市场试销

在正式推向市场之前，企业通常会选择在小范围市场内进行试销，以评估产品的市场反应和潜在风险。

6. 商业化

根据试销结果，企业将对产品进行必要的调整，并制订全面的市场推广计划，包括分销渠道、营销策略等，最终将产品推向市场。

（二）新产品开发管理

新产品开发的管理涉及多个方面，包括项目管理、团队管理、风险管理等。企业需要建立有效的沟通机制，确保各部门之间的协同合作。同时，通过设定明确的目标和时间表，企业可以监控开发进度，并及时调整策略以应对潜在风险。

在产品开发过程中，企业还应注重创新管理和知识产权保护。通过引入新技术、新材料或新设计，企业可以打造差异化的产品，从而在市场中脱颖而出。同时，企业应建立完善的知识产权保护体系，以确保其创新成果不被侵犯。

综上所述，新产品开发流程与管理是企业实现创新和差异化竞争的重要手段。通过科学的管理和有效的创新策略，企业可以开发出满足市场需求的产品，从而推动品牌的持续扩展和市场的不断开拓。

第二节　创新与差异化在产品开发中的应用

一、创新理念在产品开发中的重要性

在当今竞争激烈的市场环境中，创新已成为企业生存与发展的核心驱动力。特别是在新产品开发领域，创新理念的重要性不言而喻。它不仅关乎产品的市场竞争力，更直接影响企业的品牌形象和长期发展。

创新理念能够赋予产品独特的竞争优势。在同质化现象日益严重的市场中，传统产品往往难以吸引消费者的眼球。而具备创新元素的产品，则能凭借新颖性、独特性和实用性，在众多竞争者中脱颖而出。这种独特性不仅体现在产品的外观设计和功能配置上，更深入到产品的核心技术和服务模式之中。通过创新，企业能够开发出满足消费者潜在需求的产品，从而抢占先机。

创新理念有助于提升产品的附加值。随着消费者需求的日益多样化和个性化，单一的产品功能已难以满足市场的多元化需求。企业需要在产品开发中融入更多的创新元素，以提升产品的附加值，满足消费者的深层次需求。例如，通过智能化、定制化等创新手段，企业可以为产品增加更多的功能和价值，从而提升消费者的购买意愿和忠诚度。

创新理念还能够促进企业的持续成长。在快速变化的市场环境中，企业只有不断创新，才能跟上时代的步伐，保持领先地位。通过持续的产品创新，企业能够不断推出新产品、新技术和新服务，从而拓宽市场渠道，增加市场份额。同时，创新还能够激发企业的内部活力，提升员工的创造力和工作热情，为企业的长期发展注入源源不断的动力。

创新理念在产品开发中的重要性不容忽视。它不仅是企业提升市场竞争力的关键所在，更是推动企业持续成长和品牌建设的重要支撑。因此，在新产品开发过程中，企业应始终秉持创新理念，勇于尝试新技术、新方法和新思路，不断推出具有市场竞争力和消费者认可的创新产品。只有这样，企业才能在激烈的市场竞争中立于不败之地，实现长期的可持续发展。在未来的产品开发中，创新理念将继续发挥举足轻重的作用，引领企业走向更加辉煌的未来。

世界品牌 500 强 8-1

二、差异化策略的制定与实施

在新产品开发与品牌扩展的征途中，差异化策略是构筑市场壁垒、吸引消费者注意力的关键。这一策略的制定与实施，不仅要求企业深刻理解市场需求，还应精准定位自身产品特色，以独特的价值主张脱颖而出。

1. 市场细分与目标市场选择

企业应通过详尽的市场调研，识别并划分出具有不同需求和偏好的消费者群体。在此基础上，结合企业自身资源与优势，选定一个或几个细分市场作为目标市场。这一过程确保了差异化策略能够有的放矢，精准对接目标消费群体的独特需求。

2. 明确差异化点

差异化可以体现在产品功能、设计、服务、品牌形象等多个维度。企业应深入挖掘并强化那些能够为消费者带来显著附加价值的特点，如技术创新、个性化设计、卓越的用户体验等。同时，保持对这些差异化点的持续创新，以应对市场变化和竞争对手的模仿。

3. 内部协同与外部沟通

在企业内部，企业应构建跨部门协作机制，确保从研发、生产到营销的全链条都能紧密围绕差异化战略展开工作。在企业外部，企业应通过有效的市场传播，将差异化价值清晰地传达给目标消费者，建立品牌认知与忠诚度。这包括利用社交媒体、内容营销、口碑传播等多种渠道，讲述品牌故事，展现产品特色。

4. 持续监测与评估

持续监测与评估差异化策略的效果也是成功实施的关键。企业应建立一套完善的反馈机制，及时收集并分析市场反馈、消费者评价及竞争对手动态，据此调整策略，保持差异化优势的动态优化。

总之，差异化策略的制定与实施是一个系统工程，它要求企业既具备敏锐的市场洞察力，又拥有强大的执行力。通过精准定位、明确差异化点、内外协同及持续监测与评估，企业能够在激烈的市场竞争中脱颖而出，实现新产品的成功开发与品牌的稳健扩展。

三、创新与差异化案例分析

在新产品开发与品牌扩展的过程中，创新与差异化策略扮演着至关重要的角色。下面通过几个经典案例，来深入剖析这一策略在实际应用中的成功之道。

1. 苹果公司

苹果公司是创新与差异化策略的典范。其 iPhone 系列手机不仅以独特的设计和卓越的用户体验脱颖而出，更通过不断的软件更新和功能升级，巩固了其在智能手机市场的领先地位。苹果公司的成功在于，它不仅仅关注产品的技术创新，更通过设计、功能、品牌建设和市场营销，全方位地打造差异化优势。这种全方位的差异化策略，使苹果公司的产品在全球范围内拥有极高的品牌忠诚度和用户黏性。

2. 谷歌公司

谷歌作为搜索引擎的领头羊，其成功的差异化策略主要体现在搜索算法的准确性和速度上。通过不断的技术创新和改进，谷歌能够提供比其他竞争对手更准确、更快速的搜索结果，从而赢得用户的信任和忠诚。此外，谷歌还通过推出谷歌地图、谷歌邮箱等多样化的产品和服务，进一步巩固了其差异化优势。

3. 分众传媒

分众传媒的差异化策略同样值得借鉴。面对传统广告市场的激烈竞争，分众传媒选择了一条独特的道路——专注于电梯广告市场。通过精准的市场定位和差异化的广告形式，分众传媒成功地吸引了大量上班族的关注，实现了广告效果的最大化。这一策略不仅使分众传媒在短时间内快速发展，更在广告市场中树立了自己的独特品牌。

图 8-2 所示企业案例的共同点在于，它们都通过深入的市场调研和洞察消费者需求，找到了差异化的关键维度，并通过技术创新、产品设计和市场营销等手段，成功地实施了差异化策略。这些策略不仅帮助它们在激烈的市场竞争中脱颖而出，更在消费者心中建立了独特的品牌形象和认知度。

在新产品开发与品牌扩展的过程中，企业应当借鉴这些成功案例的经验，通过深入的市场调研和洞察消费者需求，找到适合自己的差异化策略。同时，要注重技术创新和产品设计，不断提升产品的品质和用户体验。只有这样，企业才能在激烈的市场竞争中立于不败之地，实现可持续发展。

图 8-2 苹果公司、谷歌公司、分众传媒

四、风险评估与应对策略

在新产品开发与品牌扩展中，创新与差异化无疑是推动项目前行的核心动力。然而，任何创新与差异化的尝试都伴随着潜在的风险，这些风险若不加以妥善评估和管理，可能会对企业的市场地位、财务状况乃至品牌声誉造成负面影响。下面将重点探讨在新产品开发过程中可能遇到的风险类型及相应的应对策略。

1. 市场风险

市场风险主要源于市场需求的不确定性。新产品可能因不符合消费者预期、不匹配市场趋势变化或竞争对手的快速响应而遭遇失败。应对策略包括：通过深入的市场调研和数据分析，提前洞察消费者需求和市场动态；建立快速响应机制，根据市场反馈及时调整产品策略；多元化产品线，分散市场风险。

2. 技术风险

技术风险包括新技术、新材料或新工艺的应用失败等，可能导致产品性能不达标或成本超支。为降低此类风险，企业应加强与科研机构、高校等外部合作，引入先进技术并进行充分验证；同时，建立内部研发团队的持续学习和创新机制，提升技术储备和应对能力。

3. 财务风险

新产品开发需要大量资金投入，若市场接受度低于预期，将给企业带来财务压力。因此，企业应制订详细的财务预算和成本控制计划，确保资金被有效利用；同时，探索多元化的融资渠道，如风险投资、政府资助等，分散财务风险。

4. 品牌风险

创新与差异化可能改变消费者对品牌的认知，若处理不当，可能损害品牌形象。企业应在新产品开发初期就进行品牌定位和传播的全面规划，确保新产品与品牌形象的一致性；同时，建立危机管理机制，对可能出现的负面舆情进行快速响应和妥善处理。

综上所述，新产品开发与品牌扩展中的创新与差异化实践需要全面的风险评估与应对策略。企业应建立风险预警系统，定期评估各类风险，并根据评估结果调整策略，确保项目稳健推进。通过有效管理风险，企业不仅能更好地把握创新与差异化的机遇，还能在激烈的市场竞争中保持领先地位。

第三节　跨界合作与品牌联盟的策略与实践

一、跨界合作的概念与优势

（一）跨界合作的概念

跨界合作是指两个或多个不同领域、不同行业、不同品类的品牌或机构之间进行的合作。这种合作通过共同推出新的产品、服务、内容或活动，实现资源共享、优势互补、价值叠加。

跨界合作的形式多样，可以是品牌与品牌的合作，如瑞幸与椰树的"椰云拿铁"联名饮品；也可以是品牌与人的合作，如王者荣耀与沈腾合作推出的虎年限定皮肤。这些合作通过精准把握双方的品牌定位、目标用户和服务理念，打造具有创新性的产品或服务，从而吸引消费者的关注。

（二）跨界合作的优势

1. 资源整合与共享

跨界合作可以整合各方资源，包括技术、人力、资金等，实现资源的优化配置和高效利用。这种资源共享有助于降低生产成本，提高生产效率，实现互利共赢。

2. 创新驱动与发展

跨界合作能够汇聚不同领域的专业知识和经验，促进创新和创造力的发展。通过不同思维的碰撞，可以激发出新的创意和想法，为企业带来新的业务模式和产品，推动企业的持续成长。

3. 市场拓展与品牌提升

跨界合作可以帮助企业进入新的市场领域，扩大市场份额。合作伙伴的市场渠道和客户资源可以为企业带来新的商机，提升品牌影响力。同时，通过与知名品牌的合作，可以借势提升自身品牌的知名度和美誉度。

4. 风险分散与应对

通过与其他组织的合作，企业可以分散经营风险，减少对单一市场或行业的依赖性。这种风险分散有助于提高企业的抗风险能力，更好地应对市场变化和竞争挑战。

世界品牌 500 强 8-2

综上所述，跨界合作作为一种创新的市场营销方式，具有显著的优势和潜力。通过跨界合作，企业可以实现资源的整合与共享，促进创新和创造力的发展，拓展市场和提升品牌影响力。同时，分散经营风险，为企业的可持续发展提供有力支持。

二、品牌联盟的构建与管理

品牌联盟是指多个品牌或公司之间通过合作形成的策略性伙伴关系，旨在共同实现营销、市场推广或销售目标。这种联盟可以采取多种形式，具体取决于合作伙伴各自的目标和资源。品牌联盟的构建与管理对于品牌的长期发展和保持市场竞争力至关重要。

构建品牌联盟时，需要首先明确联盟的发展目标和愿景。这不仅仅是简单地组合力量以放大管理效应，而是要确立各品牌间的合作方向、所掌握的技术、市场渠道和资源，以及服务升级和市场推广等具体目标。在选择联盟成员时，应对各品牌进行充分的分析和比较，包括市场占有率、客户口碑、产品质量和服务能力等。

品牌联盟的成功离不开统一的管理机构。这一机构负责联盟的日常管理、运营和推广，确保联盟内部各项工作有序进行。此外，制定统一的标准和规范也是品牌联盟管理的关键，包括品牌形象、产品质量、销售政策等，以确保联盟形象的一致性和品牌口碑的提升。

共享资源是品牌联盟的一大优势。成员可以共享品牌、渠道、客户和信息等资源，实现资源优化和互惠互利。例如，不同行业的品牌可以通过跨界合作打造独特的产品或体验，吸引更多消费者。这种合作不限于产品层面，还可以扩展到市场营销、采购等多个领域，从而实现整体效应的最大化。

在品牌联盟的管理中，建立高效的协作机制至关重要。加强信息共享、强化联盟文化、明确各成员的职责和权利，有助于提升联盟内部的协同效率。同时，创新是品牌联盟持续发展的动力。各品牌应在技术、市场推广、服务等多个领域开展合作，不断扩大合作领域，以适应市场发展的需要。

品牌联盟成员间的权益分配也是管理中的重要环节。合理分配不同贡献成员的收益，确保联盟整体的收益和品牌成员的纵深合作，实现真正的合作共赢。此外，品牌文化的融合也是品牌联盟长期稳定发展的关键。各品牌在加入联盟前都有自己独特的品牌文化，需要在保持原有品牌文化的同时，与联盟品牌管理达成一致。

综上所述，品牌联盟的构建与管理是一个复杂而细致的过程，需要明确的目标、统一的管理机构、高效的协作机制、持续的创新及合理的权益分配。只有这样，品牌联盟才能在激烈的市场竞争中脱颖而出，实现共赢。

三、跨界合作与品牌联盟的案例研究

跨界合作与品牌联盟在新产品开发和品牌扩展中扮演着至关重要的角色。以下是几个具有代表性的案例，展示了不同行业品牌如何通过跨界合作实现创新与差异化。

1. Under Armour × Adidas

Under Armour 与 Adidas 的联名合作堪称跨界合作的典范。Under Armour 以其高科技面料著称，而 Adidas 则在运动鞋设计方面拥有卓越表现。双方联名推出的系列运动鞋、T 恤、外套等，不仅融合了 Under Armour 的高科技面料和 Adidas 的经典设计元素，还巧妙融入了时尚元素，如细节处的金属质感和撞色设计。这一合作不仅提升了两个品牌的影响力，也为消费者带来了全新的穿着体验。

2. 瑞幸×椰树

瑞幸咖啡与椰树集团的合作则展示了同一赛道中不同细分领域品牌的成功结合。瑞幸专注于饮品市场，而椰树则以休闲食品见长。双方合作推出的"椰云拿铁"迅速走红（见图 8-3），瑞幸不仅丰富了产品线，也借助椰树的品牌影响力吸引了更多消费者。这种合作方式不仅满足了消费者对新鲜口感的追求，还通过联名产品提升了品牌知名度。

图 8-3　瑞幸×椰树

3. 麦当劳×上海美术电影制片厂

麦当劳与上海美术电影制片厂的合作则体现了海外品牌与中国本土文化的深度融合。

在新年之际，麦当劳推出了国风水墨大片，结合古典音乐演绎了两款新品"腊味菜菜堡"和"神鲜虾虾堡"（见图 8-4）。这一合作不仅展示了麦当劳对中国传统文化的尊重，还通过本土化产品吸引了更多中国消费者。

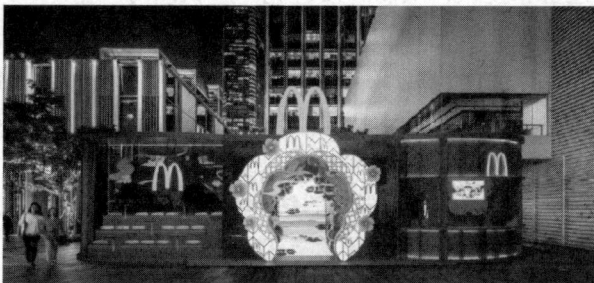

图 8-4　麦当劳×上海美术电影制片厂

4. 耐克×可口可乐

耐克与可口可乐的联名款运动鞋同样值得关注。这两家知名品牌的首次合作推出了包括 Air Force One、Thunderbolt Ⅱ 等多款运动鞋和配件（见图 8-5）。这种合作不仅将两个品牌的影响力进行叠加，还通过联名产品为消费者带来了更多选择。

图 8-5　耐克×可口可乐

这些案例表明，跨界合作与品牌联盟是新产品开发与品牌扩展中不可或缺的策略。通过不同品牌之间的优势互补和资源共享，企业可以创造出更具创新性和差异化的产品，从而满足消费者的多样化需求，提升品牌影响力和市场竞争力。

四、合作与联盟中的法律问题

在跨界合作与品牌联盟的过程中，法律问题至关重要。这些合作本质上是知识产权许可的法律关系，涉及商标权、著作权、专利权等多种知识产权的授权和使用。因此，确保知识产权的合规性成为合作双方的首要任务。

首先，合作双方必须谨慎使用著作权和商标权。影视 IP 与品牌的联名合作中，著作权的归属往往涉及多方，这就要求联名方在使用相关元素前，确保已获得所有必要的授权。同时，商标的合理使用也是重中之重。品牌在开展联名活动时，必须确认商标是否已注册并受到保护，否则可能会面临侵权风险。例如，瑞幸咖啡在与《猫和老鼠》的联名活动中，就确保了相关商标的注册和授权，从而有效避免了版权纠纷。

其次，合作双方需遵循相关法律法规，如《中华人民共和国广告法》和《中华人民共和国反不正当竞争法》。联名活动的宣传内容必须符合法律要求，不得利用虚假宣传或不正当手段误导消费者。曾有品牌因利用未成年人的形象进行宣传而遭到处罚，这提醒所有品牌在进行跨界合作时，必须确保宣传内容的合法性和合规性。

再次，品牌联名还应注意行业特殊性的法律要求。例如，在食品、化妆品、烟酒产品、保健品等行业，品牌联名不仅需要商标授权，还应具备相应的生产许可和销售许可。如果品牌联名生产食品，生产企业需要取得生产许可；如果是化妆品品牌联名，上市销售前需要向备案人所在地省、自治区、直辖市人民政府药品监督管理部门备案。这些行业的特殊要求使品牌联名在实际操作中更加复杂，需要合作双方充分了解并遵守相关法律法规。

最后，合作双方在进行跨界合作时，还应注意避免损害商业信誉和违背公序良俗。联名商品承载着企业的整体商誉，任一品牌出现商业丑闻或经营困境，都可能给联名企业带来不良影响。同时，品牌联名应避免滥用，以免弱化自身商标和产品的关联，从而冲淡自身品牌的显著性。此外，恶意营销和违背公序良俗的行为也会给品牌带来负面评价，损害品牌形象。

综上所述，跨界合作与品牌联盟中的法律问题不容忽视。合作双方必须确保知识产权的合规性，遵循相关法律法规，注意行业特殊性的法律要求，并避免损害商业信誉和违背公序良俗。

课程思政互动 8-2

第四节 新产品开发与品牌扩展的市场推广

一、市场推广策略的制定

在新产品开发与品牌扩展中，市场推广策略的制定是确保产品成功上市、品牌影响力持续扩大的关键环节。一个精准且富有创意的市场推广策略不仅能够快速吸引目标消费者的注意力，还能有效传达产品的核心价值与差异化优势，为品牌的长远发展奠定坚实基础。

制定市场推广策略时，首先需要进行深入的市场调研，明确目标市场的细分、消费者需求、竞争对手动态及行业趋势。通过数据分析，识别出目标消费者的偏好、购买行为及潜在痛点，为策略制定提供数据支撑。同时，评估新产品的独特卖点，确保市场推广信息能够精准触达消费者需求，实现差异化竞争。

然后，确定市场推广的核心信息与主题。这要求将新产品的创新点、品牌理念与消费者需求紧密结合，提炼出具有吸引力的传播口号和视觉形象，以建立深刻的品牌记忆点。在此过程中，创新是不可或缺的元素，无论是通过新颖的广告创意、互动式的数字营销，还是利用社交媒体平台进行话题营销，都能有效提升品牌的辨识度和参与度。

跨界合作与品牌联盟也是市场推广策略中的重要一环。通过与不同领域的知名品牌或有影响力的人物合作，可以实现资源共享、优势互补，拓宽市场边界，吸引更广泛的消费群体。这种合作不仅能提升品牌的知名度和信任度，还能激发新的创意火花，为产品赋予更多元的文化内涵和情感体验。

最后，制订多渠道、多层次的推广计划，结合线上线下资源，实现全方位覆盖。线上利用搜索引擎优化、社交媒体营销、内容营销等手段，提高品牌在线上的活跃度和互动性；线下则通过体验店、促销活动、行业展会等方式，增强消费者的直观感受。同时，建立灵活的反馈机制，及时调整推广策略，确保市场推广活动的有效性和高效性。

综上所述，如表 8-1 所示，市场推广策略的制定要紧密结合产品特性、市场需求及品牌愿景，以创新为驱动，通过跨界合作与多渠道布局，精准触达目标消费者，为新产品开发与品牌扩展的成功奠定坚实基础。

表 8-1 市场推广策略

进行深入的市场调研，明确目标市场的细分、消费者需求、竞争对手动态及行业趋势	通过数据分析，识别出目标消费者的偏好、购买行为及潜在痛点，为策略制定提供数据支撑
	评估新产品的独特卖点，确保市场推广信息能够精准触达消费者需求，实现差异化竞争
确定市场推广的核心信息与主题	创新是不可或缺的元素
跨界合作与品牌联盟	与不同领域的知名品牌或有影响力的人物合作，可以实现资源共享、优势互补，拓宽市场边界，吸引更广泛的消费群体
制订多渠道、多层次的推广计划	线上利用搜索引擎优化、社交媒体营销、内容营销等手段，提高品牌在线上的活跃度和互动性
	线下则通过体验店、促销活动、行业展会等方式，增强消费者的直观感受
	建立灵活的反馈机制，及时调整推广策略，确保市场推广活动的有效性和高效性

二、新产品营销策略

在新产品开发与品牌扩展的过程中，制定并执行有效的营销策略是确保产品成功上市和市场拓展的关键。以下是一些核心的新产品营销策略，旨在帮助企业在竞争激烈的市场竞争中脱颖而出。

第一，明确产品的定位是新产品营销策略的核心。通过深入的市场调研，了解目标市场的规模、消费者的需求和偏好，以及竞争对手的产品特点和市场份额，企业可以精准地确定新产品的市场定位。例如，一款新的智能手机可以定位为高端、多功能且注重用户体验的产品，以区别于市场上的其他竞品。

第二，品牌建设是新产品营销策略中不可忽视的一环。一个独特且有吸引力的品牌形象能够增强消费者对产品的认知和情感联系。企业可以通过精心设计的品牌名称、标志、包装和宣传口号来塑造品牌形象，并通过广告、公关、社交媒体等渠道进行广泛传播，提高品牌的知名度和美誉度。

第三，在定价策略上，企业需要根据产品的成本、市场需求、竞争对手的价格及消费者的心理预期来制定合适的价格。例如，对于高端智能手机，可以采取高价策略以体现其高品质和独特性；而对于更注重性价比的产品，则可以采取中等价位策略以吸引更广泛的消费者群体。

第四，选择合适的销售渠道也是新产品营销策略的重要组成部分。企业可以根据产品的特点和目标消费者的购买习惯，选择线上或线下渠道进行销售。对于青年消费者和注重便捷性的产品，可以重点发展线上渠道；对于需要消费者亲身体验的产品，线下渠道可能更为合适。

第五，促销活动也是吸引消费者购买新产品的有效手段。企业可以通过打折、赠品、满减、抽奖等形式进行促销，如图 8-6 所示，以激发消费者的购买欲望。然而，促销活动要适度，避免过度依赖价格优惠而影响产品的品牌形象和长期盈利能力。

图 8-6　打折、满减、抽奖图

第六，企业还应注重与消费者的互动和口碑营销。通过邀请消费者进行试用、评价，收集反馈意见，改进产品和服务，提高消费者的满意度和忠诚度。同时，鼓励消费者在社交媒体上分享使用产品的体验和感受，以扩大品牌的传播范围和影响力。

综上所述，新产品营销策略的制定和执行需要综合考虑产品定位、品牌建设、定价策略、销售渠道、促销活动和口碑营销等多个方面，以确保新产品在市场中取得成功。

三、品牌扩展的市场宣传手段

在新产品开发与品牌扩展的过程中，市场宣传是连接产品与消费者的重要桥梁，它不仅能够提升新产品的市场认知度，还能有效强化品牌形象，促进品牌价值的提升。以下是几种关键的品牌扩展的市场宣传手段。

1. 社交媒体营销

利用微博、微信、抖音等社交平台，通过精准投放广告、与 KOL 合作、话题挑战赛等形式，迅速扩大品牌扩展的影响力。社交媒体以其互动性强、传播速度快的特点，能够迅速吸引目标消费群体的关注，增强品牌与消费者之间的情感连接。

2. 内容营销

通过高质量的内容创作，如品牌故事、产品使用教程、行业趋势分析等，提升品牌的专业形象，同时植入新产品信息，引导消费者产生兴趣并转化为购买行为。内容营销的关键在于创造有价值、有吸引力的内容，让消费者在享受内容的同时，自然接受品牌扩展的信息。

3. 线上线下联动

结合线上电商平台与线下实体店，开展联合促销活动，如新品发布会、限时折扣、会员专享等，形成全方位的宣传攻势。线上线下联动不仅能扩大宣传覆盖面，还能为消费者提供多样化的购物体验，提高品牌的综合竞争力。

4. 事件营销

借助热点事件或自创品牌活动，如公益项目、文化节、主题展览等，将品牌扩展与特定情境相结合，提升品牌的社会责任感和文化内涵，从而加深消费者的品牌记忆。

5. 口碑营销

鼓励已购买新产品的消费者分享使用体验，利用好评、晒单、推荐等方式，形成良好的口碑效应。口碑是品牌扩展中最具说服力的宣传方式之一，它基于消费者的真实反馈，能够更有效地激发潜在客户的购买欲望。

世界品牌 500 强 8-3

综上所述，品牌扩展的市场宣传手段应多元化、创新化，既要充分利用现有资源，又要敢于尝试新兴渠道，以确保宣传效果的最大化。通过精准定位、创意策划和高效执行，品牌不仅能顺利进入市场，还能在激烈的竞争中脱颖而出，实现品牌价值的持续增值。

四、客户关系管理与市场拓展

在新产品开发与品牌扩展的市场推广策略中，CRM 与市场拓展是两个至关重要的环节。它们不仅关乎产品能否顺利进入市场，还直接影响品牌的长期发展和市场份额的扩张。

客户关系管理是新产品成功推广的关键。通过深入了解目标客户的需求、偏好和购买行为，企业能够精准定位市场，制定有效的营销策略。在 CRM 系统中，企业可以收集并分析客户数据，建立客户画像，从而提供更加个性化的服务和产品推荐。这种精准营销不仅能够提升客户满意度，还能增强客户黏性，促进口碑传播。同时，良好的客户关系管理还包括及时响应客户反馈，处理客户投诉，这有助于企业不断改进产品和服务，形成良性循环。

市场拓展则要求企业在巩固现有市场的基础上，积极寻找新的增长点。这包括地域上的扩张、新市场的开发及细分市场的深耕。在新产品开发与品牌扩展的背景下，市场拓展往往伴随着一定的风险和挑战。因此，企业需要进行充分的市场调研，评估潜在市场的规模和竞争态势，制订切实可行的市场拓展计划。

在实施市场拓展策略时，企业可以借助多种手段，如线上线下的营销活动、合作伙伴关系的建立及社交媒体的运用等。特别是随着数字化时代的到来，互联网和社交媒体已成为市场拓展的重要渠道。通过精准的数字营销和社交媒体推广，企业能够快速触达目标受众，提升品牌知名度和产品曝光率。

值得注意的是，客户关系管理与市场拓展并非孤立存在，而是相互促进、相辅相成的。良好的客户关系管理能够为企业积累宝贵的客户资源和市场认知，为市场拓展提供有力支持；而市场拓展的成功则能够进一步巩固和扩大客户基础，提升企业的市场竞争力。

综上所述，在新产品开发与品牌扩展的市场推广过程中，企业应高度重视客户关系管理与市场拓展这两个核心环节，通过精准营销、市场调研和多种市场拓展手段的综合运用，实现产品与品牌的双重飞跃。

第五节　新产品开发与品牌扩展的绩效评估

一、绩效评估指标体系的构建

在新产品开发与品牌扩展的过程中，构建科学、全面的绩效评估指标体系至关重要。这一体系旨在衡量创新成果、品牌影响力和市场反馈，为企业的战略决策提供数据支持。

（一）新产品开发绩效评估指标

1. 开发周期

实际开发周期与计划周期进行对比，反映项目的时间管理效率。

2. 技术评审合格率

确保产品设计和开发质量达到预期标准，反映技术团队的专业能力。

3. 项目计划完成率

评估项目进度管理和执行力，确保项目按时完成。

4. 设计的可生产性

衡量产品设计是否易于生产，减少生产过程中的浪费和延误。

5. 产品交付效率

考量产品从开发到测试、上市的整体协作效率。

（二）品牌扩展绩效评估指标

1. 品牌知名度

通过市场调研和调查问卷衡量品牌在目标受众中的认知度。

2. 品牌形象

评估品牌在消费者心目中的形象和声誉，包括品牌的个性、价值观等方面。

3. 品牌忠诚度

了解消费者对品牌的忠诚程度和购买意愿，包括重复购买率、推荐意愿等指标。

4. 品牌关联度

评估品牌与目标受众之间的关联程度，包括品牌与目标市场的契合度和接受度。

5. 品牌市场份额

衡量品牌在市场上的份额和竞争地位，反映品牌的市场渗透力。

（三）综合评估与调整

在构建绩效评估指标体系时，还应考虑创新投入与产出、风险控制、合作与交流等维度，以全面反映新产品开发与品牌扩展的综合绩效。同时，应定期收集并分析各项指标的数据，及时发现问题，提出改进措施。通过激励机制激发员工的创新热情，保持团队对创新的追求。

此外，随着市场环境的变化和消费者需求的升级，绩效评估指标体系也应随之调整和优化。企业应保持敏锐的市场洞察力，不断引入新的评估指标和方法，以确保绩效评估体系的科学性和有效性。

综上所述，构建新产品开发与品牌扩展的绩效评估指标体系是一个系统工程，需要企业从多个维度出发，综合考虑各种因素，以实现创新与差异化的战略目标。

二、绩效评估的方法与实施

在新产品开发与品牌扩展的过程中，绩效评估是确保战略有效性的关键环节。它不仅能够帮助企业识别项目的成功要素，还能为后续决策提供数据支持。以下是几种常用的绩效评估方法及具体实施步骤。

（一）定量评估法

定量评估主要通过财务数据、市场份额等硬性指标来衡量新产品的市场表现和品牌扩展的效果，包括但不限于以下三种方式。

1. 销售数据分析

对比新产品上市前后的销售额、市场占有率等指标，评估市场接受度。

2. 成本效益分析

计算新产品的研发投入与预期回报，评估投资回报率（ROI）。

3. 客户满意度调查

通过问卷调查、在线评价等方式收集客户反馈，量化满意度得分。

实施时，应确保数据来源的准确性和时效性，定期分析并调整评估指标，以适应市场变化。

（二）定性评估法

定性评估则侧重于品牌影响力、客户忠诚度等软性指标的考量。

1. 品牌知名度评估

通过品牌提及率等指标，评估品牌扩展对提升品牌知名度的作用。

2. 客户忠诚度分析

通过复购率、口碑传播等，评估新产品或品牌扩展对客户忠诚度的正面影响。

3. 内部团队反馈

收集研发团队、市场部门等内部团队的反馈，评估项目执行过程中的创新与协作效率。

实施时，应设计科学合理的问卷和访谈大纲，确保信息收集的全面性和深入性，同时注重保护受访者的隐私。

（三）综合评估体系

理想的绩效评估应综合定量与定性方法，构建一套全面的评估体系。企业可根据自身发展阶段和市场环境，设定权重，将各项评估结果综合考量，形成最终的绩效评估报告。

在实施过程中，还应注意评估周期的合理性，既要避免过于频繁导致资源浪费，也要防止周期过长而错过调整时机；同时，建立反馈机制，确保评估结果能够及时指导新产品开发与品牌扩展策略的优化。

通过上述方法的综合运用，企业可以更加科学、全面地评估新产品开发与品牌扩展的成效，为未来的市场战略制定提供有力支持。

三、绩效改进策略

在新产品开发与品牌扩展的绩效评估过程中，识别绩效短板并制定相应的改进策略是提升整体效能的关键。以下策略旨在帮助企业系统性地优化新产品开发与品牌扩展的绩效表现。

1. 强化市场洞察与反馈机制

绩效改进的首要步骤是深化对市场趋势、消费者需求及竞争对手动态的理解。企业应建立更为灵敏的市场反馈系统，包括定期收集并分析消费者反馈、利用大数据技术进行市场预测等。通过这些信息，企业可以及时调整产品开发方向和品牌策略，确保新产品与市场需求紧密贴合，同时优化品牌传播内容，提高市场响应速度。

2. 优化内部流程与资源配置

高效的内部流程和合理的资源配置是提升新产品开发速度与品牌扩展质量的基础。企业应审视并优化从创意产生到产品上市的全过程，识别并消除瓶颈环节。同时，通过跨部门协作和项目管理工具，确保资源（如资金、人才、技术）在关键环节得到最优配置。此外，建立灵活的研发体系，鼓励"小步快跑"、快速迭代，有助于加速产品上市进程并降低风险。

3. 加强创新与差异化能力

在竞争激烈的市场环境中，持续的创新与差异化是保持品牌竞争力的核心。企业应加大研发投入，鼓励内部创新文化；同时，积极寻求外部合作，如与科研机构、创新企业合作，引入新技术、新材料或新设计理念。在品牌扩展方面，通过精准定位与差异化策略，打造具有独特卖点的产品线，避免同质化竞争，增强品牌辨识度。

四、实施精准营销与品牌塑造

绩效改进还应关注营销与传播的有效性。利用数字营销工具进行精准定位，结合内容营销、社交媒体营销等手段，提高品牌曝光度和用户参与度。同时，通过故事讲述、价值观传递等方式深化品牌形象，建立情感连接，提升品牌忠诚度。

综上所述，绩效改进策略应围绕市场洞察、内部流程、创新差异化及精准营销等多个维度展开，形成闭环管理，不断迭代优化，以持续提升新产品开发与品牌扩展的绩效水平。

五、案例分析：成功的绩效评估与改进实践

某知名科技公司近年来致力于新产品开发与品牌扩展，通过创新与差异化战略，成功推出了一系列备受市场欢迎的新产品，并与多个知名品牌进行了跨界合作与品牌联盟。为了评估这些努力的效果，公司进行了一次全面的绩效评估，并在此基础上提出了改进实践。

（一）绩效评估

1. 市场表现

新产品在上市后的短时间内迅速抢占了市场份额，销售额和销售增长率均远超预期目标。通过精准的市场定位和差异化的产品功能，新产品成功吸引了大量目标消费者。

2. 用户反馈

通过用户调查问卷和在线评论收集的数据，用户对新产品给予了高度评价。产品的易用性、创新功能和卓越品质成为用户满意度的关键驱动因素。

3. 财务效益

新产品的推出显著提升了公司的财务表现。销售额的大幅增长带来了可观的利润，成本效益也达到了预期目标。

4. 品牌影响力

跨界合作与品牌联盟不仅扩大了公司的品牌知名度，还提升了品牌形象和行业影响力。与知名品牌的合作使公司的品牌价值和市场地位得到了显著提升。

（二）改进实践

1. 持续创新

基于绩效评估结果，公司决定加大研发投入，继续推动产品创新。通过引入新技术和优化现有功能，公司将持续提升产品的竞争力。

2. 优化用户体验

针对用户反馈中提到的部分细节问题，公司将进行产品设计的改进，以提升用户体验。同时，公司将加强与用户之间的互动，建立更紧密的客户关系。

3. 深化跨界合作

在跨界合作方面，公司将进一步拓展合作伙伴的范围，选择更多与品牌定位相契合的知名品牌进行合作。通过资源共享和优势互补，公司将实现品牌影响力的进一步提升。

4. 加强市场推广

基于市场表现的数据分析，公司将优化市场推广策略，加大线上线下的宣传力度。通过精准的广告投放和社交媒体营销，公司将提高品牌的曝光度和市场渗透率。

通过本次绩效评估与改进实践，该公司不仅巩固了在新产品开发方面的成果，还进一步提升了品牌的市场地位和影响力。未来，该公司将继续坚持创新与差异化战略，深化跨界合作与品牌联盟，为实现品牌的长远发展目标而不懈努力。

简答题

1. 简述新产品开发的意义与价值。
2. 在实施品牌扩展策略时，企业应注意哪些关键要素？
3. 描述跨界合作与品牌联盟在新产品开发与品牌扩展中的作用。
4. 在市场分析与目标定位中，需要进行哪些分析？
5. 创新与差异化在产品开发中的应用包括哪些方面？

案例分析

即测即练

自学自测

扫描此码

第九章

全球品牌管理

1. 深刻理解全球品牌管理的含义与重要性，识别全球化进程中面临的挑战。
2. 掌握文化适应的理论框架，学习本土化策略的制定与实施。
3. 明晰品牌一致性与多样性在全球市场中的地位，理解二者间的相互作用。
4. 探索可持续发展与品牌责任的融合路径，把握新兴市场的机遇与挑战。

第一节　全球品牌管理概述

一、全球品牌管理的定义与重要性

在全球经济一体化的浪潮中，品牌已成为企业最宝贵的无形资产之一，它不仅承载着企业的价值观、产品质量和服务承诺，更是连接消费者情感与信任的桥梁。全球品牌管理作为市场营销领域的一个重要分支，旨在通过跨国界的策略规划与执行，确保品牌在全球范围内保持一致的核心价值与形象，同时灵活适应不同地域的文化差异，实现品牌的全球化与本土化双重目标。

（一）全球品牌管理的定义

全球品牌管理，简而言之，是指在全球范围内对品牌进行统一规划、传播、维护与发展的管理过程。这一过程包括品牌定位的确立、品牌形象的设计、品牌信息的传递、品牌体验的塑造，以及品牌资产的评估与维护等多个环节。它要求企业具备全球化的视野，能够从全球市场的角度出发，制定长远的品牌战略；同时，也要有高度的敏感性，能够根据不同国家和地区的市场特点、消费者偏好及文化习俗，进行必要的调整与优化，以实现品牌价值的最大化。

（二）全球品牌管理的重要性分析

1. 提升品牌识别度与忠诚度

全球品牌管理通过统一的品牌形象和信息传递，在全球范围内建立强大的品牌识别度，使消费者无论身处何地都能立即联想到品牌及其核心价值。这种一致性的体验能够加深消费者对品牌的记忆，进而提升品牌忠诚度。

2. 促进市场扩张与渗透

全球化战略使企业能够跨越地理界限，快速进入新市场，利用已建立的品牌声誉和影响力，降低市场进入壁垒。同时，通过本土化策略，企业能更好地满足当地消费者的需求，加速品牌在新市场的渗透。

3. 优化资源配置与成本控制

全球品牌管理通过集中化的品牌管理架构，可以实现规模效应，优化全球范围内的资源配置，如广告投放、产品研发、供应链管理等，从而降低单位成本，提高整体运营效率。

4. 应对全球化挑战

面对日益激烈的国际竞争、快速变化的市场环境及文化多样性的挑战，全球品牌管理提供了一套系统的应对机制，帮助企业灵活调整策略，保持品牌竞争力，有效抵御外部风险。

5. 促进文化交流与理解

在全球化进程中，品牌不仅是商品的标志，也是文化传播的载体。全球品牌管理通过尊重并融入当地文化，促进了不同文化间的交流与理解，有助于构建更加和谐、包容的全球商业环境。

综上所述，全球品牌管理不仅是企业国际化发展的必经之路，也是提升品牌全球影响力、增强市场竞争力、实现可持续发展的关键所在。在全球化的大背景下，掌握并有效运用全球品牌管理的策略与方法，对于任何寻求全球扩张的企业而言，都至关重要。

二、全球化背景下的品牌管理挑战

在全球化浪潮的席卷之下，品牌管理面临前所未有的挑战。随着信息技术的飞速发展和跨国贸易的日益频繁，全球市场日益融为一体，为品牌提供了前所未有的扩张机遇，但同时也带来了诸多需要克服的难题。以下将深入探讨全球化背景下品牌管理所面临的几大核心挑战。

1. 文化差异的挑战

全球化意味着品牌需要跨越不同的文化边界，与来自世界各地的消费者建立联系。然而，文化差异构成了品牌传播和接受度的首要障碍。不同文化背景下的价值观、信仰、习俗和偏好差异巨大，这要求品牌在进行市场定位和营销策略制定时，必须深入研究目标市场的文化特征，确保信息传递的准确性和恰当性。文化误解或不当的营销策略可能导致品牌形象受损，甚至引发公关危机。

2. 法律与政策差异的挑战

各国在知识产权保护、广告法规、消费者保护等方面的法律与政策存在差异，这对全球品牌的统一管理构成了挑战。品牌在全球范围内推广时，必须严格遵守每个国家的法律法规，避免法律纠纷。同时，不同国家的税收政策、进出口限制等也会影响品牌的成本结构和市场准入策略，要求品牌具备高度的法律敏感性和灵活应对能力。

3. 竞争加剧的挑战

全球化加剧了品牌间的竞争，特别是对于那些在多个市场同时运营的品牌而言。新兴市场的本土品牌凭借对当地市场的深刻理解，往往能以更快的速度响应市场变化，给国际品牌带来压力。此外，数字平台的兴起使小众品牌也能在全球范围内迅速获得关注，进一步分散了消费者的注意力，增加了品牌脱颖而出的难度。

4. 品牌一致性与本土化的平衡挑战

全球化要求品牌保持一定的全球一致性，以建立统一的品牌形象和认知，但过于标准化的策略往往难以适应各地市场的独特性。如何在保持品牌核心价值一致性的同时，灵活调整以适应不同市场的本地化需求，成为品牌管理的一大挑战。这要求品牌在全球化与本土化之间找到微妙的平衡点，既保持品牌的全球影响力，又提升其在特定市场的吸引力和竞争力。

5. 技术与数字转型的挑战

随着人工智能、大数据、社交媒体等技术的快速发展，品牌管理正经历着深刻的数字化转型。如何在海量数据中挖掘消费者需求，利用技术优化用户体验，确保数据安全和个人隐私保护，是全球化品牌必须面对的技术挑战。此外，数字平台的快速迭代也要求品牌不断创新营销手段，保持与消费者的紧密互动。

综上所述，全球化背景下的品牌管理面临着多维度的挑战，需要品牌在策略制定、执行调整、技术创新等方面持续努力，以实现全球市场的有效拓展和品牌的长期繁荣。

三、文化差异对品牌管理的影响

在全球品牌管理的进程中，文化差异是一个不可忽视的重要因素。随着经济全球化的发展，品牌全球化已成为企业拓展国际市场、提高市场竞争力的关键策略之一。然而，不同国家和文化背景下的消费者拥有各自独特的价值观、消费习惯、审美偏好及社会规范，这为全球品牌管理带来了严峻的挑战。

文化差异首先体现在品牌命名上。品牌名称是企业与消费者之间建立初步联系的重要桥梁，而一个好的品牌名称不仅要易于记住和读出，更要能够传递出企业的品牌理念和核心价值。然而，不同文化对名称的理解和接受程度存在显著差异。因此，品牌在进入新市场时，必须兼顾当地消费者的文化习惯和审美心理，进行精准的品牌命名。例如，某些品牌名称在某些语言中可能具有负面含义，或者发音困难，这些都可能成为品牌全球化的障碍。

品牌包装也是文化差异影响的重要方面。包装作为产品的"外衣"，不仅具有保护产品的功能，更是品牌与消费者进行视觉和情感交流的重要载体。然而，不同文化对包装的设计、颜色、图案等元素有着不同的喜好。例如，红色在中国文化中象征着喜庆和吉祥，但在某些西方文化中则可能被视为危险或警告的标志。因此，在进行品牌包装设计时，企业需要深入了解目标市场的文化背景，确保包装与当地文化相契合，从而增强品牌的吸引力和认同感。

此外，文化差异还体现在品牌传播和促销活动中。不同文化背景下的消费者有着不同的媒体使用习惯、信息接收方式和审美偏好。因此，企业在实施品牌全球化战略时，必须了解、掌握和合理利用目标市场国的文化传统、商业习惯、喜好和禁忌，使促销活动达到最理想的效果。例如，在某些国家，直接而坦率的广告宣传方式可能更受欢迎，而在另一些国家，则可能更倾向于含蓄和隐喻的表达方式。

为了应对文化差异对品牌管理的影响，企业需要采取一系列文化适应与本土化策略。首先，进行充分的文化调研，了解目标市场的文化特点和消费习惯，为品牌管理和营销策略做好准备。其次，根据当地文化的需求和偏好，进行品牌定位的调整和优化，确保品牌形象与当地文化相契合。同时，采用本地化的品牌传播策略，包括使用当地语言、符号和广告渠道，以提升品牌在当地市场的认可度和影响力。最后，建立跨文化团队，加强不同文化背景员工之间的沟通和协作，共同应对文化差异带来的挑战。

世界品牌 500 强 9-1

总之，文化差异对品牌管理的影响是多方面的，企业需要采取灵活多样的策略来应对这些挑战。通过深入了解目标市场的文化背景，进行精准的品牌命名、包装设计和传播活动，企业可以在全球市场中建立起独特的品牌形象，实现品牌的全球化和本土化相结合，从而赢得更广泛的消费者和更大的市场份额。

四、全球品牌管理的关键成功因素

在全球经济一体化的浪潮中，全球品牌管理不仅关乎企业跨国界的市场拓展，更是文化、策略与执行力的综合体现。成功的全球品牌管理不仅要求企业在全球范围内建立统一的品牌形象和价值主张，还要灵活适应各地市场的文化特性和消费者需求。以下是实现这一目标的关键因素。

1. 深刻的文化理解与尊重

文化适应性是全球品牌管理的基石。企业应深入理解目标市场的文化习俗、宗教信仰、价值观及消费习惯，避免文化冲突，确保品牌信息与当地文化相契合。这要求企业在品牌传播中融入当地元素，如语言翻译的准确性、广告创意的文化敏感性等，从而建立品牌与当地消费者的情感连接。

2. 灵活的本土化策略

本土化策略是品牌全球一致性与地方特色之间的桥梁。它要求企业在保持品牌核心价值不变的基础上，根据当地市场特点调整产品特性、营销策略和服务模式。例如，食品品牌可能需要根据不同地区的口味偏好调整配方，而零售品牌则应根据当地消费者的购物习惯调整店铺布局。通过精准的市场细分和定制化的营销策略，企业能够有效提升消费者对品牌的接受度和忠诚度。

3. 强大的品牌故事与一致性传播

一个清晰、有吸引力的品牌故事是连接品牌与全球消费者的纽带。企业应构建跨文化的品牌叙事，强调品牌的使命、愿景和独特价值，并确保这一故事在全球各地的传播中保持一致性。利用数字化营销工具，如社交媒体、在线视频等，可以跨越地理界限，高效传递品牌信息，增强全球消费者的品牌认知与认同感。

4. 创新与持续学习

在全球品牌管理中，持续的创新是保持品牌活力和竞争力的关键。这包括产品创新、服务创新以及营销方式的创新。同时，建立有效的市场反馈机制，不断总结各地市场的成功经验与失败教训，对于优化品牌策略、快速响应市场变化至关重要。企业应鼓励跨文化的知识交流与团队合作，促进创新思维的碰撞与融合。

5. 高效的全球供应链管理

一个高效、灵活的全球供应链体系是支撑全球品牌运营的基础。它要求企业具备快速响应市场需求变化的能力，确保产品质量的同时，优化成本结构，提高运营效率。特别是在面对贸易壁垒等不确定因素时，强大的供应链韧性能够确保品牌在全球范围内的稳定运营和持续发展。

综上所述，全球品牌管理的成功离不开深刻的文化理解、灵活的本土化策略、一致的品牌传播、持续的创新与学习，以及高效的全球供应链管理。这些因素相互作用，共同构成了企业在全球化进程中稳健前行的基石。

第二节　文化适应与本土化策略的实施

一、文化适应理论框架

在全球品牌管理中，文化适应与本土化策略是企业在国际市场中取得成功的重要基石。文化适应理论框架为企业提供了一个系统性的方法，以理解和适应不同文化背景下的市场需求，从而实现品牌的有效推广和市场份额的提升。

（一）文化差异的深入理解

文化是一个广泛而复杂的概念，涵盖人们的价值观、信仰、习俗、语言、审美等多个方面。当品牌进入新市场时，这些文化因素会对其产生显著影响。因此，企业需要先进行深入的市场调研，了解目标市场的文化特点、消费者的需求和偏好，以及竞争对手的策略。这可以通过问卷调查、访谈、观察等多种方法来实现。通过这一过程，企业能够发现潜在的市场机会和挑战，为制定针对性的文化适应策略奠定基础。

（二）文化适应性管理的必要性

文化适应性管理是指企业在品牌国际化过程中，为了适应目标市场的文化背景而进行的针对性管理措施。这一环节包括对目标市场文化背景的全面了解和深入分析，以及在此基础上制定的相应管理策略。通过文化适应性管理，企业能够更好地理解当地消费者的价值观、信仰和习俗，从而调整品牌传播方式、产品设计和营销策略，以符合当地市场的需求。

（三）本土化策略的实施

本土化策略是文化适应理论框架中的核心部分。它要求企业根据当地市场需求和文化特点，对产品和服务进行调整和优化。本土化策略的实施包括多个方面。

1. 语言和文化符号的适应

品牌名称、广告语和产品说明都需要经过翻译和本地化处理，以确保准确传达品牌的理念和信息。例如，可口可乐在进入中国市场时，品牌名称经过重新翻译，才迅速打开了市场。

2. 产品和服务的调整

企业需要根据当地消费者的需求和偏好，对产品进行改进和优化。比如，麦当劳在不同的国家和地区会推出具有当地特色的菜品，以满足消费者的口味需求。

3. 营销策略的本地化

广告的创意、代言人的选择、媒体的运用要考虑到当地的文化背景。在宗教氛围浓厚的国家，广告内容需要避免与当地民众的宗教信仰产生冲突；在社交媒体发达的地区，品牌需要更加注重线上传播和互动。

（四）跨文化团队的建立

建立跨文化的团队对于品牌的全球化发展也至关重要。团队成员具有不同的文化背景，能够为品牌提供多元化的视角和创意，帮助品牌更好地适应不同的文化。同时，跨文化团队还能够促进内部的沟通和协作，提高工作效率。

（五）灵活性与开放性的保持

文化是不断变化和发展的，品牌需要及时跟上文化的变迁，调整自己的策略。同时，品牌也应该积极参与当地的文化活动和社会事务，树立良好的企业形象，增强与当地消费者的情感联系。

综上所述，文化适应理论框架为全球品牌管理提供了系统性的指导，帮助企业深入理解和适应不同文化背景下的市场需求，从而实现品牌的有效推广和市场份额的提升。

课程思政互动 9-1

二、本土化策略的制定过程

在全球品牌管理的广阔舞台上，文化适应与本土化策略是确保品牌在不同国家和地区市场成功落地的关键。本土化策略的制定是一个复杂而精细的过程，它要求企业深刻理解目标市场的文化特性、消费者偏好、法律法规及竞争格局，从而制定出既适应全球化发展的核心价值，又能有效触达并吸引当地消费者的市场策略。以下将详细阐述本土化策略的制定过程。

1. 市场研究与洞察

本土化策略的制定始于深入的市场研究。这包括定性与定量两种研究方法。定性研究通过访谈、观察等方式，捕捉消费者对品牌的情感连接、生活方式及价值观，理解其深层次需求。定量研究则利用问卷调查、数据分析等手段，量化市场规模、增长潜力及消费者行为模式。此外，还应关注当地的文化习俗、法律法规、社会趋势等外部环境因素，确保策略合法合规且顺应时代潮流。

2. 品牌核心价值与本土文化的融合

在充分理解市场的基础上，应明确品牌核心价值的全球一致性，并探索如何将其与当地文化巧妙融合。这一过程要求品牌具备高度的文化敏感性和创造力，既要保持品牌的全球识别度，又要赋予其本土化的文化内涵，使品牌故事更加贴近当地消费者的审美。例如，通过调整品牌传播的语言风格、视觉元素或故事叙述，使之更加符合当地的文化审美和价值取向。

3. 产品与服务创新

本土化策略的核心在于产品与服务的创新，以满足特定市场的需求。这可能涉及产品设计的调整、风格的本地化、服务流程的优化等。品牌应与当地供应商、设计师及消费者紧密合作，共同开发符合当地风格和习惯的产品。同时，利用技术创新提升用户体验，如开发适应本地支付习惯的应用程序，或提供符合当地语言环境的客户服务。

4. 营销与传播策略的制定

有效的营销与传播策略是本土化策略成功的关键。应根据目标市场的媒体习惯、社交趋势及 KOL 影响力，制订针对性的品牌传播计划。这包括选择合适的传播渠道、内容创意的本地化，以及利用节日庆典、体育赛事等本土事件进行品牌联动，增强品牌与消费者的情感连接。

5. 持续监测与迭代

本土化策略并非一成不变，而是一个动态调整的过程。品牌应建立有效的市场反馈机制，定期评估策略的执行效果，包括市场份额、品牌知名度、客户满意度等关键指标。基于反馈，及时调整策略，确保品牌能够灵活应对市场变化，持续优化本土化策略，实现长期增长。

总之，本土化策略的制定是一个集市场研究、文化融合、产品与服务创新、营销与传播策略制定及持续监测与迭代于一体的综合过程。通过这一过程，品牌能够在保持全球一致性的同时，展现出多样化的本土魅力，赢得全球消费者的信赖与喜爱。

三、跨文化营销沟通与本土化实践

在全球品牌管理的广阔舞台上，跨文化营销沟通与本土化实践是确保品牌信息精准传达、深化消费者连接的关键环节。下面将深入探讨如何在尊重文化差异的基础上，通过有效的营销策略和实践活动，实现品牌信息的无障碍流通与深度共鸣。

1. 理解文化细微差异，制定沟通策略

跨文化营销的首要任务是深刻理解目标市场的文化特性，包括语言习惯、价值观念、

审美偏好及社会禁忌等。例如，某些颜色或符号在不同文化中可能承载着截然相反的意义，这就要求品牌在进行视觉设计时保持高度敏感并做出适当调整。此外，了解当地消费者的媒体使用习惯也是制定有效沟通策略不可或缺的一部分，确保品牌信息能够通过最合适的渠道触达目标受众。

2. 本土化内容创作，增强情感共鸣

内容是跨文化营销沟通的灵魂。品牌应致力于创作具有地方特色的内容，如结合当地节日、习俗或社会热点，讲述与当地消费者息息相关的故事，以此拉近品牌与消费者之间的距离。这不仅要求创意团队具备深厚的文化洞察力，还要融入当地元素，使品牌信息在保持全球一致性的同时，展现出独特的地域风情。通过本土化内容，品牌能够有效地激发消费者的情感共鸣，提升品牌忠诚度。

3. 利用社交媒体，促进双向互动

社交媒体作为现代营销的重要阵地，其即时性、互动性和个性化特点为跨文化营销提供了无限可能。品牌应充分利用社交媒体平台，发起话题讨论、线上活动或挑战赛等形式，鼓励消费者参与并分享自己的故事，形成品牌与消费者之间的深度互动。同时，监测社交媒体上的反馈，及时调整沟通策略，确保品牌信息的正面传播，有效应对可能产生的误解或负面舆情。

4. 培养本地团队，深化市场洞察

成功的本土化实践离不开对当地市场的深刻理解，而培养一支由当地人组成的营销团队是实现这一目标的有效途径。本地团队不仅能够更准确地把握市场动态，还能在品牌与消费者之间搭建起信任的桥梁，确保品牌信息的精准传达。此外，通过内部培训和文化交流活动，提升全球团队的文化敏感性和适应能力，也是实现跨文化营销沟通与本土化实践融合的关键。

总之，跨文化营销沟通与本土化实践是全球品牌管理中不可或缺的一环，它要求品牌不仅具备全球视野，更要深入每一个细微的文化角落，以更加灵活和包容的姿态，与全球消费者建立深厚的情感纽带。通过精准的策略制定、本土化内容创作、社交媒体的有效利用及本地团队的深度参与，企业能够在全球化的大潮中乘风破浪，实现品牌价值的最大化。

世界品牌 500 强 9-2

四、案例研究：成功的本土化品牌

在全球品牌管理中，文化适应与本土化策略的成功实施是众多跨国企业实现市场渗透的关键。以下通过几个具体的案例，分析成功的本土化品牌策略，探讨其如何平衡全球品牌一致性与多样性。

1. 麦当劳：全球快餐的本土口味

麦当劳是全球快餐业的巨头，其成功的本土化策略在不同国家市场中表现尤为突出。在印度市场，麦当劳推出了咖喱鸡汉堡，这一创新菜品不仅迎合了印度消费者对咖喱的喜

爱，还保持了麦当劳一贯的快餐风格；在日本，麦当劳则推出了寿司汉堡，巧妙结合了日本传统美食与现代快餐，成功吸引了当地消费者的兴趣。这些本土化的菜品不仅提升了品牌的市场接受度，还提升了消费者的品牌忠诚度。

2. 可口可乐：多样化的口味策略

可口可乐作为全球饮料市场的领导者，通过推出多样化的口味来适应不同市场的需求，如图 9-1 所示。在日本，可口可乐推出了青苹果口味的可乐，这一创新产品迅速赢得了日本消费者的青睐；在中国市场，可口可乐则推出了冰糖雪梨口味的可乐，成功融入了中国的传统口味元素。这些本土化的口味策略不仅丰富了产品线，还提高了品牌在不同文化背景下的市场适应性。

图 9-1　可口可乐的多样化策略

3. 耐克与阿迪达斯：结合本土文化的运动品牌

耐克与阿迪达斯是全球运动鞋市场的两大巨头，它们在中国的本土化策略同样值得借鉴。耐克在中国推出了中国特别版的篮球鞋，鞋面上印有龙、凤凰等中国传统文化元素。这一设计不仅迎合了中国消费者对传统文化的热爱，还增强了品牌的文化认同感。阿迪达斯也不甘落后，推出了印有"福"字、长城等中国传统文化元素的运动鞋，成功吸引了中国消费者的关注。这些本土化设计不仅提升了品牌形象，还增强了品牌在中国市场的竞争力。

4. 微软：软件产品的本土化调整

微软作为全球领先的软件公司，在国际化进程中同样注重本土化策略。在印度市场，微软推出了符合当地消费者需求的 Windows 操作系统和 Office 办公软件套装。这些产品不仅满足了印度消费者的使用习惯，还提高了品牌的市场占有率。微软的本土化策略不仅体现在产品功能上，还体现在市场推广和客户服务等方面。通过深入了解当地市场需求，微软成功实现了品牌在不同市场的有效落地。

这些成功的本土化品牌案例表明，在全球品牌管理中，文化适应与本土化策略是不可或缺的一部分。通过深入了解目标市场的文化、消费习惯和市场环境，企业可以制定出更加精准、有效的本土化策略，从而在激烈的市场竞争中脱颖而出。同时，这些案例也提醒我们，在本土化过程中，既要保持全球品牌的一致性，又要注重多样性和灵活性，以实现品牌的全球化和本土化双重目标。

第三节　全球品牌一致性与多样性的平衡

一、品牌一致性的重要性及维护方法

在全球品牌管理中，品牌一致性如同一根无形的纽带，将不同地域、不同文化的消费者紧密相连，构建起对品牌深刻而统一的认知。它不仅关乎品牌形象的塑造，更是品牌价值传递与市场扩张的基石。下面将深入探讨品牌一致性的重要性，并提出有效的维护方法。

（一）品牌一致性的重要性

1. 提升品牌识别度

在全球市场中，清晰、一致的品牌形象能够迅速引起消费者的注意，帮助品牌在众多竞争者中脱颖而出。无论是标志设计、色彩搭配还是广告语，这些元素的统一运用，都能加深消费者对品牌的记忆，形成强烈的品牌识别效应。

2. 建立品牌信任

品牌一致性意味着品牌承诺的一贯性和可靠性。当消费者在不同地区、不同时间接触到相同品质的产品或服务时，他们对品牌的信任度会逐步累积，进而转化为忠诚的客户。这种信任是品牌长期成功的关键。

3. 促进品牌价值传播

一致的品牌形象和价值观能够跨越文化和语言的界限，有效传达品牌的核心信息。这不仅有助于提升品牌知名度，还能激发消费者的情感共鸣，增强品牌的全球影响力。

4. 优化资源配置

在全球化运营中，品牌一致性使营销策略、广告创意等可以更加灵活地进行跨国界复用，减少重复劳动和成本浪费，提高运营效率。

（二）品牌一致性的维护方法

1. 明确品牌定位与价值

企业需要清晰界定品牌的定位、使命、愿景及核心价值观，这是维护品牌一致性的根本。所有营销活动、产品设计都应围绕这些核心要素展开，确保信息的统一性和连贯性。

2. 编制全球品牌手册

编制详细的全球品牌手册，包括品牌标识规范、色彩使用指南、语言风格、视觉形象系统等，为全球各地的分支机构提供统一的操作标准，确保品牌形象的全球一致性。

3. 本地化执行中的灵活调整

虽然品牌强调一致性，但在具体执行时，也要考虑当地的文化差异和消费者偏好，进行适当的本地化调整。关键在于找到品牌核心价值与当地文化之间的平衡点，实现"全球思维，本土行动"。

4. 持续监测与反馈机制

建立品牌一致性监测体系，定期收集消费者反馈，评估品牌在不同市场的表现，及时调整策略，确保品牌在全球范围内保持活力。

5. 员工培训与文化传承

加强对员工的品牌培训，确保每一位员工都能深刻理解品牌理念，成为品牌一致性的传播者和守护者。同时，通过内部文化建设和激励机制，促进品牌文化的传承与发展。

总之，品牌一致性是全球品牌管理中的重要一环，它要求企业在追求全球化的同时，不忘维护品牌的本质和核心价值，通过精细化的管理和创新策略，实现品牌在全球范围内的稳健成长。

世界品牌 500 强 9-3

二、品牌多样性在全球市场的作用

在全球品牌管理中，品牌多样性作为一种重要策略，对于企业在全球市场中立足、扩展乃至领导市场具有深远的意义。品牌多样性不仅关乎产品线的丰富度，更涉及企业如何在全球多元文化背景下，通过灵活多变的品牌策略，满足不同地区消费者的多样化需求，进而实现市场份额的扩大、风险的分散及品牌影响力的提升。

1. 扩大市场份额与吸引多元消费者

品牌多样性在全球范围内发挥着至关重要的作用，它使企业能够跨越传统市场界限，进入新的市场领域，吸引不同类型的消费者。例如，一个原本专注于时尚服饰的品牌，通过推出家居用品、配饰甚至美妆产品，成功吸引了追求生活品质且有品牌认同感的更广泛消费群体。这种跨领域的品牌延伸，不仅丰富了产品线，也为企业开辟了新的增长点，显著扩大了市场份额。

2. 满足差异化需求与提升客户忠诚度

在全球市场中，消费者需求呈现出高度差异化的特点。品牌通过提供多样化的产品系列和定制化的服务，精准对接不同消费者的个性化需求。例如，在食品行业，企业可以针对不同地域的饮食文化和口味偏好，推出符合当地特色的产品系列，从而提升消费者的品牌忠诚度。这种以消费者为中心的品牌策略，有助于企业在激烈的市场竞争中脱颖而出。

3. 降低经营风险与增强市场适应性

在全球经济环境复杂多变的背景下，单一品牌或产品线的企业往往面临较大的经营风险。品牌多样性通过分散投资和产品线布局，降低了对某一特定市场或产品的依赖，增强了企业的市场适应性和抗风险能力。当某个市场或产品线遭遇挑战时，其他品牌或产品可以作为补充，起到稳定市场的作用。这种"东方不亮西方亮"的策略，为企业提供了更为灵活的市场应对机制。

4. 提升品牌认知度与创造竞争优势

品牌多样性还有助于提升企业在全球市场的品牌认知度和影响力。通过在不同领域推出具有独特卖点的产品，企业能够在消费者心中建立起多维度的品牌形象，增加品牌的辨识度和记忆点。同时，品牌多样性还能够创造竞争优势，使企业在面对竞争对手时拥有更多的战略选择和市场主动权。例如，在科技领域，企业可以通过推出不同功能、不同价格区间的智能产品，形成产品矩阵，满足不同消费层次的需求，从而在市场中占据领先地位。

综上所述，品牌多样性在全球市场中扮演着至关重要的角色。它不仅能够帮助企业扩大市场份额、满足差异化需求、降低经营风险，还能够提升品牌认知度和创造竞争优势。在全球品牌管理的实践中，企业应充分认识到品牌多样性的价值，并据此制定科学的品牌策略，以实现可持续发展。

三、一致性与多样性的平衡策略

在全球品牌管理中，保持品牌的一致性与实现品牌的多样性是管理者面临的重大挑战。一方面，品牌一致性是建立品牌信任、提升品牌忠诚度和市场认知度的关键；另一方面，品牌多样性则有助于满足不同市场、不同消费者群体的需求，提高品牌的竞争力和市场占有率。以下策略有助于企业在全球范围内实现品牌一致性与多样性的平衡。

1. 明确品牌核心价值观与定位

品牌的核心价值观与定位是品牌一致性的基石。企业需要在全球范围内明确并坚守其核心价值观，确保所有品牌活动都围绕这一核心展开。同时，品牌定位应清晰明确，能够准确传达品牌的价值观。这不仅有助于维护品牌形象的一致性，还能为品牌在全球市场的推广提供坚实的基础。

2. 建立品牌架构与准则

一个清晰的品牌架构有助于企业管理多个品牌，确保品牌之间的协调和统一。品牌架构可以包括品牌层次结构、品牌关系和品牌标识等方面。此外，制定统一的品牌准则和标准，明确各个品牌在标识、设计、语言风格等方面的要求，也是实现品牌一致性的重要手段。

3. 灵活运用品牌扩展策略

在推出新品牌或进入新市场时，企业可以采用品牌扩展策略，利用现有品牌的知名度和信任度来降低新品牌建立的成本和风险。同时，通过品牌扩展，企业可以在保持品牌一致性的基础上，实现品牌的多样化，满足不同市场和消费者的需求。

4. 持续关注市场反馈与消费者需求

全球市场瞬息万变，消费者需求也日益多样化。因此，企业需要持续关注市场反馈和消费者需求，根据市场变化和消费者反馈及时调整品牌策略。这不仅可以确保企业的品牌战略与市场需求保持一致，还能在保持品牌一致性的同时，实现品牌的多样化和创新。

5. 建立跨部门管理机制

在全球品牌管理中，建立跨部门的品牌管理机制至关重要。这有助于确保各个部门之间的协调和合作，共同维护品牌形象的一致性。同时，跨部门管理机制还能促进不同市场、不同产品线之间的信息共享和经验交流，为品牌的全球推广提供有力支持。

6. 与当地文化相融合

在全球品牌一致性的基础上，企业还需要注重与当地文化的融合。这包括在广告、市场营销和公关方面进行适当的调整，以符合当地市场的文化习惯和消费者偏好。通过与当地文化的融合，企业可以在保持品牌一致性的同时，实现品牌的本土化和多样化，提升品牌在全球市场的竞争力和影响力。

综上所述，实现全球品牌一致性与多样性的平衡需要企业在多个方面做出努力。通过明确品牌核心价值观与定位、建立品牌架构与准则、灵活运用品牌扩展策略、持续关注市场反馈与消费者需求、建立跨部门管理机制，以及与当地文化相融合等策略，企业可以在全球市场中建立起一个既统一又多样化的品牌形象，从而赢得消费者的信任和忠诚，提升品牌的竞争力和市场地位。

四、全球品牌架构的设计与管理

在全球品牌管理中，品牌架构的设计与管理扮演着至关重要的角色。它不仅是品牌战略的核心组成部分，更是实现全球品牌一致性与多样性平衡的关键所在。下面将深入探讨全球品牌架构的设计原则、管理策略及其对企业国际化进程的深远影响。

（一）设计原则

1. 统一性与灵活性并重

全球品牌架构设计应确保核心品牌理念、视觉形象和关键信息的全球一致性，以建立强大的品牌识别度。同时，为适应不同市场的文化差异和消费者偏好，品牌架构应具备一定的灵活性，允许在保持品牌精髓的基础上，进行适度的本土化调整。

2. 层级清晰，易于管理

有效的品牌架构应构建清晰的层级结构，包括主品牌、子品牌、产品线品牌等，确保品牌间的协同作用最大化，并便于全球范围内的统一管理和协调。这种结构有助于资源的有效配置，从而减少品牌冲突，提升整体运营效率。

3. 强化品牌资产

品牌架构的设计应着眼于增强品牌资产，包括品牌知名度、忠诚度、联想度和感知质量。通过一致的全球品牌形象和差异化的市场定位，不断积累品牌价值，为企业的长远发展奠定坚实基础。

（二）管理策略

1. 全球标准化与本地适应性相结合

实施全球统一的品牌标准，如品牌视觉识别系统（VI）、品牌语言和核心信息，如图 9-2 所示。同时，根据当地市场的具体情况，调整营销策略、产品特性和沟通方式，以更好地满足本地消费者的需求。

图 9-2　品牌视觉识别系统（VI）

2. 建立全球品牌管理团队

组建跨地域、跨文化的全球品牌管理团队，负责品牌架构的规划、执行与监控。团队成员应具备丰富的国际市场经验，能够深刻理解不同市场的文化特性和消费者心理，确保品牌策略的有效落地。

3. 持续评估与优化

定期评估全球品牌架构的效果，包括市场反馈、品牌认知度、销售业绩等关键指标，根据评估结果及时调整品牌策略，保持品牌架构的活力与适应性。同时，利用数字化工具和技术，提升品牌管理的效率和精准度。

4. 强化内部沟通与培训

确保全球各地的员工深刻理解品牌愿景、价值观和品牌架构，通过内部培训、文化交流和案例分享，提升团队的品牌意识和执行力，形成全球统一的品牌文化。

总之，全球品牌架构的设计与管理是一项复杂而细致的工作，它要求企业在追求全球一致性的同时，兼顾市场多样性，通过灵活的品牌策略、高效的管理团队和持续的评估优化，实现品牌价值的最大化。在全球化的浪潮中，构建稳固而灵活的品牌架构，是企业成功跨越文化界限、赢得全球消费者信赖的关键。

第四节　全球品牌管理的未来趋势

一、数字化与社交媒体对全球品牌管理的影响

在全球化日益加深的今天，数字化与社交媒体正以前所未有的速度改变着全球品牌管理的格局。这两股力量不仅重新定义了品牌与消费者之间的互动方式，还极大地推动了品牌在全球市场的扩张。

1. 数字化提升品牌全球能见度

数字化技术，特别是互联网和移动通信技术的普及，使品牌能够跨越地理界限，触及全球范围内的潜在客户。通过搜索引擎优化（SEO）、内容营销、数字广告等手段，品牌能够在全球市场中迅速提升知名度和影响力，如图 9-3 所示。数字化平台不仅为品牌提供了多样化的营销渠道，还通过大数据分析帮助品牌精准定位目标市场，实现高效营销。例如，利用社交媒体平台如 Facebook、Instagram，品牌可以定期发布有价值的内容，吸引和增加粉丝，从而扩大品牌影响力。

图 9-3　品牌的数字化技术

2. 社交媒体促进品牌与消费者互动

社交媒体平台汇聚了全球数亿用户，成为品牌与消费者互动、传播品牌信息的重要渠道。通过社交媒体，品牌可以直接与全球消费者建立联系，了解他们的需求和偏好，进而调整产品策略和市场定位。社交媒体上的用户生成内容（UGC）为品牌提供了宝贵的市场反馈，有助于品牌不断优化产品和服务，提升用户满意度。此外，社交媒体还支持双向沟通，品牌可以实时响应消费者的评论和反馈，提升客户满意度和忠诚度。

3. 数字化与社交媒体助力品牌本土化

在全球品牌管理中，文化适应与本土化策略至关重要。数字化与社交媒体为品牌提供了更加灵活和高效的本土化手段。品牌可以针对不同国家和地区的文化、语言及消费习惯，制定个性化的社交媒体运营策略，包括选择适合当地市场的社交媒体平台、使用当地语言进行内容创作、融入当地文化元素等。这种本土化运营策略有助于品牌更好地融入当地市场，吸引更多潜在客户。例如，一些国际品牌在进军新市场时，会利用社交媒体平台发布

符合当地文化特色的内容，以此拉近与当地消费者的距离。

4. 大数据优化品牌策略与营销

大数据技术的广泛应用为品牌提供了前所未有的洞察力。通过分析社交媒体、在线购物平台、搜索引擎等多渠道的海量数据，企业可以更准确地了解消费者行为、市场趋势及竞争对手动态，从而制定更加科学有效的品牌策略和营销计划。大数据分析不仅帮助品牌实现精准投放和个性化推荐，还通过监测用户行为和反馈，优化产品和服务，提升整体营销效率。

综上所述，数字化与社交媒体对全球品牌管理产生了深远的影响。它们不仅提升了品牌的全球知名度，促进了品牌与消费者之间的互动，还助力品牌实现本土化运营和精准营销。随着技术的不断进步和市场的日益全球化，数字化与社交媒体将继续在全球品牌管理中发挥重要作用，推动品牌在全球市场的持续扩张。

世界品牌 500 强 9-4

二、可持续发展与品牌责任的融合

在全球品牌管理的未来趋势中，可持续发展与品牌责任的融合无疑是一个不可忽视的重要方向。随着全球消费者对环境保护、社会公平和企业道德责任的关注度不断提升，品牌必须将可持续发展和品牌责任融入其战略规划和日常运营，以赢得消费者的信任和支持，确保品牌的长期稳定发展。

首先，可持续发展与品牌责任的融合要求品牌明确自身的使命和价值观。品牌的使命和价值观应与社会责任和可持续发展目标紧密相关，如通过为社会带来积极影响来推进可持续发展。品牌需要坚持自己的使命和价值观，并在品牌文化中充分体现出来，让消费者感受到品牌的社会责任感。这不仅有助于提升品牌形象，还能增强消费者对品牌的忠诚度。

其次，品牌需要制定并执行可持续发展战略。这包括评估品牌对环境、社会和经济的影响，找出潜在的风险和机会，并制定具体的可持续发展目标和指标。例如，品牌可以采取环保措施，推广可持续发展的产品和服务，或者支持社会公益事业等。通过制定和执行这些战略，品牌可以在减少环境破坏、促进社会公平和提高经济效益之间找到平衡点，实现可持续发展。

再次，品牌与消费者的互动也是推动可持续发展和品牌责任融合的重要途径。品牌可以通过社交媒体、宣传广告等方式，向消费者传达其在可持续发展方面的努力和成果，吸引更多消费者参与到品牌的可持续发展中来。这种互动不仅有助于提升品牌知名度，还能增强消费者对品牌的信任感和归属感。

最后，树立透明的品牌形象也是实现可持续发展与品牌责任融合的关键。品牌应该公开其在环保、社会公益、员工福利等方面的数据和进展，让消费者和其他利益相关者了解品牌的真实情况。这种透明度有助于提升品牌的可信度，并促使品牌更加注重自身的社会责任和可持续发展表现。

值得注意的是，可持续发展与品牌责任的融合不仅要求品牌在战略层面做出调整，还需要在运营层面进行具体的实践。例如，品牌可以从源头抓起，选用环保材料和可持续的生产方式，减少化学染料和有害物质的使用；加强供应链管理，推动整个产业链的绿色发展；注重产品的循环利用和回收，鼓励消费者参与环保行动等。

综上所述，可持续发展与品牌责任的融合是全球品牌管理未来趋势中的重要方向。品牌需要明确自身的使命和价值观，制定并执行可持续发展战略，加强与消费者的互动，树立透明的品牌形象，并在运营层面进行具体的实践。通过这些努力，品牌不仅可以在激烈的市场竞争中脱颖而出，还能为社会的可持续发展贡献自己的力量。随着全球消费者对可持续发展和品牌责任的关注度不断提高，我们有理由相信，越来越多的品牌将加入到这一行列中来，共同推动全球经济的绿色转型和可持续发展。

三、全球消费者行为的变化与品牌策略调整

在全球经济复苏的大背景下，消费者行为正以前所未有的速度发生变化。这些变化不仅影响消费者的购买决策，也对全球品牌管理提出了新的挑战和机遇。了解并适应这些变化，是品牌在全球市场中保持竞争力和吸引力的关键。

近年来，全球消费者在健康意识方面的关注度有了显著提升。他们不仅关注寿命的延长，更重视健康跨度，即在生命各个阶段保持较高的生活质量。这一趋势促使消费者采取更多预防性健康管理措施，对个性化的健康解决方案需求快速增长。例如，全球维生素和膳食补充剂市场预计在 2025 年达到 1399 亿美元。54%的消费者表示，他们清楚自己的健康目标，并选择针对性的健康产品。为应对这一变化，企业应推出基于健康数据分析的智能饮食建议和可穿戴设备，帮助用户实时优化健康决策，从而增强品牌与消费者之间的连接。

全球经济的不确定性使消费者在财务管理上变得更加谨慎，他们不再单纯追求价格最低的产品，而是更加注重价格与价值的平衡以及财务透明度。面对这一趋势，品牌应提供更具性价比的产品，并利用金融科技手段，如自动支出分析功能的应用，为消费者提供更清晰的财务视图，提升品牌的财务透明度。

可持续消费已成为全球消费者的新常态。消费者期望环保特性与产品核心价值直接挂钩，而不仅仅是"绿色标签"。大多数消费者愿意为可持续产品支付更高的价格，在包装、原材料和供应链透明度方面表现出色的品牌更受欢迎。品牌应创新设计，将环保与便捷结合，如推出可降解包装并回收包装材料，推出环保认证的产品系列，以赢得消费者的青睐。

在信息过载的时代，消费者越来越重视简化的购物体验。他们希望通过清晰的标签和优化的搜索功能，快速找到最适合的产品或服务。品牌应利用 AI 助手提供精准推荐，有效减少消费者的选择困惑，提升购物体验。此外，虚拟现实和增强现实技术为体验经济注入了新活力，品牌可以通过这些技术提供沉浸式体验，满足消费者对精神和身体双重健康的追求。

面对消费者行为的变化，品牌策略的调整显得尤为重要。品牌需要深入了解消费者需求的变化趋势，包括生活方式、价值观、消费习惯等方面的变化，以及他们对产品、服务、品牌等方面的期望和诉求。通过市场调研、数据分析、社交媒体监测等手段，品牌可以获

取大量关于消费者需求的信息，为策略调整提供有力支持。同时，品牌应保持定位的一致性和连续性，在坚守核心价值观和品牌形象的基础上，不断创新和进步，以适应市场的不断变化。

综上所述，全球消费者行为的变化对品牌策略提出了新的要求。品牌应灵活调整策略，以适应市场的动态变化，确保在全球市场中保持领先地位。

四、新兴市场的品牌发展机遇与挑战

在探讨全球品牌管理的未来趋势时，新兴市场无疑是不可忽视的重要领域。新兴市场不仅蕴含着巨大的消费潜力，还为企业提供了全新的增长机遇。然而，伴随着机遇的往往是挑战，品牌在新兴市场的发展之路并不平坦。

（一）新兴市场中的品牌发展机遇

1. 庞大的消费群体与消费潜力

新兴市场如中国、印度、巴西等，拥有庞大的人口基数和日益增长的消费能力。随着中产阶级群体的不断壮大，这些市场的消费潜力正被逐步释放。企业如果能够准确捕捉这些市场的消费需求，将有望获得巨大的市场份额。

2. 数字化与互联网的快速发展

新兴市场的数字化进程正在加速，互联网和移动互联网的普及率不断提高。这为品牌提供了全新的营销渠道和消费者互动方式。通过社交媒体、电商平台等数字化工具，品牌可以更直接、更高效地触达目标消费者，提升品牌知名度和美誉度。

3. 政策支持与开放的市场环境

新兴市场政府普遍重视经济发展，推出了一系列支持政策，为外资品牌进入市场提供了便利。同时，这些市场的开放程度不断提高，为品牌提供了更广阔的市场空间。

（二）新兴市场中的品牌发展挑战

1. 文化差异与本地化挑战

新兴市场具有独特的文化背景、消费习惯和语言。品牌在进入这些市场时，需要充分了解和尊重当地的文化差异，进行本地化的品牌塑造和运营。否则，很容易因为文化差异而导致品牌形象受损，甚至引发消费者反感。

2. 激烈的市场竞争

新兴市场往往聚集了众多本土品牌和外资品牌，市场竞争异常激烈。品牌需要不断提升产品质量和营销能力，才能在市场中脱颖而出。

3. 法律法规与合规风险

新兴市场的法律法规体系可能尚不完善，或者与品牌所在国的法律体系存在较大差异。品牌在进入这些市场时，需要充分了解当地的法律法规，避免因合规问题而引发法律风险和经济损失。

4. 供应链与物流挑战

新兴市场的供应链和物流体系可能相对落后，企业需要投入更多的资源和精力来建立稳定、高效的供应链体系。同时，物流成本的上升也可能对品牌的盈利能力构成威胁。

（三）应对策略

面对新兴市场中的机遇与挑战，品牌需要采取以下策略来应对。

1. 加强市场调研与文化适应

在进入新兴市场之前，企业需要进行充分的市场调研和文化适应，了解当地消费者的需求和偏好，制定符合市场需求的品牌定位和传播策略。

2. 提升品牌力与产品力

企业需要不断提升自身的品牌力和产品力，通过创新的产品设计、优质的消费者体验和高效的营销策略，来提升品牌的市场竞争力。

3. 建立合规体系与风险管理机制

企业需要建立完善的合规体系和风险管理机制，确保在新兴市场中的合规经营和稳健发展。

课程思政互动 9-3

4. 优化供应链与物流体系

企业需要不断优化供应链和物流体系，提高供应链的稳定性和效率，降低物流成本，提升品牌的盈利能力。

简答题

1. 简述全球品牌管理的定义及重要性。
2. 企业在制定本土化策略时，需要考虑哪些关键因素？
3. 如何平衡全球品牌一致性与多样性？
4. 全球化背景下品牌管理面临的主要挑战有哪些？
5. 数字化与社交媒体对全球品牌管理的影响有哪些？

案例分析

即测即练

自学自测

扫描此码

第十章 品牌可持续发展与社会责任

学习目标

1. 理解绿色营销的核心理念，掌握实践方法。
2. 熟悉绿色营销传播工具，精通绿色供应链管理，掌握绿色营销效果评估技巧。
3. 探析品牌公益如何加深消费者连接，解构成功案例，汲取实践经验。
4. 明确企业肩负的社会责任，分析品牌形象与社会贡献的互动效应。
5. 理解社会责任如何塑造企业形象，提升消费者忠诚度，凝聚内部力量。

第一节　绿色营销与环保倡议概述

一、绿色营销的理念与实践

绿色营销，作为一种新兴的市场营销理念，其核心在于将环境保护意识融入企业的经营活动。这一理念强调，在满足消费者需求的同时，注重减少对环境的负面影响，实现经济效益与生态效益的双赢。

在实践中，绿色营销要求企业从产品设计、生产、包装、销售到废弃处理的每一个环节，都充分考虑其对环境的影响。企业要采用环保材料，优化生产工艺，减少能源消耗和废弃物排放；同时，通过绿色包装和绿色物流等手段，降低产品在全生命周期中造成的环境污染。

此外，绿色营销还倡导企业积极向消费者传递环保理念，通过绿色广告、绿色促销等方式，引导消费者选择环保产品，培养消费者的绿色消费习惯。企业还应与供应商、分销商等合作伙伴共同构建绿色供应链，形成环保合力，推动整个行业的绿色发展。

绿色营销的实践不仅有助于企业树立良好的社会形象，提升品牌价值，还能促进企业技术创新，提高资源利用效率，为实现可持续发展目标贡献力量。因此，越来越多的企业开始将绿色营销作为战略重点，积极践行环保理念，引领市场潮流。

二、环保倡议的国内外现状

在全球范围内，环保倡议已成为各国政府、企业和公众共同关注的焦点。国际组织如联合国环境规划署（UNEP）在推动全球环境保护方面发挥了积极作用，各国签署了一系列国际公约和协议，如《巴黎协定》，以减少全球温室气体排放。同时，越来越多的国家开始推广新能源和清洁技术，设立生态保护区，以保护珍稀物种和生态系统的完整性。

在国内，环保倡议同样得到了广泛的响应。政府出台了一系列环境保护相关的政策法规，如控制工业废气和水污染物的排放标准、建立环境影响评估制度等，为环境保护提供了法律保障。然而，企业在绿色营销的具体实施上仍面临许多困境，如企业绿色营销理念的缺失等。

尽管如此，仍有许多品牌积极践行环保理念，通过绿色营销和公益活动，为社会贡献自己的力量。例如，一些品牌推出了无标签包装、可回收材料等环保产品，减少了 PVC 垃圾的产生；还有一些品牌通过举办环保展览、清理海洋塑料垃圾等活动，提高了公众的环保意识。

综上所述，环保倡议在国内外均得到了广泛的关注和响应，但仍需政府、企业和公众共同努力，加强合作，推动绿色营销和环保行动的持续发展，以实现可持续发展和社会责任的目标。

三、绿色营销策略的挑战与机遇

在绿色营销策略的实施过程中，企业面临诸多挑战与机遇，如表 10-1 所示。

一方面，挑战主要源于消费者对绿色产品的认知差异、绿色技术的研发成本及绿色标准的不断提升。消费者对绿色产品的认知不足，可能导致市场需求难以被激发；而绿色技术的研发需要高额投入，且技术更新迅速，增加了企业的经营风险。此外，随着全球环保意识的提高，绿色标准日益严格，企业需要不断投入以符合新的环保要求。

另一方面，绿色营销策略也为企业带来了前所未有的机遇。绿色营销有助于塑造企业的环保形象，提升品牌的社会责任感，从而增强消费者的信任和忠诚度。同时，绿色产品的市场需求正在逐步扩大，为企业提供了新的增长点。在绿色技术的研发和应用上，企业若能取得突破，将有望引领行业潮流，获得竞争优势。

世界品牌 500 强 10-1

表 10-1　绿色营销策略的挑战与机遇

挑　　战	消费者对绿色产品的认知不足
	绿色技术的研发需要高额投入
	绿色标准日益严格
机　　遇	有助于塑造企业的环保形象，提升品牌的社会责任感，从而增强消费者的信任和忠诚度
	绿色产品的市场需求正在逐步扩大，为企业提供了新的增长点
	在绿色技术的研发和应用上，企业若能取得突破，将有望引领行业潮流，获得竞争优势

因此，企业在实施绿色营销策略时，应充分认识到挑战与机遇并存，通过加强消费者教育、加大研发投入、提升绿色技术水平等措施，积极应对挑战，把握机遇，实现企业的可持续发展和社会责任的双重目标。

四、企业环保行动案例分析

众多企业在可持续发展与社会责任方面采取了积极的环保行动。例如，康师傅推出了国内首款主打低碳概念的无标签饮品，如图 10-1 所示。这种包装减少了 PVC 垃圾的产生，体现了饮品公司在环保方面的创新。长城汽车则构建了低碳供应商评价体系，从风险评估和低碳属性两个维度建立标准，旨在提升整个供应链的低碳意识和水平。

在互联网领域，快手通过 48 小时直播冰雕鲸鱼的"告别"活动，如图 10-2 所示，引发了公众对海洋污染问题的关注。这种灾难式的广告风格，提高了人们的环保意识。美团单车则发起了"一人骑行减碳一吨"行动，通过数据可视化的方式，让用户实时看到自己的低碳行为带来的成果，进一步激励了大众短途骑单车出行的意愿。

图 10-1　无标签饮品　　　　　　图 10-2　冰雕鲸鱼的"告别"活动

此外，一些企业在环保技术创新上也取得了显著成果。如青岛绿帆打造的建筑废弃物资源化综合利用"零碳"产业园，实现了废弃物的全组分循环利用，形成了零碳能源解决方案。海尔集团则通过数字化平台管理园区能源和碳排放，设计多种节能系统，提高了能源利用效率，降低了碳排放。

这些企业的环保行动不仅有助于自身实现绿色发展，也为其他企业提供了宝贵的经验，推动了整个社会的可持续发展进程。

第二节　绿色营销策略与实施

一、绿色产品定位与市场细分

在绿色营销策略的实施过程中，绿色产品定位与市场细分是至关重要的一环。绿色产品以其环保、健康、可持续的特性，正逐渐成为市场的新宠。企业应明确绿色产品的核心优势，如节能减排、可循环利用或生态友好等，并据此进行精准定位。

在市场细分方面，企业应深入分析消费者的环保意识和购买行为，识别出对绿色产品有高度需求的细分市场。这些市场包括环保意识强的年轻消费者、注重生活品质的中产阶级，以及对环保有特定要求的行业用户。通过市场细分，企业能更精准地定位目标群体，从而制定更具针对性的营销策略。

在绿色产品定位时，企业还应考虑产品的全生命周期管理，确保从设计、生产到废弃处理都符合环保标准。同时，通过市场细分，企业能更好地理解消费者的具体需求，进而在产品创新和服务优化上做出更加明智的决策。综上所述，绿色产品定位与市场细分是绿色营销策略成功实施的基础，有助于企业在竞争激烈的市场中脱颖而出，实现可持续发展与社会责任的双重目标。

二、绿色营销传播手段

绿色营销传播是绿色营销策略实施的关键环节，旨在通过一系列环保、可持续的沟通方式，提升消费者对品牌绿色形象的认知与认同。主要传播手段包括以下方面。

1. 社交媒体与数字营销

利用社交媒体平台发布绿色产品信息，开展环保主题活动，引导用户参与互动，形成口碑传播。同时，运用大数据分析，精准定位环保意识强的消费群体，提高营销效率。

2. 绿色广告与公关

制作并投放强调环保理念、绿色生产的广告，树立品牌正面形象。通过参与或发起环保公益活动，增强品牌社会责任感，提升公众好感度。

3. 绿色包装与展示

如图 10-3 所示，采用可回收、生物降解材料设计产品包装，减少环境污染。在实体店或线上平台展示绿色产品，通过视觉冲击力强的绿色元素，吸引消费者关注。

图 10-3　绿色包装

4. 绿色教育与合作

与环保组织合作，开展消费者教育活动，普及绿色消费知识，培养消费者的环保意识。同时，与供应链上下游企业共同推动绿色生产，形成绿色产业链。

通过这些绿色营销传播手段，企业不仅能够提升市场竞争力，还能在消费者心中树立负责任、有担当的品牌形象。

三、绿色供应链管理

绿色供应链管理是企业实现可持续发展目标的关键路径。它要求企业在追求经济效益的同时，兼顾环境保护和社会责任，通过优化资源利用、减少污染排放等手段，推动制造业向绿色、低碳、循环的方向转型。

在绿色供应链管理中，企业需要在设计、采购、生产、物流和回收等各个环节融入环保理念。绿色设计强调使用可再生材料、减少包装材料，以提高产品耐用性；绿色采购强调优先选择环保材料和节能产品，与供应商建立绿色合作关系；绿色生产强调采用先进的生产工艺和设备，实现资源高效利用和清洁生产；绿色物流通过优化物流网络，采用低碳运输方式，降低碳排放；绿色回收则建立完善的废旧产品回收体系，实现资源的循环利用。

实施绿色供应链管理不仅有助于企业树立绿色品牌形象，提升市场竞争力，还能降低生产成本，提高盈利能力。同时，它还能促进产业结构的优化升级，提高产业的整体竞争力，并有助于企业应对环境挑战。

然而，绿色供应链管理的实施也面临诸多挑战，如成本增加、技术瓶颈和供应链协同难度大等。企业需要制定科学的实施策略，加强供应商管理，推广绿色技术和产品，并建立完善的绿色绩效评价体系，以确保绿色理念贯穿于供应链的各个环节，实现经济效益、社会效益和环境效益的和谐统一。

四、绿色营销效果评估

绿色营销效果评估是确保绿色营销策略得以有效实施并持续优化的关键环节。评估过程应关注多个维度，以全面衡量绿色营销活动的成效。

首先，应评估绿色营销活动对消费者环保意识的提升程度。通过市场调研和数据分析，了解消费者在产品选择时是否更倾向于环保选项，以及他们对品牌绿色形象的认知是否增强。

其次，应考察绿色营销对销售业绩的直接影响。分析绿色产品在市场上的销售增长率、市场份额变化等指标，以判断绿色营销策略是否有效促进了销售增长。

再次，绿色营销效果评估应包括对环境影响的考量。通过监测绿色营销活动中资源消耗、废弃物排放等环保指标的变化，评估其对环境保护的实际贡献。

最后，评估应关注绿色营销对品牌形象和社会声誉的提升效果。通过媒体监测、消费者反馈等渠道，收集关于品牌绿色形象的舆论信息，以评估绿色营销在塑造品牌正面形象方面的作用。

课程思政互动 10-1

综上所述，绿色营销效果评估是一个多维度、综合性的过程，旨在通过科学的方法和指标，全面、客观地衡量绿色营销策略的成效，为未来的策略优化提供有力依据。

第三节　品牌公益的核心理念

一、品牌公益的定义与价值

品牌公益，简而言之，是指品牌利用自身的资源、影响力和社会网络，积极参与和推动社会公益事业的行为。它超越了单纯的经济利益追求，将社会责任融入品牌建设和发展的每一个环节，旨在实现经济效益与社会效益的双赢。

品牌公益的价值体现在多个方面。首先，它有助于提升品牌形象和声誉，通过积极参与公益活动，企业能够展示其正面的社会形象，增强消费者对品牌的认同感；其次，品牌公益能够促进社会和谐与进步，通过资助教育、环保等公益项目，企业为社会的可持续发展贡献力量，推动社会整体福祉的提升；最后，品牌公益还有助于企业文化的塑造，它鼓励员工关注社会问题，培养企业内部的责任感和使命感，形成积极向上的企业文化氛围。

综上所述，品牌公益不仅是企业履行社会责任的重要方式，也是推动品牌长期发展和社会整体进步的重要力量。它要求企业在追求经济效益的同时，不忘回馈社会，实现企业与社会的和谐共生。

二、品牌公益的历史与发展

品牌公益作为企业社会责任的重要体现，其历史可追溯到企业开始关注并积极参与社会公益活动的时期，如表 10-2 所示。早期，企业公益主要以捐赠和慈善活动为主，形式较为单一，但已初步展现出企业对社会责任的担当。随着互联网技术的发展，品牌公益迎来了新的发展契机。21 世纪初，互联网企业开始利用自身技术优势，推动公益活动的创新与发展。例如，阿里巴巴通过"公益 3 小时"和"95 公益周"等活动，将公益与互联网平台紧密结合，实现了公益活动的多元化和日常化。腾讯则凭借"99 公益日"和"腾讯公益"平台，将公益活动转化为全民参与的活动，极大地提升了公益的影响力。

表 10-2　品牌公益的发展历史

时　期	表　现
早期	主要以捐赠和慈善活动为主，形式较为单一，但已初步展现出企业对社会责任的担当
21 世纪初	互联网企业开始利用自身技术优势，推动公益活动的创新与发展
近年来	品牌公益逐渐呈现出多元化、专业化的发展趋势，已成为企业社会责任的重要组成部分

近年来，品牌公益逐渐呈现多元化、专业化的发展趋势。企业不仅通过捐赠和慈善活动履行社会责任，还将公益理念融入企业战略和品牌建设。例如，京东利用供应链优势，打造扶贫、环保、教育等多方面的公益项目；百度则依托人工智能技术，开展寻人、控烟等公益项目，推动了公益事业的智能化发展。

如今，品牌公益已成为企业社会责任的重要组成部分，不仅有助于提升企业的品牌形象和竞争力，还能带来更广泛的社会影响，推动社会的可持续发展。未来，随着更多企业的加入，品牌公益将继续发展壮大，为社会的和谐与进步贡献更多力量。

三、品牌公益与消费者关系建设

在品牌公益的核心理念中，其与消费者关系的建设是不可或缺的一环。品牌通过积极参与公益活动，不仅能够展现其社会责任感，还能在消费者心中树立起积极、正面的形象。

品牌公益与消费者关系建设的核心在于共鸣与信任。当品牌所支持的公益项目与消费者的价值观相契合时，消费者会产生强烈的共鸣，进而对品牌产生认同感和归属感。这种共鸣不仅加深了消费者对品牌的情感连接，还促使他们愿意为品牌的产品或服务买单。

同时，品牌公益活动的透明度也是建立消费者信任的关键。品牌需要确保公益活动的真实性和有效性，及时公开活动进展和成果，让消费者看到品牌的实际行动和成效。这种透明度不仅增强了消费者对品牌的信任感，还提升了品牌的公信力和社会影响力。

总之，品牌公益与消费者关系建设是一个相互促进、共同发展的过程。品牌通过积极参与公益活动，不仅能够赢得消费者的心，还能在激烈的市场竞争中脱颖而出，实现可持续发展。因此，品牌应该高度重视公益活动的规划与执行，将其视为提升品牌形象和竞争力的重要途径。

四、成功的品牌公益案例剖析

在品牌公益领域，多个企业通过创新的方式实现了社会价值与商业价值的双赢。奥妙携手绿色江河公益组织发起的"守护三江源，共创洁净未来"公益行动，通过将捡来的塑料瓶搭建成雪山，并邀请艺术家复刻展出，直观地向大众展示了自然环境破坏的严重性，有效提升了公众的环保意识。这一案例巧妙地将公益主张以图片方式传达，直击受众内心，唤醒了大众的环保责任感。

网易新闻公益频道联合 WWF（世界自然基金会）发布的"吸豹"地图，通过科普雪豹生存状况，并借助 H5 小游戏和趣味表情包，加强了用户互动，提升了活动的认知度和话题传播。这一项目不仅体现了网易对野生动物保护的社会责任，也通过创新方式吸引了更多年轻人关注。

天猫超市与公安部刑侦局打拐办共同发起的"全民反拐，让爱回家"行动，通过发放大量反拐快递箱和设立"团圆美术馆"，成功协助多个家庭团圆，并引发了社会对反拐问题的关注。这一行动不仅展现了天猫的社会责任感，也以实际行动为社会作出了贡献。

图 10-4 所示的成功的品牌公益案例表明，企业通过积极参与公益活动，不仅可以传递社会责任感和企业价值观，还可以提升品牌形象和影响力，实现经济效益和社会效益的双重提升。这些案例为其他企业提供了宝贵的经验和启示。

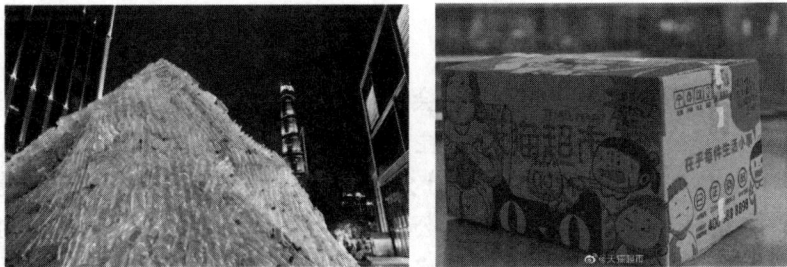

图 10-4　奥妙公益活动、天猫超市公益活动

第四节　社会贡献与品牌建设

一、企业的社会责任担当

在当今社会，企业的社会责任担当已成为衡量其成功与否的重要标尺。企业不仅要追求经济效益，更要积极履行对社会的承诺，这既是道德要求，也是长远发展的战略选择。

课程思政互动 10-2

企业的社会责任担当体现在多个层面。首先，企业应确保生产活动的合规性与环保性，减少对环境的负面影响，通过绿色技术革新和节能减排措施，推动可持续发展；其次，企业应关注员工福利与职业健康，构建和谐劳动关系，为员工提供安全、健康的工作环境及成长机会；最后，积极参与社会公益事业，通过捐赠、志愿服务等形式回馈社会，助力解决教育、环保等社会问题，如图 10-5 所示。

图 10-5　捐赠、志愿活动图片

企业的社会责任担当不仅有助于塑造良好的品牌形象，增强消费者信任与忠诚，还能激发内部团队的凝聚力与创造力，为企业带来长远的社会效益与经济效益。因此，企业应将社会责任融入发展战略，以实际行动践行"取之于社会，回馈于社会"的理念，共同推动社会的和谐与进步。

二、品牌形象与社会贡献的关联

在品牌建设的过程中，品牌形象与社会贡献之间存在着密不可分的联系。一个积极履行社会责任、投身于公益事业的品牌，往往能够塑造出更加正面、健康的品牌形象。

社会贡献不仅体现了企业的价值观和社会责任感，更在品牌与消费者之间建立了情感纽带。当品牌通过实际行动回馈社会、支持公益事业时，消费者往往会对这样的品牌产生更深的认同感和信任感。这种认同感和信任感，正是品牌忠诚度和口碑传播的重要基石。

同时，社会贡献也有助于提升品牌的知名度和美誉度。通过参与各类公益活动，品牌能够接触到更广泛的受众群体，从而增加品牌的曝光度和影响力。而这些正面的曝光和影响力，又会进一步转化为品牌的市场竞争力和商业价值。

因此，品牌应该将社会贡献纳入品牌建设的战略规划，通过持续、系统的社会公益活动，不断提升品牌的社会形象和市场地位。这样，品牌不仅能够实现自身的商业价值，更能够在社会中发挥更加积极、正面的作用。

三、社会贡献活动的规划与执行

在社会贡献与品牌建设的框架下，社会贡献活动的规划与执行显得尤为重要。企业应明确其社会责任目标，这通常与企业的核心价值观和长远愿景紧密相连。基于这些目标，企业应设计一系列具有针对性且切实可行的社会贡献活动，如表 10-3 所示。

在规划阶段，企业应深入调研，了解社会实际需求，确保活动能够真正解决社会问题。同时，活动设计应注重创新性和可持续性，以吸引更多参与者。此外，企业还应制定详细的活动方案，包括时间表、预算、人员分工等，以确保活动顺利进行。

在执行阶段，企业应强化团队协作，确保各项任务得到有效落实。同时，要注重活动的宣传和推广，提高社会影响力。在活动过程中，企业还应密切关注社会反馈，及时调整活动策略，以更好地满足社会需求。

表 10-3　社会贡献活动的规划与执行

阶　　段	目　　标
规划阶段	企业应深入调研，了解社会实际需求，确保活动能够真正解决社会问题
	活动设计应注重创新性和可持续性，以吸引更多参与者
	企业还应制定详细的活动方案，包括时间表、预算、人员分工等，以确保活动顺利进行
执行阶段	企业应强化团队协作，确保各项任务得到有效落实
	注重活动的宣传和推广，提高社会影响力
	在活动过程中，企业还应密切关注社会反馈，及时调整活动策略，以更好地满足社会需求

社会贡献活动的成功不仅在于其本身的实施效果，更在于其对品牌建设产生的积极影响。通过积极参与社会贡献活动，企业能够树立良好的社会形象，增强品牌的社会认同感和美誉度。因此，企业应高度重视社会贡献活动的规划与执行，将其视为品牌建设的重要一环。

四、社会贡献对企业长远发展的影响

社会贡献不仅是企业履行社会责任的体现，更是其长远发展的重要基石。通过积极参与社会公益活动，企业能够树立良好的社会形象，增强公众对其的信任与好感。这种正面的品牌形象有助于企业在激烈的市场竞争中脱颖而出，得到更多消费者的青睐。

社会贡献还能激发企业内部的凝聚力和向心力。员工在参与公益活动的过程中，能够深刻体会到企业的社会责任感，从而更加认同企业的文化和价值观。这种认同感将转化为工作动力，推动企业不断创新和发展。

此外，社会贡献还有助于企业拓展市场、建立广泛的合作关系。通过与社会各界的深入交流与合作，企业能够获取更多的市场信息和资源，为其未来的发展奠定坚实的基础。

综上所述，社会贡献不仅关乎企业的道德担当，更与企业的长远发展息息相关。它不仅能够提升企业的品牌形象和市场竞争力，还能激发内部活力、拓展外部合作，为企业的可持续发展注入不竭的动力。因此，企业应高度重视社会贡献，将其视为自身发展的重要组成部分，不断推动社会与企业的和谐共生。

世界品牌 500 强 10-2

第五节　环保倡议的落地执行

一、环保倡议的策划与推广

在推进环保倡议的落地执行过程中，策划与推广是至关重要的一环。企业应明确环保倡议的核心价值与长远目标，确保倡议内容既符合自身的可持续发展战略，又能有效触动公众的情感共鸣。这要求企业在策划阶段深入调研，了解目标受众的环保需求与期望，确保倡议的针对性和实效性。

在推广方面，企业应充分利用线上线下多种渠道，构建全方位的宣传网络，如表 10-4 所示。线上可通过社交媒体、官方网站等平台发布倡议信息，利用故事化、视觉化的内容形式，提高信息的吸引力和传播力；线下则可举办环保主题活动、公益讲座等，与消费者面对面交流，深化其对环保倡议的认知与认同。

表 10-4　线上线下推广

推广方式	具　体　内　容
线上	通过社交媒体、官方网站等平台发布倡议信息，利用故事化、视觉化的内容形式，提高信息的吸引力和传播力
线下	举办环保主题活动、公益讲座等，与消费者面对面交流，深化其对环保倡议的认知与认同

同时，企业还应注重与合作伙伴、媒体及 KOL 的联动，借助其影响力和资源，拓宽倡议的传播范围，提升社会关注度。通过持续、有效的策划与推广，企业不仅能够推动环保

倡议的落地，还能在公众心中树立起积极履行社会责任的良好形象，为企业的长远发展奠定坚实的社会基础。

二、环保活动的组织与实施

在环保倡议的落地执行过程中，环保活动的组织与实施是至关重要的一环。为了确保活动的顺利进行，企业应制订详尽的活动计划，明确活动目标、时间节点及所需资源。

活动的组织应充分调动内外部资源，包括员工志愿者、合作伙伴及环保组织的支持。通过明确分工与协作，确保每个环节都有人负责，从而保障活动的有序开展。同时，还应注重活动的宣传与推广，利用社交媒体、企业官网等渠道扩大影响力，吸引更多人参与。

在实施阶段，要关注活动的实际效果与参与者的反馈。通过设立监测机制，实时跟踪活动进展，及时调整策略以应对可能出现的问题。此外，还应在活动中注重环保，避免造成资源浪费或环境污染。

环保活动的组织与实施不仅是对企业环保承诺的践行，更是提升品牌形象、增强社会责任感的重要途径。通过一系列精心策划与实施的活动，企业不仅能够推动环保理念的普及，还能激发更多人的环保意识，共同为地球的可持续发展贡献力量。

三、环保倡议的成效评估

环保倡议的落地执行，关键在于其成效的评估与反馈。这不仅是检验环保措施是否有效的手段，也是持续优化和改进环保策略的重要依据。

成效评估应涵盖多个维度，包括资源节约、污染减少、环境改善等方面。通过定期的数据收集与分析，我们可以清晰地看到环保举措带来的积极影响，如能源消耗量的下降、废弃物排放的减少及生态环境的逐步恢复。

同时，评估过程还应注重利益相关方的反馈。消费者、员工、供应商等群体的意见和建议能够为我们提供更为全面和深入的视角，帮助我们理解环保倡议在实际操作中的效果与不足。

在此基础上，我们应建立科学的评估指标体系，将定量分析与定性评估相结合，确保评估结果的客观性和准确性。通过成效评估，我们不仅能够及时发现问题并采取措施予以解决，还能够为未来的环保工作提供有力的数据支持和经验，推动环保倡议不断向更高水平迈进。

总之，环保倡议的成效评估是确保其落地生根、开花结果的关键环节，需要我们给予充分的重视和投入。

四、环保倡议与企业文化融合

环保倡议的落地执行，离不开与企业文化的深度融合。企业文化作为企业的灵魂和核心价值观的体现，对员工的思维方式和行为模式具有深远的影响。将环保理念融入企业文化，不仅有助于提升企业的社会责任感，还能激发员工的环保意识和参与度。

在这一融合过程中，企业应明确环保目标，并将其与企业的长期发展战略相结合。通过制订具体的环保行动计划，引导员工在日常工作中践行环保理念。同时，企业还可以通过开展环保培训、举办环保主题活动等方式，增强员工对环保倡议的认同感和归属感。

此外，企业文化中的激励机制也应向环保倾斜。对在环保工作中表现突出的员工给予表彰和奖励，可以进一步激发员工的环保热情和创新精神。这种正向激励不仅能够促进环保倡议的落地执行，还能推动企业文化的持续发展。

综上所述，环保倡议与企业文化的融合是实现环保目标的重要保障。企业应积极探索和实践这一融合路径，将环保理念深深植根于企业文化之中，共同推动企业的可持续发展和社会责任的履行。通过这样的努力，企业不仅能够实现经济效益与环保效益的双赢，还能为社会贡献更多的正能量。

世界品牌 500 强 10-3

第六节　品牌公益活动的创新与实践

一、品牌公益活动的新思路

在品牌公益活动的创新与实践中，新思路的开拓至关重要。现代社会对品牌的期待已不仅仅是产品质量的卓越，更在于其能否承担起社会责任，积极投身于公益事业。因此，品牌公益活动的新思路应聚焦于如何在实现社会价值的同时，增强品牌的社会影响力，如表 10-5 所示。

表 10-5　品牌公益活动新思路

品牌公益活动新思路	具 体 内 容
强调公益活动的参与性和互动性	品牌应鼓励消费者、员工及社会各界人士参与公益活动
倡导公益活动的可持续性	制定长远的公益规划，品牌可以在社会中树立起积极、正面的形象，从而实现品牌与社会的双赢
鼓励品牌公益活动的跨界合作	与不同领域、不同行业的合作伙伴携手，品牌可以共同探索公益的新路径，共同推动社会公益事业的发展

品牌公益活动的新思路强调公益活动的参与性和互动性。品牌应鼓励消费者、员工及社会各界人士参与公益活动，通过共同的努力，形成强大的社会合力。这种参与不仅能让公益活动更具影响力，也能加深消费者对品牌的好感与认同。

品牌公益活动的新思路还倡导公益活动的可持续性。品牌公益活动不应只是短暂的、一次性的行为，而应成为品牌长期发展战略的一部分。通过制定长远的公益规划，品牌可以在社会中树立起积极、正面的形象，从而实现经济与社会的双赢。

此外，品牌公益活动的新思路还鼓励品牌公益活动的跨界合作。通过与不同领域、不同行业的合作伙伴携手，品牌可以共同探索公益的新路径，共同推动社会公益事业的发展。这种跨界合作不仅有助于扩大公益活动的影响力，也能为品牌带来新的发展机遇。

二、利用新媒体进行品牌公益活动

在数字化时代，新媒体已成为品牌公益活动的重要推手。通过社交媒体、短视频平台及在线直播等渠道，品牌能够以前所未有的方式与消费者互动，传递公益信息，激发社会正能量。

利用新媒体，品牌可以发起话题挑战、公益众筹、在线义卖等多样化的公益活动，如图 10-6 所示。这些活动不仅增强了品牌的曝光度，更在消费者心中树立了积极的社会形象。例如，可以通过社交媒体发起"绿色出行"话题挑战，鼓励用户分享低碳出行方式，既传播了环保理念，又拉近了品牌与消费者的距离。

图 10-6　话题挑战、公益众筹、在线义卖

同时，新媒体也为品牌提供了实时反馈和互动的机会。品牌可以收集用户对公益活动的意见和建议，不断优化活动方案，确保公益活动更加符合社会需求和消费者期望。这种双向沟通的模式，使品牌公益活动更加高效、透明，赢得了更多消费者的信任和支持。

总之，利用新媒体进行品牌公益活动，是品牌在数字化时代履行社会责任、提升品牌形象的有效途径。通过创新的活动形式和高效的互动机制，品牌能够引领社会风尚，推动公益事业不断向前发展。

三、跨界合作与品牌公益

在品牌公益活动的创新与实践中，跨界合作无疑是一种富有成效的策略。跨界合作是指不同领域、不同行业的品牌或组织，基于共同的目标和理念，携手开展公益活动，以实现资源共享、优势互补。

通过跨界合作，品牌能够打破传统界限，拓宽公益活动的广度。例如，时尚品牌与环保组织合作，共同推出用环保材料制成的限量版产品，既提升了品牌形象，又传播了环保理念。同时，这种合作还能激发更多创新灵感，让公益活动更加新颖、有趣，吸引更多消费者的关注和参与。

此外，跨界合作还能有效整合各方资源，提高公益活动的执行效率和影响力。不同品牌或组织在各自领域拥有独特的资源和优势，通过合作可以实现资源互补，共同推动公益事业的发展。

总之，跨界合作是品牌公益活动创新与实践中的重要一环。它不仅能够提升品牌形象，传播公益理念，还能整合各方资源，提高公益活动的效率和影响力。未来，随着社会的不断进步和消费者意识的提升，跨界合作将成为品牌公益活动的主流趋势之一。

四、品牌公益活动的效果衡量与改进

品牌公益活动的效果衡量是确保活动有效性的关键步骤。这不仅关乎活动目标的达成度，还直接影响品牌形象的塑造与社会责任感的体现。

在衡量效果时，我们可采用多维度指标，如参与度、媒体曝光量、公众反馈等，以全面评估活动的社会影响力。同时，通过问卷调查、数据分析等手段，深入了解受众对活动的认知与态度，从而更精准地把握活动的实际效果。

针对评估结果，我们应及时进行反思与总结，发现活动中存在的不足与亮点。对于不足之处，应制定切实可行的改进措施，如优化活动流程、增强互动性、强化宣传频率等，以期在下次活动中取得更好的成效。

此外，我们还应注重活动的长期效应，通过持续跟踪与监测，确保公益活动的积极影响能够深入人心，为品牌赢得更广泛的社会认可与尊重。

课程思政互动 10-3

总之，品牌公益活动的效果衡量与改进是一个不断循环、不断优化的过程。只有不断探索与实践，才能推动品牌公益活动迈向更高的层次，为社会的可持续发展贡献更多力量。

简答题

1. 简述绿色营销的实践要求。
2. 品牌公益活动的价值体现在哪些方面？
3. 如何确保环保倡议的有效落地执行？
4. 简述绿色营销策略的挑战与机遇。
5. 企业环保行动案例分析中提到的具体企业环保行动包括哪些？

案例分析

即测即练

自学自测

扫描此码

第四部分　品牌监控与评估

品牌资产测量

1. 掌握品牌资产测量的意义，了解其演变历程，明确其在现代营销中的战略地位。
2. 熟记市场份额与渗透率、消费者满意与忠诚、品牌知觉与认知等关键定量指标。
3. 深入探索品牌形象与个性、消费者情感连接与品牌共鸣、品牌口碑与社交影响力、品牌故事与文化传承，洞察它们对品牌资产的深层次贡献。
4. 了解品牌投资回报率（ROI）的决定性作用，开展品牌效益的长短周期评估，掌握优化品牌资产以提高 ROI 的策略。

第一节　品牌资产测量的重要性

一、品牌资产的定义与价值

品牌资产（brand equity）是赋予产品或服务的附加价值，这种价值主要体现在消费者对品牌的认知、感受及行动方式上。它不仅反映了品牌在消费者心目中的形象和地位，还直接关联品牌所能带来的市场份额、价格优势及盈利能力。品牌资产既是企业无形资产的重要组成部分，也是企业核心竞争力的体现。

从定义上来看，品牌资产包含消费者对品牌的忠诚度、知名度、联想度、感知质量、个性和形象等多个维度。这些维度共同构成了品牌在市场中的综合表现，影响着消费者的购买决策和企业的市场表现。一个拥有强大品牌资产的企业，其产品或服务往往能够更容易地获得消费者的青睐，从而在市场竞争中占据优势地位。

品牌资产的价值在于能够为企业带来持续的经济效益和社会效益。通过提升品牌知名度、美誉度和忠诚度，企业可以稳定地吸引消费者，进而实现市场份额的扩大和销售业绩的增长。此外，品牌资产还能够提升企业的议价能力，降低营销成本，提高企业的盈利能力。

因此，品牌资产的测量和管理对于企业的长期发展和市场竞争具有重要意义。通过定期评估品牌资产的状况和价值，企业可以及时发现并解决品牌建设中存在的问题，制定有效的品牌策略，以不断提升品牌价值，提高市场竞争力。在品牌资产测量的过程中，定量和定性指标的结合使用，以及 ROI 与品牌效益的分析，都是不可或缺的重要工具和方法。

二、品牌资产测量的意义

品牌资产测量不仅是对品牌价值的简单评估，更是企业战略规划与市场营销决策的重要依据。其意义深远，具体体现在以下几个方面。

首先，品牌资产测量有助于企业明确品牌在市场中的定位。通过量化品牌知名度、美誉度等关键指标，企业能够清晰地认识到品牌在消费者心目中的形象，从而精准定位市场，制定有效的营销策略。

其次，品牌资产测量能够揭示品牌发展的潜在问题与机遇。在测量过程中，企业可以发现品牌建设的不足之处，如品牌忠诚度不高、品牌形象模糊等，进而采取针对性措施进行改进；同时，也能挖掘出品牌增长的新动力，如创新产品、拓展新市场等，为品牌持续发展提供有力支持。

再次，品牌资产测量有助于企业优化资源配置。通过对品牌价值的量化分析，企业能够明确哪些营销活动对提升品牌价值最有效，从而合理分配营销预算，提高资源利用效率。

最后，品牌资产测量还能为企业带来长期竞争优势。估值高的品牌资产意味着更高的市场份额、更高的消费者忠诚度及更低的营销成本。这些优势将有助于企业在激烈的市场竞争中脱颖而出，实现可持续发展。

综上所述，品牌资产测量不仅是对品牌价值的客观反映，更是企业战略规划与市场营销决策不可或缺的工具。通过深入理解和运用品牌资产测量的意义，企业能够更好地把握市场机遇，提升品牌竞争力，实现长远发展目标。

世界品牌 500 强 11-1

三、品牌资产测量的历史与发展

品牌资产测量的历史可以追溯到 20 世纪 80 年代。当时，美国市场营销学家约瑟夫·杰佛森和大卫·诺顿提出了"品牌形象理论"，认为品牌形象是影响消费者购买决策的重要因素。这一理论奠定了品牌资产测量的基础。

随着市场竞争的加剧，品牌管理的重要性逐渐被人们所认识，品牌资产模型也逐步建立起来。1990 年，品牌管理专家史蒂芬·科维提出了品牌资产模型的基本概念，认为品牌资产是品牌的核心，可以通过品牌知名度、品牌认知度、品牌联想度和品牌忠诚度四个方面来衡量。这一模型为后来的品牌资产测量提供了重要的理论框架。

20 世纪末，品牌资产测量得到了更广泛的发展和应用。1999 年，美国营销科学研究院主持的品牌资产计量研讨会为理论界和实业界开展品牌资产的测量与评估提供了思路。与会者就理想的品牌资产测量需要达到的标准形成了共识，这些标准涵盖测量的理论依据、完善性、诊断力、客观性等多个方面。在此基础上，品牌资产的测量与评估逐渐形成了多种模式，包括消费者要素品牌资产测量与评估模式、"消费者要素+品牌力要素"品牌资产测量与评估模式等。这些模式为品牌资产的测量提供了更为全面和科学的视角。

如今，品牌资产测量已经成为品牌管理的基本工具之一，在帮助企业制定品牌战略、优化品牌定位、提高品牌声誉等方面发挥着重要作用。随着市场环境的变化和品牌竞争的加剧，品牌资产测量也将不断演变和发展，以适应时代的需求。品牌资产测量的发展史如表 11-1 所示。

表 11-1　品牌资产测量的发展史

时　　期	内　　容
20 世纪 80 年代	美国市场营销学家约瑟夫·杰佛森和大卫·诺顿提出了"品牌形象理论"，奠定了品牌资产测量的基础
1990 年	品牌管理专家史蒂芬·科维提出了品牌资产模型的基本概念，为后来的品牌资产测量提供了重要的理论框架
20 世纪末	就理想的品牌资产测量需要达到的标准形成了共识，这些标准涵盖了测量的理论依据、完善性、诊断力、客观性等多个方面
如今	品牌资产测量已经成为品牌管理的基本工具之一，在帮助企业制定品牌战略、优化品牌定位、提高品牌声誉等方面发挥着重要作用

四、品牌资产测量在现代营销中的角色

在现代营销体系中，品牌资产测量扮演着举足轻重的角色。它不仅是企业制定战略决策的基石，更是实现市场竞争优势的利器。

品牌资产测量有助于企业精准定位品牌形象。通过对品牌知名度、美誉度、忠诚度等定量与定性指标的深入剖析，企业能够清晰地把握品牌在消费者心目中的位置，进而调整营销策略，以更好地满足市场需求。这种精准定位有助于企业在激烈的市场竞争中脱颖而出，树立独特的品牌形象。

品牌资产测量能够指导企业优化资源配置。在营销投入有限的情况下，企业需要通过品牌资产测量来评估各项营销活动的 ROI，从而确定哪些活动能够带来更高的品牌效益。这种基于数据的决策方式，有助于企业实现资源的高效利用，提升整体营销效果。

此外，品牌资产测量还能够为企业提供持续改进的动力。随着市场环境的变化和消费者需求的升级，品牌资产的价值也会发生波动。通过定期的品牌资产测量，企业能够及时发现品牌存在的问题和潜在风险，进而采取针对性的改进措施，保持品牌的竞争力和生命力。

综上所述，品牌资产测量在现代营销中扮演着至关重要的角色。它既是企业制定战略决策的重要依据，也是优化资源配置、实现持续改进的关键工具。因此，企业应当高度重视品牌资产测量工作，不断提升测量水平，为企业的可持续发展奠定坚实基础。

第二节　定量指标在品牌资产测量中的应用

一、市场份额与市场渗透率

市场份额是评估品牌在特定市场中的表现和竞争力的重要定量指标。它反映了品牌在

市场中相对于其他竞争对手的规模和地位。通过市场份额的测量，企业可以清晰地了解自身在市场中的竞争态势，以及产品或服务的销售表现。市场份额的计算通常基于销售额或销售量，通过品牌在总市场中所占的比例来衡量，通常以百分比的形式表示。

市场份额的增长往往意味着品牌在市场中的表现越来越好，表明产品质量、市场推广或价格策略等方面具备优势；而市场份额的下降则可能暗示着竞争对手的产品更受消费者欢迎，或者市场环境发生了变化。因此，管理者需要密切关注市场份额的变化，以便及时调整策略，保持或提升品牌的竞争力。

市场渗透率是另一个重要的定量指标，它衡量的是品牌在目标市场中的普及程度。通过观察市场渗透率，企业可以了解产品在市场中的接受程度和扩展空间。市场渗透率的计算公式为：（使用产品或服务的用户数量/潜在用户总数）×100%。较高的市场渗透率表明产品在市场中具有较强的竞争力和广泛的接受度，而较低的市场渗透率则可能暗示产品需要进一步优化和推广。

市场渗透率对于企业制定市场定位策略、指导产品创新和改进及优化营销渠道具有重要意义。通过分析市场渗透率，企业可以有针对性地调整市场策略，将资源集中投放在渗透率较低但具有潜力的市场区域或客户群体上，以实现持续增长和发展。

综上所述，市场份额和市场渗透率是衡量品牌资产的重要定量指标，它们为企业提供了关于市场竞争力和市场表现的重要信息。

二、消费者满意度与忠诚度

在品牌资产测量中，消费者满意度与忠诚度是两个至关重要的定量指标。它们不仅反映了消费者对品牌的直接感受，还预示着品牌未来的市场表现和盈利能力。

消费者满意度是消费者对产品或服务的整体评价，涵盖产品质量、服务、价格等多个方面。通过市场调研和数据分析，企业可以量化消费者对品牌的满意度水平。高满意度意味着消费者对品牌的认可度高，更有可能形成积极的口碑传播，进而推动品牌资产的增值。

与消费者满意度紧密相关的是品牌忠诚度。品牌忠诚度是指消费者对特定品牌或企业的长期信任和依赖。当消费者对品牌高度满意时，他们更倾向于持续购买该品牌的产品或服务，甚至在面对竞争对手的优惠和诱惑时也能对该品牌保持忠诚。品牌忠诚度直接决定了品牌的客户留存率和市场份额的稳定性。

在品牌资产测量中，消费者满意度与忠诚度通常通过问卷调查、客户反馈和购买行为数据等方式进行量化。这些定量数据为企业提供了直观的指标，帮助企业了解品牌在消费者心中的地位，以及品牌在市场中的竞争态势。

此外，消费者满意度与忠诚度之间呈正相关关系。高满意度往往能够转化为高忠诚度，而忠诚度的提升又能进一步巩固品牌的市场地位，形成良性循环。因此，企业在制定品牌战略时，应注重提升消费者满意度，培养品牌忠诚度，以实现品牌资产的持续增长。

综上所述，消费者满意度与忠诚度是品牌资产测量中不可或缺的定量指标，它们为企业提供了宝贵的市场反馈和战略指导。

三、品牌知名度与认知度

在品牌资产测量中，品牌知名度与认知度是衡量品牌价值的重要指标，它们通常通过定量指标来具体量化。

品牌知名度是指品牌在目标消费者群体中的熟悉程度。这可以通过多种定量指标来衡量，如市场调研中的品牌提及率、社交媒体上的品牌曝光量及广告投放效果等。品牌提及率是指消费者在被问及某类产品或服务时能够主动提及该品牌的比例，它反映了品牌在消费者心中的记忆强度。社交媒体曝光量则通过监测品牌在社交媒体平台上的提及次数、转发量、评论数等指标来评估，这些数据能够直观地展示品牌的在线活跃度和影响力。

品牌认知度则更多地关注消费者对品牌内涵、形象和价值观的理解和认同。定量指标在这里同样发挥着重要作用，如通过问卷调查、访谈等方式收集消费者对品牌的印象、购买意愿、忠诚度等信息。这些数据不仅能够帮助企业了解品牌在消费者心中的定位，还能够揭示消费者对品牌形象的感知和态度。

在品牌知名度与认知度的测量中，定量指标提供了客观、具体的数据支持，使品牌管理者能够更准确地评估品牌在市场上的表现。同时，这些数据也为品牌策略的制定和调整提供了重要依据，如通过提高广告投放频率、优化社交媒体内容等方式来提升品牌知名度和认知度。

综上所述，品牌知名度与认知度是衡量品牌价值不可或缺的一部分，而定量指标则在这一过程中扮演着至关重要的角色。通过科学、合理地运用这些指标，企业能够更好地了解品牌在消费者心中的地位，从而制定出更具针对性的品牌策略。

四、广告投放效果与回应率

在品牌资产测量中，广告投放效果与回应率是定量指标的重要组成部分。通过精准的广告投放和效果评估，企业能够量化品牌传播的效果，进而优化广告策略，提升品牌资产。

广告投放效果的衡量通常基于一系列关键绩效指标（KPI），如点击率（CTR）、转化率（CVR）和投资回报率（ROI）。点击率反映了广告被用户点击的比例，是评估广告吸引力的直接指标；转化率衡量了广告点击后用户完成购买、注册等目标行为的比例，体现了广告的实际效果；投资回报率则通过计算广告投入与销售收入的比例，帮助企业了解广告的经济价值。

回应率作为广告投放效果的另一重要指标，通常通过市场调研、问卷调查等方式获取。它反映了目标受众对广告信息的接受程度和反应速度，是评估广告传播效果的重要参考。高回应率意味着广告信息有效触达了目标受众，并激发了他们的兴趣和行动。

在广告投放过程中，企业可以利用数据分析工具，如 Google Analytics、百度统计等（见图 11-1），追踪广告带来的流量、行为路径及转化情况。通过深入分析这些数据，企业能够找出广告效果的亮点和不足之处，进而调整广告策略，提升投放效果。

图 11-1　Google Analytics、百度统计

此外，A/B 测试也是评估广告投放效果的有效方法。通过对比不同广告创意、投放渠道或落地页设计，企业能够直观展现不同方案的效果差异，指导决策优化。

综上所述，如表 11-2 所示，广告投放效果与回应率是衡量品牌资产定量指标中的重要内容。通过精准衡量和深入分析，企业能够不断优化广告策略，提升品牌传播效果，进而增强品牌资产价值。

课程思政互动 11-1

表 11-2　广告投放效果评估

指标/工具	作　　　用
关键绩效指标 （KPI）	点击率反映广告被用户点击的比例，是评估广告吸引力的直接指标
	转化率衡量广告点击后用户完成购买、注册等目标行为的比例，体现了广告的实际效果
	投资回报率通过计算广告投入与销售收入的比例，帮助企业了解广告的经济价值
回应率	高回应率意味着广告信息有效触达了目标受众，并激发了他们的兴趣和行动
数据分析工具	找出广告效果的亮点和不足之处，进而调整广告策略，提升投放效果
A/B 测试	对比不同广告创意、投放渠道或落地页设计，企业能够直观展现不同方案的效果差异，指导决策优化

第三节　定性指标对品牌资产的贡献

一、品牌形象与个性分析

在品牌资产测量中，品牌形象与个性分析占据着举足轻重的地位。品牌形象作为消费者对品牌整体感知的集合，是品牌与消费者之间情感纽带的基石。它不仅关乎产品的物理特性或功能，更涉及品牌的情感价值、社会认同及文化象征。

品牌形象通过一系列精心设计的视觉元素、传播信息以及消费者体验得以塑造。这些元素共同作用于消费者的心智，形成独特的品牌记忆点。而品牌个性则是品牌形象中最为鲜活、最具辨识度的部分，它赋予品牌以人性化的特征，使品牌能够像人一样与消费者进行情感交流。

分析品牌形象与个性，关键在于深入理解目标消费者群体的需求、偏好以及价值观。

通过市场调研、消费者访谈、社交媒体分析等手段（见图 11-2），可以捕捉消费者对品牌的真实感受与期望，进而评估品牌形象是否与目标市场保持高度一致。同时，品牌个性的塑造与传播也需紧密围绕品牌定位，确保每一项营销活动都能强化品牌的独特性格，加深消费者的品牌忠诚度。

图 11-2　市场调研、消费者访谈、社交媒体分析

总之，品牌形象与个性分析是品牌资产建设中不可或缺的一环。它们不仅影响消费者的购买决策，更是品牌差异化竞争的关键所在。通过持续、系统的分析与优化，品牌能够不断提升其在消费者心中的地位，实现品牌资产的长期增值。

二、消费者情感联系与品牌共鸣

在品牌资产的构建过程中，消费者情感联系与品牌共鸣扮演着至关重要的角色。这些定性指标虽难以量化，却对品牌的长远发展具有深远影响。

消费者情感联系是指消费者与品牌之间建立起的情感纽带。当品牌能够触动消费者的内心，引发共鸣时，这种情感联系便得以形成。例如，品牌通过讲述引人入胜的故事、传递积极向上的价值观或展现独特的品牌个性，都能有效增加消费者的情感投入。这种情感联系不仅能够提升消费者对品牌的忠诚度，还能促使他们在社交平台上积极分享品牌体验，从而扩大品牌的影响力。

品牌共鸣则是消费者情感联系的高级表现形式。当消费者对品牌的认同感和归属感达到一定程度时，便会产生品牌共鸣。这种共鸣使消费者将品牌视为自己生活的一部分，愿意为品牌付出更多，包括时间、金钱和精力。品牌共鸣的形成，意味着品牌已经成功拥有了强大的情感资产，这种资产是竞争对手难以获取的。

因此，在品牌资产测量中，消费者情感联系与品牌共鸣是不可忽视的重要指标。它们不仅反映了品牌在消费者心中的地位，还预示着品牌未来的市场潜力和发展空间。品牌管理者应重视这些定性指标，通过深入了解消费者的情感需求，不断优化品牌策略，以建立更加紧密的消费者情感联系和品牌共鸣，为品牌的长期发展奠定坚实的基础。

三、品牌口碑与社交媒体影响力

在品牌资产的定性评估中，品牌口碑与社交媒体影响力占据着举足轻重的地位。品牌口碑是消费者之间口口相传的品牌评价，它直接反映了品牌在目标市场中的接受度和认可度。如表 11-3 所示。正面的口碑能够迅速提升品牌形象，增强消费者的信任，而负面的口碑则可能迅速扩散，对品牌造成难以挽回的损失。

表 11-3　品牌口碑

口　　碑	影　　响
正面的口碑	能够迅速提升品牌形象，增强消费者的信任
负面的口碑	可能迅速扩散，对品牌造成难以挽回的损失

社交媒体作为现代信息传播的重要渠道，其对品牌口碑的形成与传播具有深远影响。品牌在社交媒体上的活跃度、互动性以及用户生成内容（UGC）的质量与数量，都是衡量其社交媒体影响力的关键指标。一个品牌在社交媒体上拥有广泛的关注者、高频的互动及积极正面的用户评价，不仅能够扩大品牌知名度，还能够促进消费者之间的口碑传播，形成良性循环。

此外，社交媒体上的热点事件、网红推荐或与 KOL 合作，也能够为品牌带来短期的曝光度与长期的品牌资产增值。这些活动往往能够激发消费者的情感共鸣，提升品牌情感连接，从而在消费者心中树立起独特的品牌形象。

因此，品牌口碑与社交媒体影响力是衡量品牌资产不可或缺的一部分。品牌应密切关注这两方面的动态，通过积极的社交媒体营销策略与优质的消费者服务，不断优化口碑传播，提升社交媒体影响力，从而形成更加稳定的品牌资产。

四、品牌故事与文化传承

在品牌资产的构建中，品牌故事与文化传承扮演着不可或缺的角色。品牌故事是品牌历史的积淀，是品牌与消费者情感连接的桥梁。它不仅仅关乎产品或服务的起源和发展，更是一种价值观的传递，让消费者对品牌产生深刻的情感认同。

品牌故事通过讲述品牌背后的理念、愿景和使命，让消费者感受到品牌的温度和深度。这些故事往往蕴含着品牌的创新精神、社会责任及对品质的执着追求，它们能够激发消费者的共鸣，提升品牌的忠诚度。一个生动、真实的品牌故事，能够赋予品牌独特的个性，使其在激烈的市场竞争中脱颖而出。

文化传承则是品牌故事在时间维度上的延伸。它代表着品牌对历史的尊重和对传统的继承，也是品牌创新的基础。通过传承经典元素和核心价值，品牌能够在不断变化的市场环境中保持独特性和连贯性。文化传承不仅体现在产品设计和制作工艺上，更渗透在品牌的每一个细节中，包括品牌语言、视觉形象和营销活动等。

品牌故事与文化传承的结合，为品牌资产注入了强大的精神内核。它们共同塑造了品牌的独特形象，提高了品牌的辨识度和记忆点。在消费者心中，一个拥有丰富故事和深厚文化底蕴的品牌，往往更具吸引力和可信度。因此，企业在构建品牌资产时，应注重挖掘和传承品牌故事与文化，以此为基础打造具有持久竞争力的品牌形象。

世界品牌 500 强 11-2

第四节　ROI 与品牌效益的综合分析

一、ROI 的定义及计算方法

投资回报率（Return on Investment，ROI）是衡量投资效益的关键财务指标。它反映了投资者从一项投资活动中获得的收益与投资成本之间的比率，帮助投资者和企业评估投资项目的盈利能力和效率。

ROI 的计算方法有多种，但基本原理一致，即通过收益与投资成本的比值来衡量投资效果。以下是 ROI 的几种常见计算公式。

1. 基本公式

$$ROI = （税前年利润/投资总额）\times 100\%$$

这个公式适用于衡量企业从长期投资项目中获得的年利润与投资总额的比例。

2. 净收益公式

$$ROI = （投资收益 - 投资成本）/投资成本 \times 100\%$$

这个公式更侧重于衡量投资者从单次投资活动中获得的净收益与投资成本的比例，适用于短期或特定项目的投资效益评估。

3. 特定场景公式

在广告投放或市场营销领域，ROI 的计算公式略有不同，如：

$$ROI = （收回价值/成本投入）\times 100\%$$

这里的"收回价值"可能包括直接销售收入、品牌知名度提升等非直接经济收益。

ROI 的值通常以百分比表示，正数表示盈利，负数表示亏损。ROI 的重要性在于它提供了一个直观的量化标准，用于比较不同投资项目的表现，从而指导投资决策。高 ROI 通常意味着投资表现良好，但需要注意的是，ROI 并不总是能够全面反映投资的风险、流动性和其他重要因素。因此，在评估投资时，投资者和企业通常会结合其他财务指标，以获得更全面的评估视角。

二、品牌投资回报率的重要性

在品牌资产测量中，ROI 是衡量品牌策略成功与否的关键指标，其重要性不言而喻。ROI 不仅揭示了品牌投入与产出之间的直接关联，还为企业决策者提供了清晰、量化的评估依据。

首先，ROI 是衡量品牌投资效率的核心指标。通过计算品牌活动所带来的收益与投入成本的比例，企业能够直观地了解每一分投入所带来的回报，从而避免盲目投资，优化资源配置。在资源有限的市场环境中，ROI 的指引作用尤为显著，它帮助企业将资金投向最具潜力的品牌建设项目。

其次，ROI 是品牌策略调整的重要依据。随着市场环境的变化，品牌策略需要不断调整以适应新的竞争态势。ROI 分析能够揭示哪些策略有效、哪些需要改进，为品牌策略的持续优化提供数据支持。通过对比不同策略下的 ROI，企业能够更科学地制订和调整品牌传播计划，提升品牌的市场竞争力。

最后，ROI 还是企业内部沟通与协作的桥梁。在跨部门、跨团队的品牌建设中，ROI 作为共同的评估标准，有助于各方达成共识，形成合力。它促使团队成员关注品牌建设的实际效果，而非仅仅关注过程或形式，从而推动品牌价值的最大化。

综上所述，ROI 在品牌资产测量中扮演着至关重要的角色。它不仅关乎企业的经济效益，还影响品牌策略的制定与调整，以及内部沟通与协作的效率。因此，企业应高度重视 ROI 分析，将其作为品牌建设的重要参考依据。

三、品牌效益的长期与短期评估

在 ROI 与品牌效益的综合分析中，品牌效益的长期与短期评估占据着至关重要的地位。这两者不仅反映了品牌策略在不同时间维度上的成效，也为品牌未来的战略规划提供了重要依据。

短期评估通常关注品牌活动或策略实施后的即时反馈，如销售额增长、市场份额提升及消费者购买意愿的增强等。这些指标能够迅速反映品牌策略是否得当，以及是否需要调整。通过短期评估，品牌管理者可以及时发现市场趋势，发现消费者需求的变化，从而灵活调整营销策略，确保品牌在市场中的竞争力。

然而，品牌效益的长期评估则更为复杂且深远。它涉及品牌忠诚度的建立、品牌形象的塑造及品牌价值的提升等方面。这些效益往往需要较长时间才能显现，但它们对品牌持续发展和市场地位的巩固具有决定性作用。长期评估不仅关注品牌当前的市场表现，更着眼于品牌的未来潜力和可持续发展能力。

在品牌效益的长期与短期评估中，品牌管理者需要保持平衡和远见，既要关注短期内的市场反馈和业绩提升，又要注重长期品牌价值的培养和提升。通过综合运用定量和定性指标，品牌管理者可以更加全面、准确地评估品牌效益，为品牌未来的战略规划提供有力支持。

总之，品牌效益的长期与短期评估是品牌管理中的重要环节。它们相互补充，共同构成了品牌效益评估的完整框架，为品牌的发展提供了有力的数据支持和决策依据。

四、提升品牌资产以优化 ROI 的策略

在 ROI 与品牌效益的综合分析中，提升品牌资产成为优化 ROI 的关键策略。品牌资产作为企业的无形财富，不仅能够提升消费者的忠诚度，还能为企业带来持续的竞争优势。

为了有效增加品牌资产，企业应采取多维度的策略。

首先，强化品牌定位至关重要。明确而独特的品牌定位能够确保品牌在消费者心智中占据有利位置，进而提升品牌识别度和记忆度。这要求企业深入了解目标市场的需求和偏好，通过精准的市场细分和差异化策略来塑造品牌形象。

其次，提升品牌体验是增加品牌资产的有效途径。企业应注重产品或服务的品质与创新，确保消费者在使用过程中获得愉悦和满足。同时，通过优质的售后服务和客户关系管理，建立与消费者的情感联系，提升品牌忠诚度。

再次，加大品牌传播力度也是不可或缺的一环。利用多元化的传播渠道和创意性的传播内容，提高品牌知名度和曝光率。通过社交媒体、内容营销、公关活动等手段，与消费者建立互动和沟通，传递品牌价值和理念。

最后，企业应持续关注品牌资产的动态变化，定期进行品牌资产评估。通过定量和定性的指标分析，了解品牌在市场中的表现和消费者的反馈，及时调整品牌策略，确保品牌资产的持续增值。

课程思政互动 11-2

综上所述，如表 11-4 所示，提升品牌资产是优化 ROI 的重要策略。企业应通过强化品牌定位、提升品牌体验、加大品牌传播力度及持续关注品牌资产变化等措施，不断提升品牌的市场竞争力和投资回报率。

表 11-4　提升品牌资产策略

策　略		途　径
提升品牌资产策略	强化品牌定位	深入了解目标市场的需求和偏好
		精准的市场细分和差异化策略来塑造品牌形象
	提升品牌体验	注重产品或服务的品质与创新
		提供优质的售后服务和客户关系管理
	加大品牌传播力度	利用多元化的传播渠道和创意性的传播内容
		通过社交媒体、内容营销、公关活动等手段，与消费者建立互动和沟通，传递品牌价值和理念
	持续关注品牌资产的动态变化	定期进行品牌资产评估

简答题

1. 简述品牌资产测量的重要性。

2. 简述品牌资产测量在现代营销中扮演的角色。

3. 简述定量指标在品牌资产测量中的应用。

4. 在品牌资产测量中，市场份额和市场渗透率分别有何作用？

5. 如何通过提升品牌资产来优化 ROI？

案例分析　　　　　　　即测即练

自学自测   扫描此码

品牌危机预警与品牌恢复

学习目标

1. 理解危机预警机制的必要性，掌握风险识别的技术与工具，学会识别预警信号。
2. 掌握危机应对计划的制订流程，实施员工培训与实战模拟，强化整体防御能力。
3. 掌握危机爆发时的快速反应机制，精通与媒体和公众沟通的艺术。
4. 分析危机后品牌形象受损情况，规划品牌重塑战略，采取有效措施重建消费者信任。
5. 了解优化应急机制，以及巩固品牌形象与市场地位的有效策略。

第一节　品牌危机预警系统

一、危机预警机制的重要性

在当今竞争激烈的市场环境中，品牌作为企业与消费者之间的桥梁（见图 12-1），其稳定性和健康度直接关系企业的生存与发展。品牌危机时刻威胁着企业的品牌形象和市场地位。因此，建立一套科学有效的品牌危机预警机制，对于企业的长远发展而言，具有举足轻重的意义。

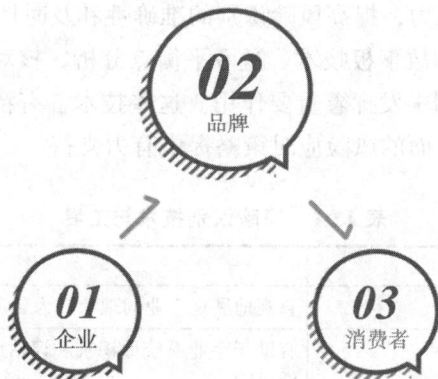

图 12-1　品牌、企业、消费者关系

危机预警机制的重要性首先体现在风险的前瞻性管理上。通过实时监测市场动态、消费者反馈及媒体报道等多维度信息，企业能够及时发现并评估潜在的品牌风险，从而在危机爆发前采取应对措施，避免或减轻危机带来的负面影响。

此外，危机预警机制还有助于提升企业的应急响应能力。在危机发生时，帮助企业迅速启动应急预案，调动各方资源，以最快的速度、最正确的方式应对危机，从而有效控制事态发展，保护品牌形象不受损害。

更重要的是，危机预警机制能够增强企业的品牌信誉和消费者信任。当企业展现出对品牌危机的敏锐洞察力和高效处理能力时，消费者会更加信赖该品牌，认为其是一个负责任、有担当的品牌。这种信任的建立，对于企业在激烈的市场竞争中脱颖而出，具有重要的推动作用。

综上所述，危机预警机制是品牌危机管理中的重要一环，它不仅能够帮助企业提前识别并预防风险，还能在危机发生时提供有力的支持和保障，确保企业的品牌形象和市场地位不受损害。

二、风险识别技术与工具

在构建品牌危机预警系统的过程中，风险识别是至关重要的一环。为了有效识别潜在的品牌风险，企业需要借助一系列先进的技术和工具（见表 12-1）。

SWOT 分析法是一种常用的风险识别工具；它通过对企业内部的优势、劣势及外部的机会、威胁进行全面分析，帮助企业识别出潜在的风险点。这种方法能够直观地展现企业的现状，为制定风险应对策略提供有力支持。

价值链分析也是一种有效的风险识别手段。它将企业的各项活动分解为一系列具体的环节，通过对每个环节的风险进行细致分析，揭示风险的来源和影响范围。这种方法有助于企业系统地识别和评估风险，从而采取相应的措施来降低风险。

情景分析法也是风险识别中不可或缺的工具。它通过对未来可能出现的各种情景进行模拟和分析，帮助企业预测潜在的风险，并制定相应的应对预案。情景分析法能够增强企业对复杂多变环境的适应能力，提高风险识别的准确性和及时性。

此外，还有多种技术如故事板技术、盈亏平衡点分析、核对表法、流程图法以及财务报表法等，也都在风险识别中发挥着重要作用。这些技术各有特色，能够从不同角度揭示企业的潜在风险，为制定全面的风险应对策略提供有力支持。

表 12-1　风险识别技术与工具

技术与工具	作　用
SWOT 分析法	直观地展现企业的现状，为制定风险应对策略提供有力支持
价值链分析	有助于企业系统地识别和评估风险，从而采取相应的措施来降低风险
情景分析法	能够增强企业对复杂多变环境的适应能力，提高风险识别的准确性和及时性
其他：故事板技术、盈亏平衡点分析、核对表法、流程图法以及财务报表法等	能够从不同角度揭示企业的潜在风险，为制定全面的风险应对策略提供有力支持

综上所述，企业在构建品牌危机预警系统时，应充分利用 SWOT 分析法、价值链分析、情景分析法等多种风险识别技术和工具。通过综合运用这些方法，企业能够更准确地识别出潜在的品牌风险，为后续的预警和应对工作奠定坚实基础。

三、预警信号的识别与分类

在品牌危机预警系统中，预警信号的识别与分类是至关重要的一环。这些信号如同风暴来临前的征兆，及时发现并准确分类，能够有效预防或减轻品牌危机的冲击。

预警信号通常来自多个方面，包括市场反馈、消费者行为、媒体报道、竞争对手动态及内部运营数据等。在识别这些信号时，企业应保持高度敏感性和警觉性，建立多渠道的信息收集机制，确保信息的全面性和准确性。

根据信号的性质和紧急程度，预警信号可以分为以下几类。

1. 市场反馈信号

如消费者投诉增加、产品退货率上升等，这些信号直接反映了消费者对品牌的不满和失望，是品牌危机初期的重要预警。

2. 媒体报道信号

如负面新闻报道、社交媒体上的负面舆论等，这些信号传播速度快、影响范围广，对品牌形象构成严重威胁。

3. 竞争对手动态信号

如竞争对手推出相似产品、打价格战等，这些信号虽不直接构成品牌危机，但可能引发市场份额争夺和品牌忠诚度下降等潜在风险。

4. 内部运营信号

如产品质量问题频发、员工士气低落等，这些信号往往预示着品牌内部管理的漏洞和隐患，应及时整改以避免危机爆发。

对预警信号进行准确分类和评估，有助于企业迅速制定应对策略，将危机扼杀于萌芽状态，或最大限度地降低危机带来的负面影响。

四、建立有效的预警响应流程

在品牌危机预警系统中，建立有效的预警响应流程是确保企业迅速、准确地应对潜在危机的关键。这一流程应当具备较高的灵敏度和执行力，以便在危机初露端倪时就能立即启动，将损失降至最低。

有效的预警响应流程应包括以下几个环节。第一，信息搜集与监测。通过多渠道、全方位的信息搜集，实时掌握市场动态、消费者反馈和媒体报道等，对可能引发危机的信息进行敏锐捕捉。第二，风险评估与判断。对搜集到的信息进行深入分析，评估其潜在的风险程度和影响范围，从而做出准确的危机预判。

一旦危机预警信号发出，应立即启动应急预案。应急预案应事先制定，明确各级人员

的职责分工、应急措施和处置流程，确保在危机发生时能够迅速响应、有序应对。同时，建立快速沟通机制，确保内部员工和外部合作伙伴能够及时了解危机情况，形成合力共同应对。

在危机处理过程中，还应持续监测危机发展态势，根据实际情况调整应对策略。危机解除后，应及时进行总结评估，分析危机处理过程中的得失，为后续危机应对提供参考和借鉴。

通过建立有效的预警响应流程，企业能够在品牌危机面前保持冷静、从容应对，最大限度地减少危机带来的负面影响，保护企业的品牌形象和市场地位。

第二节　风险预防与管理

一、预防性品牌保护策略

在品牌危机管理中，预防性品牌保护策略是至关重要的一步。有效的预防不仅能够减少危机发生的概率，还能为企业在危机来临时争取更多的应对时间。

预防性品牌保护策略的核心在于风险识别与预防。企业需要建立一套完善的危机预警机制，这一机制包括对市场动态、法规变化、员工行为、产品质量等多方面的持续监控和分析。通过大数据、人工智能等技术手段，企业可以实时监测和识别可能引发危机的内外部因素，确保在危机发生前能够迅速采取措施。

此外，加强内部管理也是预防性品牌保护的重要一环。企业应提升员工对品牌形象的认识和专业素养，确保每位员工都能成为品牌形象的维护者。通过定期的培训和教育，员工能够了解品牌危机的严重性，掌握基本的危机应对技巧，从而在危机发生时能够冷静、专业地处理问题。

制订危机管理计划同样不可或缺。这一计划应明确各部门的职责、应对流程和沟通渠道，确保在危机发生时企业能够迅速、有效地采取行动。计划还应包括危机发生后的恢复和重建工作，以提高品牌的抗风险能力。

在预防性品牌保护策略中，与媒体和公众保持良好的沟通关系也至关重要。企业应定期发布正面信息，提升品牌的知名度和美誉度，从而降低危机爆发的可能性。同时，通过积极的公关活动和社会责任实践，企业能够树立积极的品牌形象，为应对潜在的危机打下坚实的基础。

综上所述，如表 12-2 所示，预防性品牌保护策略需要从风险识别、内部管理、危机管理计划制订及与媒体和公众的沟通等多个方面入手，确保企业在面临品牌危机时能够从容应对，保护品牌形象，实现可持续发展。

表 12-2　预防性品牌保护策略

策　略	内　容
风险识别与预防	建立一套完善的危机预警机制
	通过大数据、人工智能等技术手段，企业实时监测和识别可能引发危机的内外部因素

策　略	内　容
加强内部管理	提升员工对品牌形象的认识和专业素养
	定期的培训和教育
制订危机管理计划	明确各部门的职责、应对流程和沟通渠道
	计划应包括危机发生后的恢复和重建工作
与媒体和公众保持良好的沟通关系	应定期发布正面信息，提升品牌的知名度和美誉度
	积极的公关活动和社会责任实践

二、风险评估框架与方法

在品牌危机预警与恢复的过程中，风险评估框架与方法是确保风险预防与管理有效性的关键环节。一个完善的风险评估框架能够系统地识别、分析和量化潜在风险，为制定针对性的预防措施提供科学依据。

风险评估的首要任务是明确评估目标和范围，包括确定评估对象、具体领域及评估目的。在此基础上，广泛收集相关信息和数据，涵盖企业内部资料、外部公开资料及专家访谈等，确保评估的全面性和准确性。

然后，通过头脑风暴法、专家咨询、历史数据分析等多种方法，识别可能对品牌产生不利影响的潜在风险。这一步骤应充分考虑内外部环境的变化，以及不同风险因素之间的相互作用。

识别出潜在风险后，评估其发生的可能性和可能造成的影响。利用统计数据、专家判断和历史经验等方法评估风险的概率。同时，从财务、声誉、法律、运营等多个方面考量风险的影响。为了更直观地展示评估结果，可使用风险矩阵或评分模型等工具，将风险的概率和影响程度进行量化。

根据风险的综合评分，确定风险的优先级，以便合理分配资源，优先处理高风险领域。针对已识别并确定优先级的风险，制定具体的应对措施，包括预防措施、应急预案及调整计划等，并建立风险监控机制，实时监测和跟踪风险的变化情况。

通过这一系列的风险评估框架与方法（见图 12-2），企业能够系统地识别和管理品牌危机中的潜在风险，为品牌的长远发展提供有力保障。

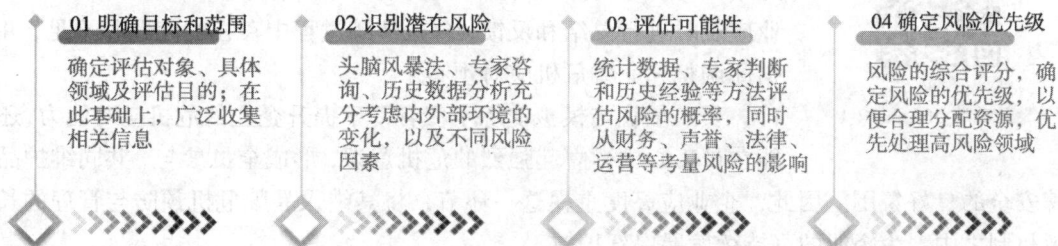

01 明确目标和范围
确定评估对象、具体领域及评估目的；在此基础上，广泛收集相关信息

02 识别潜在风险
头脑风暴法、专家咨询、历史数据分析充分考虑内外部环境的变化，以及不同风险因素

03 评估可能性
统计数据、专家判断和历史经验等方法评估风险的概率，同时从财务、声誉、法律、运营等考量风险的影响

04 确定风险优先级
风险的综合评分，确定风险的优先级，以便合理分配资源，优先处理高风险领域

图 12-2　风险评估框架与方法

三、危机应对计划的制订

在品牌危机预防与管理的框架中，危机应对计划的制订是至关重要的一环。一个周密的危机应对计划能够在危机爆发时迅速启动，有效减轻对品牌的损害，甚至为品牌带来转机。

制订危机应对计划时，先要进行全面的风险评估，明确可能面临的各种危机类型及其潜在影响。这包括市场变化、产品质量问题、媒体负面报道、高管失德等多种情形。基于这些评估，企业应设定清晰的危机预警指标，确保在危机初现端倪时能够迅速察觉。

然后，要明确危机应对的责任分工和沟通机制。企业应成立专门的危机管理团队，成员应涵盖公关、法务、运营等多个部门，确保在危机发生时能够迅速协同作战。同时，建立内部和外部的沟通渠道，确保信息的及时传递和准确反馈。

危机应对计划还应包含详细的应对策略和行动步骤。针对不同类型的危机，企业应预先制定多套应对方案，包括信息发布、媒体沟通、消费者安抚、产品召回等措施。这些方案应具有可操作性和灵活性，能够根据实际情况进行快速调整。

最后，危机应对计划应定期进行演练和评估，确保团队成员熟悉流程，能够在危机来临时迅速响应。同时，通过演练发现计划中的不足之处，并及时进行修订和完善。

总之，危机应对计划的制订是品牌危机预防与管理的重要组成部分，它能够为企业在危机时刻提供有力的指导和支持，确保企业能够顺利渡过难关，重塑品牌形象。

四、员工培训与模拟演练

在品牌危机预防与管理的体系中，员工培训与模拟演练扮演着至关重要的角色。员工不仅是企业日常运营的执行者，更是品牌形象的直接代表和危机应对的一线力量。因此，加强员工培训，提升其对品牌危机的认知和应对能力，是预防危机发生、减轻危机影响的关键措施。

企业应当定期组织员工进行品牌危机应对的专业培训，内容涵盖危机识别、报告流程、初步应对措施等方面，确保每位员工都能对品牌危机保持高度警觉，并能够在危机发生时迅速做出正确反应。此外，培训还应强调品牌价值观和企业社会责任，提高员工的品牌忠诚度和危机公关意识。

除了理论培训，模拟演练也是不可或缺的一环。通过模拟真实的品牌危机场景，让员工在接近实战的环境中学习和实践危机应对策略，可以有效提升其应变能力和团队协作水平。演练结束后，企业应及时进行总结和反馈，分析演练过程中存在的问题和不足，并据此调整和完善危机应对预案。

世界品牌 500 强 12-1

员工培训与模拟演练不仅有助于提升企业的危机应对能力，还能在员工心中树立起强烈的危机意识，形成全员参与、共同维护品牌安全的良好氛围。因此，企业应高度重视这一环节，将其纳入品牌危机预防与管理的长效机制之中，为企业的可持续发展保驾护航。

第三节　品牌危机应对策略

一、危机发生时的紧急响应

在品牌危机发生时，紧急响应是稳定局势、控制损害扩散的关键一环。危机一旦发生，时间就是生命，迅速而有效的行动至关重要。

首先，企业必须立即启动危机管理团队，这个团队应预先组建并经过培训，确保在紧急情况下能够迅速集结，各司其职。团队的首要任务是全面评估危机状况，包括危机的性质、影响范围及潜在后果，以便制定针对性的应对策略。

其次，信息的透明与及时沟通是缓解公众恐慌、维护品牌信誉的关键。企业应通过官方渠道迅速发布声明，确认危机事件，表达关切，并承诺将采取一切必要措施解决问题。同时，建立信息通报机制，保持与媒体、消费者及利益相关者的沟通，避免信息不对称引发的误解和谣言。

最后，紧急响应还应包括对产品或服务的立即检查与召回（如必要），以及受影响客户的安抚与补偿计划。通过这些实际行动，展现企业的责任感与担当，为后续的危机处理打下良好的舆论基础。

总之，危机发生时的紧急响应是一场与时间赛跑的战役，它考验着企业的应变能力与危机管理水平。只有迅速、准确、透明地采取行动，才能有效控制危机，为后续的品牌重塑与修复赢得宝贵的时间和空间。

二、与媒体和公众沟通的技巧

在品牌危机应对策略中，与媒体和公众沟通是至关重要的环节。有效的沟通不仅能缓解危机带来的负面影响，还能为品牌重塑奠定良好的舆论基础。

首先，保持信息的透明度是与媒体和公众沟通的核心。在危机发生时，品牌应迅速、准确地发布信息，避免谣言和误解的滋生。通过官方渠道，如企业官网、社交媒体等，及时回应公众关切，展现品牌的责任感和诚信。

其次，建立与媒体的良好关系至关重要。品牌应主动与主流媒体建立联系，确保在危机时刻能够获得公正、客观的报道。通过定期的新闻发布、媒体专访等形式，加强与媒体的互动，提升品牌在媒体上的形象和可信度。

再次，在与公众沟通时，品牌还应注重语言的艺术和情感的共鸣，采用平和、理性的语气，避免激化矛盾。同时，展现品牌对消费者情感的关注和理解，通过情感共鸣拉近与消费者的距离。

最后，品牌还应利用多元化的沟通渠道，如线上直播、社交媒体互动等，增加与公众的互动频次，收集反馈意见，及时调整沟通策略。在沟通过程中，保持耐心和细心，对公众的疑虑和问题进行耐心解答，展现品牌的真诚和专业。

总之，与媒体和公众沟通是品牌危机应对策略中不可或缺的一环。如表 12-3 所示，通过保持信息透明度、建立良好媒体关系、注重语言艺术和情感共鸣及利用多元化沟通渠道，品牌能够有效地应对危机，重塑品牌形象，赢得公众的信任和支持。

表 12-3　与媒体和公众沟通的技巧

策　略		具　体　操　作
与媒体和公众沟通	保持信息的透明度	通过官方渠道，如企业官网、社交媒体等，及时回应公众关切，展现品牌的责任感和诚信
	与媒体建立良好的关系	通过定期的新闻发布、媒体专访等形式，加强与媒体的互动，提升品牌在媒体眼中的形象和可信度
	注重语言的艺术和情感的共鸣	采用平和、理性的语气，避免激化矛盾
		展现品牌对消费者情感的关注和理解，通过情感共鸣拉近与消费者的距离
	利用多元化的沟通渠道	通过线上直播、社交媒体互动等，增加与公众的互动频次。在沟通过程中，保持耐心和细心

三、法律与合规问题的处理

在品牌危机应对策略中，处理法律与合规问题至关重要。品牌危机往往伴随着法律风险，如不及时妥善处理，可能进一步加剧危机的影响。

首先，企业应迅速了解并遵守相关法律和法规。在危机发生时，管理者应快速熟悉消费者权益保护法、广告法、商标法等法律法规，确保危机应对措施在法律框架内进行。这有助于避免法律纠纷，减少企业的法律风险。

其次，企业应积极与监管机构沟通。与政府部门、行业协会等监管机构的积极沟通，有助于企业及时了解法律政策动态，获取监管机构的指导和支持。同时，这也有助于企业更好地应对法律法规问题，减少潜在的法律风险。

再次，在品牌危机中，如果引发了法律纠纷，企业应妥善处理。通过协商、调解、诉讼等方式，积极与涉及方沟通，寻求专业法律意见，确保法律纠纷得到合理解决。这有助于维护企业的合法权益，减少品牌危机对企业声誉和品牌形象的负面影响。

最后，加强内部合规管理也是预防品牌危机的重要措施。企业应建立健全的内部合规制度，明确员工的职责和行为规范，提高员工的法律意识和风险防范能力。通过内部培训、监督检查等方式，确保员工在危机应对中遵守法律法规和内部规章制度。

综上所述，处理品牌危机中的法律与合规问题，需要企业迅速了解并遵守相关法律法规，积极与监管机构沟通，妥善处理法律纠纷，并加强内部合规管理。这些措施有助于企业有效应对品牌危机中的法律法规问题，保护企业的合法权益，为品牌重塑与修复奠定坚实基础。

四、危机后的内部审查与改进

在品牌危机过后，企业不应仅仅满足于表面的平息与恢复，而应进行内部审查，从根本上查找问题根源，以避免类似危机的再次发生。这一环节是品牌危机应对策略中不可或缺的部分。

内部审查应全面而细致，涵盖从危机预警机制的有效性到危机处理过程中的决策与执行等各个环节。企业应组建一个由高层管理者、相关部门负责人及外部专家组成的审查小组，以客观公正的态度，对危机事件进行复盘分析。审查内容不仅要包括危机的直接原因，更要深挖其背后的管理漏洞、沟通不畅或文化缺失等问题。

通过内部审查，企业应形成一份详细的审查报告，明确指出存在的问题与不足，并提出具体的改进措施。这些措施可能涉及完善危机预警系统、加强内部沟通机制、提升员工危机意识与应对能力等多个方面。企业应将改进措施纳入日常管理体系，确保其实施到位，并定期进行跟踪评估，以检验其效果。

此外，企业还应建立一种危机后的学习与反思文化，鼓励员工从危机中吸取教训，将危机视为成长与提升的契机。通过组织培训、分享会等形式，不断提升员工的危机应对能力与综合素质，为企业的长远发展奠定坚实基础。

总之，危机后的内部审查与改进是企业品牌危机应对策略中的重要一环，它有助于企业从根本上解决问题，提升危机应对能力，从而确保企业在激烈的市场竞争中立于不败之地。

课程思政互动 12-2

第四节　品牌重塑与信誉恢复

一、危机后的品牌形象分析

在品牌遭遇危机后，首要任务是进行深入的品牌形象分析。这一环节是品牌重塑与信誉恢复的基础，旨在全面审视危机对品牌造成的具体影响，为后续策略制定提供精准的数据支持与洞察。

危机后的品牌形象分析应从多个维度展开。

首先，应评估危机事件在公众舆论中的传播范围与影响深度，了解负面信息的扩散程度及公众对此的关注度。通过社交媒体监测、新闻报道分析等手段，收集公众对品牌的情感倾向与态度变化，以掌握品牌形象的受损状况。

其次，分析危机对品牌忠诚度的影响至关重要。危机可能导致部分忠实消费者的流失，也可能引发潜在消费者的担忧与观望。通过市场调研与消费者访谈，了解消费者对品牌的信任度与购买意愿的变化，有助于精准定位品牌重塑的着力点。

最后，还应关注竞争对手在危机期间的动态，分析其对品牌形象的潜在影响。竞争对手可能趁机抢占市场份额，或利用危机事件进行营销，从而进一步加剧品牌形象的恶化。因此，对竞争对手的分析也是危机后品牌形象不可或缺的部分。

综上所述，危机后的品牌形象分析是一个系统性、多维度的工作，旨在全面、深入地揭示危机对品牌造成的冲击与影响。通过这一分析，企业能够更清晰地认识到品牌重塑与信誉恢复的紧迫性与重要性，为后续策略的制定与实施奠定坚实的基础。

二、重塑品牌的战略规划

在品牌重塑与信誉恢复的进程中，战略规划是确保行动有序、高效推进的基石。重塑品牌的战略规划应围绕核心价值的新定位、市场趋势的精准把握及差异化竞争策略的制定展开。

首先，明确品牌核心价值的新定位至关重要。企业应深入分析原有品牌形象受损的原因，提炼并强化那些仍具竞争力的品牌元素，同时注入新的、符合时代潮流的价值主张，以重塑品牌的独特魅力。

其次，战略规划需紧密贴合市场趋势与消费者需求。通过市场调研，准确把握行业动态及目标消费群体的偏好变化，为品牌重塑提供方向性指导。这要求企业具备敏锐的市场洞察力，能够灵活调整产品、服务及传播策略，以更好地满足市场需求。

再次，差异化竞争策略是品牌重塑中的关键一环。在激烈的市场竞争中，企业应通过创新的产品设计、独特的营销手法或卓越的客户体验，打造鲜明的品牌个性，从而在消费者心中占据独特位置。

最后，战略规划还应注重长期性与可持续性。品牌重塑非一朝一夕之功，需要企业持续投入资源，不断优化品牌体验，强化品牌形象。同时，注重社会责任与可持续发展，提升品牌的社会价值，为品牌的长远发展奠定坚实基础。

综上所述，重塑品牌的战略规划应从核心价值、市场趋势、差异化竞争及长期可持续性等多个维度出发，确保品牌重塑之路稳健而高效。

三、消费者信任修复策略

在品牌重塑与信誉恢复的过程中，消费者信任的修复是至关重要的环节。一旦品牌遭遇危机，消费者信任度往往会急剧下降，而重建这份信任则需要持续努力。

首先，品牌应坦诚面对问题，勇于承认错误，并公开道歉。真诚的态度是修复消费者信任的第一步。通过透明化的沟通，品牌可以向消费者展示其解决问题的决心和诚意，从而逐步消除消费者的疑虑和不满。

其次，品牌需要制定并实施有效的补救措施，包括但不限于提供补偿、改进产品或服务、加强质量控制等。通过实际行动，品牌可以展现其对消费者利益的重视，从而逐步恢复消费者的信任感。

再次，品牌应加强与消费者的互动和沟通。通过社交媒体、客户服务热线等渠道，品牌可以及时了解消费者的反馈和需求，并积极回应和解决问题。这种积极的互动不仅可以提升消费者的满意度和忠诚度，还有助于提升品牌的整体形象和信誉。

最后，品牌应持续监测和评估信任修复的效果。通过定期收集和分析消费者数据，品牌可以了解信任修复工作的进展和成效，并根据实际情况进行调整和优化。这种持续改进的态度有助于品牌更好地应对未来的挑战和机遇。

综上所述，消费者信任修复策略需要品牌从多个方面入手，包括坦诚面对问题、制定补救措施、加强与消费者的互动和沟通，以及持续监测和评估效果。通过这些努力，品牌可以逐步恢复消费者的信任，为未来的长期发展奠定坚实基础。

四、利用社交媒体进行品牌宣传与恢复

在品牌重塑与信誉恢复的过程中，社交媒体扮演着至关重要的角色。它不仅是一个强大的宣传工具，更是一个能够直接与消费者建立联系、重塑品牌形象的有效渠道。

社交媒体平台如微博、微信、抖音等，拥有庞大的用户基础和高度互动性，使品牌能够迅速传播正面信息，覆盖更广泛的受众。在品牌遭遇危机后，通过精心策划的社交媒体宣传策略，品牌可以积极展示其改进措施、道歉声明及未来承诺，从而逐步得到消费者的信任。

在利用社交媒体进行品牌宣传时，关键在于内容的真实性和创新性。品牌应确保所发布的信息准确无误，避免夸大其词或隐瞒事实，以免进一步损害品牌形象。同时，通过创意性的内容和形式，如短视频、图文故事等，吸引消费者的注意力，提升品牌信息的传播效果。

世界品牌 500 强 12-2

此外，社交媒体上的互动也是品牌重塑的关键一环。品牌应积极回应消费者的评论和疑问，展现出真诚和负责任的态度。通过与消费者的直接对话，品牌可以更加深入地了解消费者的需求和期望，从而有针对性地调整市场策略。

综上所述，利用社交媒体进行品牌宣传与恢复是品牌重塑过程中的重要一环。通过精准的策略规划、真实的内容传播及积极的互动沟通，品牌可以在社交媒体上重塑正面形象，逐步恢复并提升消费者的信任度和忠诚度。

简答题

1. 简述品牌危机预警系统的重要性。
2. 制订有效的危机应对计划应包括哪些关键环节？
3. 预警信号的识别与分类包括哪些步骤？
4. 风险预防与管理中的预防性品牌保护策略包括哪些内容？
5. 在品牌重塑与信誉恢复的过程中，如何利用社交媒体进行品牌宣传与恢复？

案例分析

即测即练

自学自测

扫描此码

参 考 文 献

中文文献

[1] 程宇宁. 品牌策划与管理[M]. 北京：中国人民大学出版社，2021.

[2] 张翠玲. 品牌策划与设计管理[M]. 北京：清华大学出版社，2022.

[3] 程宇宁. 整合营销传播——品牌传播的策划、创意与管理[M]. 北京：中国人民大学出版社，2022.

[4] 张剑，刘海宏，罗玉葵. 品牌策划与推广[M]. 上海：上海交通大学出版社，2024.

[5] 王潇娴. 品牌策划设计[M]. 南京：南京大学出版社，2021.

[6] 余球，蒙莉丝. 品牌策划与推广[M]. 武汉：华中科技大学出版社，2023.

[7] 许娟，张凯，杨成立. 数智时代品牌策划与设计[M]. 北京：化学工业出版社，2024.

[8] 张宝娟. 地域文化视野下山西农特产品品牌形象构建研究[J]. 经济师，2022(12): 39–45.

[9] 刘应波，乔文红，张燕敏，等. 社交媒体时代下品牌策划与管理创新研究[J]. 中国市场，2024(15): 41–46.

[10] 肖德明. 企业品牌策划与市场营销管理策略研究[J]. 理财周刊，2021(9): 33–37.

[11] 苏畅，魏志宇，陈家骥. 创意宣传、品牌策划与思政表达：全媒体时代地方会展场馆的价值传播[J]. 商展经济，2022(21): 142–147.

[12] 王婷婷. 安全视域下的饮料品牌可持续推广研究与策划实践——以娃哈哈品牌为例[D]. 株洲：湖南工业大学，2018.

[13] 尹航. AB 公司阿米巴经营模式设计与运营研究[D]. 济南：山东大学，2022.

[14] 陈玉环，汤京花. "互联网+"背景下手工艺 O2O 平台规划与设计[J]. 红河学院学报，2019(5): 28–32.

[15] 詹妍，林子. 基于互联网视域下"网红"奶茶生命周期的研究及推广——以"喜茶"为例[J]. 魅力中国，2020(37): 22–26.

[16] 周雨娴. 网络经济背景下免费商业模式的品牌策略和机制创新研究[J]. 中国商论，2022(18): 49–53.

[17] 张潇. 文字图形化在"吉木堂"书画教育Ⅵ设计中的应用[D]. 郑州：河南大学，2019.

[18] 白雪. 美特斯邦威 ME&CITY 品牌时装中国市场营销策略研究[D]. 长春：吉林大学，2020.

[19] 惠中，王蕾. 女红旅游产品品牌推广研究——以秦皇岛女红坊旅游产品为例[J]. 中国市场，2021(7): 56–60.

[20] 程冲. 山西县域节事活动品牌机制建设探析——以平遥国际摄影节为例[J]. 山西财政税务专科学校学报，2018(2): 30–36.

[21] 杨明刚. 数字媒体品牌策划与设计[M]. 上海：上海人民出版社，2022.

[22] 吴智银. 社群营销与运营实战手册[M]. 北京：人民邮电出版社，2020.

[23] 张晓红，金宏星. 品牌策划与推广实战[M]. 北京：人民邮电出版社，2023.

[24] 鲁鹏. 品牌策划与品牌设计[M]. 西安：西安交通大学出版社，2023.

[25] 谢俏，丁亦思. 品牌策划变现与社群营销[M]. 北京：中国科学技术出版社，2025.

[26] 吴祐昕. 新媒体环境下的品牌策划[M]. 北京：清华大学出版社，2022.

外文文献

[1] Alves H, Sousa J P. Service brands and customer experience: the role of employee behavior and perceived authenticity[J]. Business Research, 2021, 125, 314–324.

[2] Bettencourt L A, Tronvoll K. Customer coproduction and brand identification: linking values, norms, and identity[J].Service Research, 2021, 24(2): 183–199.

[3] Casalo L V, Flavian C, Guinaliu M. Customer engagement in online brand communities: an empirical investigation into member motivations and outcomes [J]. Interactive Marketing, 2022, 62, 147–162.

[4] Cheng Z, Li X, Yu J. How does corporate social responsibility influence consumer perceptions of brand authenticity? a study based on the theory of cognitive dissonance[J].Business Ethics, 2023, 181(1): 121–137.

[5] Fernandes C, Almeida R. The effects of brand storytelling on consumers' emotional responses and brand loyalty: an experimental study[J].Psychology & Marketing, 2021, 8(4): 639–656.

[6] Gao Y, Wang X, Chong A Y L. Cultural distance and global branding strategy: a meta-analysis [J].World Business, 2022, 57(1): 101–121.

[7] Godey B, Manthiou A, Pederzoli D, et al. Brand love across cultures: conceptualization, measurement, and implications[J]. International Marketing, 2021, 29(1): 10–35.

[8] Han H, Kim H, Hyun S S. The role of consumer-brand identification in service brand loyalty: a hierarchical perspective[J].Hospitality and Tourism Research, 2021(45): 491–511.

[9] Jeong I Y, Ahn J H. How cultural intelligence moderates the relationship between perceived cross-cultural adaptation and expatriate performance: an empirical study[J].Cross Cultural & Strategic Management, 2023, 30(2): 282–301.

[10] Jung E, Jin H, Kim J. Exploring the role of brand attachment in mobile app user engagement: the mediating effect of flow state[J].Information & Management, 2022, 59(2): 103–109.

[11] Kamal M E, Khan M U, Khurram M. Antecedents of social media brand community participation: the roles of social presence and social capital[J].Telematics and Informatics, 2022, 72: 10–17.

[12] Kim Y K, Park H S. Effects of environmental concern on brand evaluation: moderating roles of brand reputation and brand relationship quality[J].Sustainability, 2021, 13(6): 33–46.

[13] Liu S, Chen Y, Wang Q. Understanding consumers' intention to purchase eco-friendly products: an integrated theoretical model[J].Cleaner Production, 2023, 360: 13–19.

[14] Martín-Alcaide E, Delgado-Ballester E, Martínez-Echániz, Mrand equity drivers in retail banking: the role of trust, brand personality, and corporate social responsibility[J].Journal of Retailing and Consumer Services, 2021, B 60: 10–24.

[15] Menguc B, Auh S, Lee H J. Global brands and local markets: a meta-analytic review of global standardization versus local customization[J].Journal of International Marketing, 2022, 30(3): 26–51.

[16] Nguyen B, McKee R, Phau I. Is a like enough? exploring the multidimensional nature of brand engagement on Facebook[J]. Journal of Business Research, 2022(141): 670–681.

[17] O'Reilly C, Chatzidakis A. The power of purpose: examining how purpose-driven brands can enhance brand identification[J]. Journal of Business Research, 2021(126): 703–712.

[18] Pieterson K, Mattila A S. Linking employee well-being to customer experiences: the role of hospitality brand image[J]. International Journal of Contemporary Hospitality Management, 2022, 34(11): 3823–3844.

[19] Ren J, Liu L, Hu C. Exploring the influence mechanism of green packaging design on consumers' green purchase intention: the role of green product knowledge[J]. Journal of Cleaner Production, 2023(373): 387.

[20] Saraph J, Prothero A. Advancing service innovation: a service-dominant logic perspective[J]. Journal of Service Management, 2022, 33(4): 769–788.

教师服务

　　感谢您选用清华大学出版社的教材！为了更好地服务教学，我们为授课教师提供本书的教学辅助资源，以及本学科重点教材信息。请您扫码获取。

≫ 教辅获取

本书教辅资源，授课教师扫码获取

≫ 样书赠送

企业管理类重点教材，教师扫码获取样书

清华大学出版社

E-mail: tupfuwu@163.com
电话：010-83470332 / 83470142
地址：北京市海淀区双清路学研大厦 B 座 509

网址：https://www.tup.com.cn/
传真：8610-83470107
邮编：100084